# 幼児期からの環境教育

持続可能な社会にむけて環境観を育てる

井上美智子
Inoue Michiko

昭和堂

# 幼児期からの環境教育

持続可能な社会にむけて環境観を育てる

## はじめに

　人間を取り巻く環境に問題が存在することは多くの人が認めるところである。騒音や不法投棄など身近な生活の問題から，公害，地球温暖化に代表される地球環境問題にいたるまで，多様な問題が存在する。しかし，そもそも人間も含めて生物というものは，生存することによって自己を取り巻く環境に影響を与え，影響を受ける存在である。人間が自分を取り巻く環境に影響を与えるようになったのは，ヒトという生物種がこの世界に誕生したときからのことで，最近に始まったことではない。ところが，人間が環境に与える影響は，人間自身によって「問題」と呼ばれるようになっている。

　環境に与える影響が「問題」と呼ばれ，解決すべきものとして大きく扱われるようになったのは20世紀後半以降だが，それは，20世紀がそれ以前とは異なる特徴を持った世紀だったからである。医療や保健衛生，農業技術の発展，産業革命後の技術革新，エネルギー革命などを背景要因とした人口増加と物質的に豊かな生活の誕生という特徴である。20世紀後半にはグローバリゼーションという特徴も加えなくてはならないだろう。結果として，人間が環境に与える影響は質・量ともに従来とは異なる様相になり，「影響」という表現では収まらなくなってしまった。当然ながら，環境問題という捉え方をする以前に，環境という概念が登場していたことも重要である。また，逆説的だが，物質的に豊かな生活が，生活の質や人権について考える余裕を生み出し，環境問題について考える余裕も生み出した。

　環境問題が誕生した20世紀は，教育が大衆化した時代でもあった。公教育が普及し，先進国を自称する国々では多くの人に教育の機会が与えられ，教育の果たす役割が増大し，それが社会的に認知されるようになった。教育という文化のありようは時代や社会によって多様である。社会体制によっても子ども

観によっても異なる。教育が学校という機関を通して大衆を対象に組織的に営まれるようになるのは 20 世紀以降である。ごく一部の社会階層だけのものだった学校教育が大衆のものとなり，社会全体が担ってきた教育とは呼ばれない教育機能（例えば，職能，生活技能，地域社会のなかの風習やコミュニケーション技能などの伝承）は社会の変化に伴い衰退していった。これは，次第に豊かさを得てきた人間社会で，成長過程にある若いヒトの社会的な位置づけが「小さな大人」から「子ども」へと数世紀かけて変化した結果でもある。

　そして 20 世紀末頃から，教育分野や環境分野で環境教育や環境学習という言葉が使われるようになる。教育時事には欠かせない話題であり，文部科学省や環境省などの政府レベルから各市町村の施策のなかにも必ず登場する。近年の地球温暖化対策としてのエコ・ブームを受けて環境教育を冠する出版物も増えている。20 世紀に誕生した環境問題の解決を目指して政治経済の仕組みから個人のライフスタイルのあり方までさまざまな方法が提案されるが，その効果的な方法の一つとして常に環境教育があげられる。先に述べたように，環境という概念に続いて，環境問題という捉え方が生まれ，教育が大衆化した 20 世紀に，環境教育が生まれたのは当然の流れだった。

　環境教育は環境問題への対策の一つとして誕生した教育の一分野であるとした。とすると，環境教育とは環境問題について教える教育なのだろうか。それとも，その字句の並びからすると環境について教える教育なのだろうか。実は，環境教育の実践者やその必要性を語る関係者の間に，環境教育とは何かについて統一見解があるわけではない。環境問題への対策の一つとして生まれた教育課題という点で一致しているものの，何を目的として，どのように実践するのかについて，誰もが同じ答えを出すとは限らないのである。環境教育は環境問題への対策であるとしながらも，それがどのような教育であるのかを深く考えることなく，自然，あるいは，環境について教えることで環境教育を実践したとする者も多い。環境教育に関する書籍でも環境教育の歴史や実践事例が紹介されるが，環境教育自体がすでにあるものとして扱われ，環境教育とは何かを示し，そこを起点に事例を紹介するものは少ない。結果として，自然体験をし

ても，公害について学んでも，わが町探検をしても環境教育の実践と書いてあり，どこに共通の要素があるのかわからなくなってしまう。このように曖昧なものであるにもかかわらず，環境教育という言葉はよく使われ，その必要性が主張される。

　そして，環境教育は，生涯にわたってあらゆる発達段階において実践されるべきとされるが，その理由が示されることも少ない。教育分野では，人間は生涯にわたって発達するものと捉えられ，人生のそれぞれの時期に応じた学習機会が提供されるべきだとされている。この生涯発達という捉え方も歴史的には比較的新しい。「生涯にわたってあらゆる発達段階で」とは，誕生してから死ぬまで継続して，あるいは，どの年齢層に対してもという意味で，具体的な場面を想定すれば，生まれてすぐの乳児を対象とした家庭や施設における保育のなかに始まり，学校教育を経て，企業内教育や社会教育のなかでも，コミュニティや高齢者むけ講座などでも実践されるべきとなる。そして「生涯にわたって」という場合，開始期として幼児期が取り上げられることが通常である。確かに，生涯発達のなかで幼児期は，身体・認知・心など発達の諸側面で劇的な変化を遂げる。この時期にヒトの子は環境との相互作用を通して，二足歩行をするようになり，基礎的な運動機能や言葉，他者への共感性，ジェンダーやエスニシティのアイデンティティを獲得し，歴史的かつ文化的存在としての人間へと発達していく。身体の成長だけではなく，生理機能や脳の発達，心の発達とも深く結びついている。要素ごとに時期も姿も異なり，また，性成熟という後から加わる要素も残されているが，いずれにしても多くの基本的なことは生後8年程度で成し遂げられてしまう。だから，幼児期は身体，運動機能，心，知能，精神など人間のさまざまな側面の基礎ができあがる時期，人間形成の基盤づくりの時期といわれる。乳児と幼児を対象とする保育はこうした発達理解をもとになされる教育実践でもある。これらのことから「環境問題を解決するために行われる環境教育も人間発達において重要な時期である幼児期から開始されるものだ」という捉え方が導かれる。

　ところが環境教育では，生涯にわたる実践の必要性は語られるものの，その

研究や実践報告において幼児期への関心は長らく高まらなかった。環境教育の実践報告にみる学習主体や民間団体が提供する自然体験型環境教育プログラムの対象，政府が出す環境教育のガイドラインの具体的事例にみる対象のほとんどが小学生から高校生までの子ども，大学生，成人であり，そこに，幼児がとりあげられることは少なく，幼児期からと書かれていても，そこに対象としての具体的な姿がみえない。とすると，環境教育が生涯にわたってあらゆる発達段階でという場合，それは教育学における発達観の変容に合わせて単に形式的に述べているに過ぎないのだろうか。一方，現在の日本の保育（幼児を対象とした養護と教育が一体となった営み）はその基本を「環境を通して行うもの」とし，発達をみる視点の一つとして「領域環境」をあげ，「環境」という概念を重視している。それにもかかわらず，保育者による環境教育の実践報告はほとんどなく，そもそも保育の課題としてほとんど認識されていない。環境教育と保育の両分野において，幼児期の環境教育への関心は低く，環境教育は具体的な教育の対象として幼児期をあげることはなかったし，保育も環境教育を実践の課題として捉えてこなかったのである。

　この理由の一つは，先に述べたように環境教育とは何かが明確になっていないことである。例えば，環境教育が環境問題について教える教育なら，幼児期の環境教育は実践不可能となる。何かについて「教える」という教育方法が保育にはなじまず，幼児の発達段階からすれば地球レベルの環境問題の理解など不可能だからである。一方，環境教育が自然について教える教育なら，幼児期の環境教育は自然体験になる。教えるという方法はふさわしくないが，幼児期は体験を重視する時期であり，自然体験ならできる。ただし，幼児期の環境教育が自然体験であるなら，今までの保育は子どもと自然とのかかわりを重視してきたから，今まで通りの保育をしていれば，それはそのまま幼児期の環境教育になる。保育の実践者には新たな課題と映らない。環境教育の捉え方によって，幼児期の環境教育は実践可能にも不可能にもなる。

　そして，もう一つの理由が，環境教育と保育両分野の基本概念である「環境」や「自然」の捉え方の多義性とそれらが生み出す混乱である。これは，環境教

育にかかわる者が環境教育とは何かを定めることなく環境教育を語り，実践することにも通じる。先に，日本の保育は「環境」を重視しているが，「環境教育」を保育の課題として認めていないとした。それはなぜだろうか。環境教育も保育も「環境」という言葉を基本概念とし「自然」を重視するが，その意味や捉え方は同じなのだろうか。同じ言葉であっても意味するものが違っているなら，互いに自分の分野の意味で捉えて理解し，思い込みに基づく実践や読み取りが行われることも起こりえる。そうであるなら，保育で環境教育を実践しようとする場合に，無駄な手間と時間がかかるだろう。

　環境教育は幼児期への関心が低く，保育では環境教育への関心が低かったとしたが，21世紀に入り，その様相はやや変化しつつある。子ども対象の自然体験型環境教育の実践を継続してきた民間のNGOなどが，その対象を幼児にも広げてきており，行政にも環境教育・環境学習の対象に幼児を含める動きが出始めている。保育にかかわる企業も，幼児期の環境教育に関する出版物を出したり，事業を検討したりするようになっている。生涯にわたって実践されなくてはならない環境教育がそれなりの実績を積んで教育分野として成熟してきたからでもあるし，エコ・ブームの広がりを受けて環境問題への対策が緊急性のある課題だと社会全体で広く認められてきたからでもあろう。世界的な動向として，幼児期の環境教育は動きつつある。これ自体は歓迎すべき動きだが，環境教育と保育をつなごうとする場合，個々の実践者が環境教育とは何かを自分のなかで確認しないまま動けば，実践者の数だけ幼児期の環境教育実践と呼ばれる活動が生まれ，よくみると今までと変わらない実践が行われていたということになるだろう。もともと日本の保育は，自然や生活を大切にし，環境教育につながりやすい実践を十分に行ってきた教育分野であり，今まで通りの保育実践をラベルだけ貼り替えて幼児期の環境教育と呼び直すことは容易である。しかし，それで，本当に環境教育として意味のある実践になるのだろうか。この問いに対して，違うとするのが本書の立場である。その理由は，今までの教育が環境問題の解決に役立ってこなかったという現実にある。環境問題という概念が1960年代の終わり頃から人々に共有されて半世紀近くになろうとす

るが，私たちは未だに環境問題への対応を考えなくてはならない状況にいる。化学物質に関する分野のようにリスク評価という考え方が広まり，解決，あるいは，改善した問題があったり，地球規模の環境問題でもオゾン層破壊のように比較的短期間に有効な政治的対策がとられた問題があったりする一方で，世界には未だ多くの環境問題があり，それらは複雑化し，地球規模に拡大し，全体としてみれば未だ悪化の方向にある。特に20世紀に自由競争を基盤とする経済が地球規模に拡大したことで，多様な自然資源利用の動きは加速し，自然の消失は拡大し，特に経済的困難・政治的困難を抱える地域で環境破壊は急速に進行している。そして「限界」という問題への対策は一向にとられていない。つまり，環境教育は環境問題への対策として生まれたが，その40年の歴史の間に環境問題は進行する一方であったし，その歯止めとなるような動きを生み出すことができなかった。環境教育を取り上げる余裕のある先進国でも環境問題に対して関心はあっても行動が伴わないという課題は未だ解決できていない。教育の効果が社会の様相としてみえてくるのに時間がかかることを割り引いても，環境教育の誕生以前からある従来型教育も，新たな教育課題として誕生した環境教育も，環境問題の解決に有効に働かなかったとするのが現実的な評価であろう。ということは，環境問題の解決を教育分野から考えるはずの環境教育が今まで通りの実践を踏襲するだけでは限界があるということであり，新たな効果的な実践を生み出す必要がある。

　関心が高まりつつある幼児期の環境教育も，今まで通りの保育を環境教育と読み替えるだけでは効果が期待できず，今までの実践を超えて新たな内容で就学後に確実につなぐ必要がある。そのためには，個々の実践者が環境教育とは何かを出発点に戻って考え，環境教育と保育のそれぞれの分野で使用されている基礎的概念である環境や自然の捉え直しを基礎に，幼児期の環境教育をどのように実践に根づかせていくのかを「意識的に」考えていくことが大切である。これらを考えるための材料と一つの道筋を提供すること，それが本書の目的である。また，幼児期の環境教育という切り口から環境教育とは・環境とは・自然とはという問いの答えを探していくことは，幼児期に限らず，環境教育自体

がそれらの問いに関連する課題を抱えていることを明らかにする過程ともなるであろう。

# 目　次

はじめに　*iii*

## 第*1*章　環境教育の誕生と変遷 ———————————————— 1
### *1*　20世紀の環境教育の展開過程 ———————————————— 1
1) 国際的動向　*1*
2) 各国の動向　*8*
### *2*　国内の環境教育の展開過程 ———————————————— 14
1) 環境教育前史　*14*
2) 環境教育の始まり　*17*
3) 環境教育の展開　*19*
4) 2000年代の環境教育　*22*
5) 日本の環境教育観の変遷　*27*

## 第*2*章　環境・自然・環境教育 ———————————————— 31
### *1*　環境とは何か ———————————————— 31
### *2*　環境の誕生と自然観の変容 ———————————————— 38
### *3*　20世紀における環境概念 ———————————————— 44
### *4*　20世紀末の環境思想にみる環境観の変容 ———————————————— 46
### *5*　環境観・自然観の変遷と環境教育 ———————————————— 51

## 第*3*章　保育における環境概念の導入と変遷 ———————————————— 57
### *1*　教育学用語としての環境 ———————————————— 59
### *2*　保育理論における環境 ———————————————— 62
1) 国外の保育理論における環境概念　*62*

xi

2) 国内の保育理論における環境概念　67
　3　日本の保育のガイドラインにみる環境・自然 ―――――― 69
　　1) 日本の保育における独自の概念―「領域」と「保育内容」　70
　　2) 保育における環境概念の導入と変遷　73
　　3) 現在の保育の環境概念　75
　　4) 自然とのかかわり観の変遷　79
　　5) 保育における環境と自然の関係　89
　4　環境教育の環境・自然との相違 ―――――――――――― 93
　　1) 環境概念の相違　93
　　2) 自然概念の相違　96

# 第4章　幼児期の環境教育研究にみる環境・自然・環境教育 ― 99
　1　環境教育分野における幼児期の位置づけ ―――――――― 100
　　1) 国外の動向　100
　　2) 国内の動向　101
　2　保育分野における環境教育の位置づけ ――――――――― 104
　　1) 国外の動向　104
　　2) 国内の動向　107
　3　幼児期の環境教育の先行研究 ――――――――――――― 110
　　1) 国外の先行研究　110
　　2) 国内の先行研究　116
　4　幼児期の環境教育研究にみる環境・自然・環境教育 ―― 124
　　1) 幼児期の環境教育動向の背景にあるもの　124
　　2) 幼児期の環境教育研究の環境教育観・環境観・自然観　128

# 第5章　幼児期環境教育論の再構築 ――――――――――― 137
　1　再構築の前提 ――――――――――――――――――― 137
　　1) 環境・自然・人間の関係　138
　　2) 持続可能な社会とは　149
　　3) 環境教育か，ESDか　153
　　4) 教育　155

  5）環境教育　*158*
  6）環境教育と幼児期　*162*
  7）環境　*166*
  8）自然　*167*
  9）保育　*175*
  10）幼児期の環境教育　*177*
**2　幼児期の環境教育実践にむけての具体的提案**──*178*
  1）定義から実践のあり方を考える　*178*
  2）自然観・環境観から保育を見直す　*182*
**3　幼児期の環境教育研究の今後**──*194*
  1）経験・発達・環境観形成の関係を解きほぐす　*194*
  2）既存の実践と環境教育としての実践の違いを明示する　*196*
  3）日本独自の課題を解きほぐす　*198*
  4）保育と社会の関係を捉え直す　*201*
**4　環境教育の今後**──*206*
  1）自然体験をすれば環境教育か　*206*
  2）リサイクル活動をすれば環境教育か　*210*
  3）環境教育はESDか　*213*
  4）環境教育の今後　*216*

 あとがき　*219*
 初出一覧　*225*
 註　*226*
 索引　*253*

# 第 *1* 章 ❖ 環境教育の誕生と変遷

## *1* 20世紀の環境教育の展開過程

　幼児期の環境教育を考える手始めとして，まず，環境教育とは何かを理解しておかねばならない。そのために，環境教育がどのように誕生し，展開してきたのかの歴史を追う。環境教育は西洋由来である。日本の環境教育もその源流や一部に独自の展開があったものの，常に国際的な動向の影響を受けてきた。そこで，ここでは環境教育の展開過程を国際的動向，国内動向の二つの側面に分けて，それぞれの変遷をみていく。

### 1）国際的動向

**古典的な環境教育**
　環境教育（environmental education）という言葉が最初に使われたのは1948

年，国際自然保護連合の設立総会であったとするのが通常である[*1]。この国際自然保護連合は，"International Union for the Protection of Nature" として発足し，1956 年から "International Union for Conservation of Nature and Natural Resources"，1988 年以降は "World Conservation Union"（現在も略称は IUCN）と名称が変化してきた。自然を保護する（protect）団体から，自然と自然資源を保全する（conserve）団体へと変わり，その後，目的語としての自然（nature）と自然資源（natural resources）が名称から省かれた。この名称の変化は，時代とともに人間の自然に対するむかい方が変化してきたことを表している。現在の IUCN の目標には「生物多様性損失の危機を救う手段を促進する」と「健全な生態系を目指す」があげられ，自然を人間が使う資源として捉えるニュアンスはなくなっている[*2]。環境教育という言葉は，20 世紀半ばに誕生し，自然科学と社会科学を統合した環境に対する教育的アプローチの必要性が認められたものとされるが，初めは自然保護を目的とした団体からの発信だった[*3]。人間にとって有用な資源である自然を人間の活動のために保護しようという立場であり，当初の環境教育は，自然保護教育とほとんど同義であったと考えられる。

　この IUCN が 1970 年に国連教育科学文化機関（UNESCO）と共催で "International Working Meeting on Environmental Education in the School Curriculum" を開催し，ここで初めて環境教育が国際的に定義づけられたとされる[*4]。同年には，アメリカで『環境教育法（The Environmental Education Act）』が制定された。そして，環境教育が国際的な舞台に本格的に登場するのは 1972 年にストックホルムで開催された国連人間環境会議（United Nations Conference on the Human Environment）である。そこで採択された『人間環境宣言（Declaration of the United Nations Conference on the Human Environment）』の原則 26 項目で，「人間は環境の創造物であり，環境の形成者」として，「自然環境と人によって作られた環境は，ともに人間の福祉と基本的人権の享受のために不可欠」とし，人間が環境に影響を与える存在であること，環境は自然だけを意味しないことが確認されている[*5]。この宣言に環境教育

(environmental education) という言葉はないが，同時に出された『世界環境行動計画(Action Plan for the Human Environment)』の96項目の提案に登場し，年齢や居住地，所属機関にかかわらずあらゆる場のあらゆる人が自分のできる範囲内で環境を管理し(manage)，規制(control)できることを目指すとされた。この説明は環境教育の定義としてよく引用され，生涯にわたって実施するべきとする出発点もここにある。

この会議の後，UNESCOと1972年に発足した国連環境計画(UNEP)が共同で国際的な環境教育を推進することになり，国際環境教育プログラム(International Environmental Education Programme = IEEP)が開始した。[*6] まず，IEEPは，3年後の1975年にベオグラードで環境教育の専門家を対象とした国際環境教育ワークショップを開催し『ベオグラード憲章(Belgrade Charter)』を採択する。ここで，環境教育の目標は「環境とそれに関連する諸問題に気づき，関心を持つとともに，現在の問題解決と新しい問題の未然防止にむけて，個人および集団で活動するための知識，技能，態度，意欲，実行力を身につけた人々を世界中で実行育成すること」だと示され，環境問題の解決と予防を目的とすることが明示された。[*7] その後，1977年にトビリシで各国政府代表者を対象とする環境教育政府間会議を開催し『トビリシ宣言(Tbilisi Declaration)』を採択する。ここでも，環境問題の存在を前提に，環境教育はその解決を目的とすることが確認されている。[*8] 国連関係機関主導の取り組みで生まれたこれらの理念や目的は，結果として各国の環境教育に影響を及ぼし，日本でもよく引用される。

以上のように，言葉としての初出は1948年だったが，環境教育の存在や意義が国際的に広く認知されるようになったのは1970年代だった。この時代の環境教育は環境問題の解決を意識して前面に打ち出しており，これを「古典的な環境教育」と呼ぶことにする。

**持続可能な開発（SD）概念にむかう環境教育**

環境教育の捉え方が変容するのは，1980年代に持続可能性(sustainability)

という概念が登場してからである。1972年の国連環境人間会議以降, 10年の節目ごとにナイロビ（1982）やリオデジャネイロ（1992）, ヨハネスブルグ（2002）で, 環境を主題にした会議が継続して開かれ, そのなかで環境教育の重要性が必ず確認されてきた。[*9]

　ナイロビ会議（1982）とは国連環境計画特別管理理事会（Special Session of the United Nations General Assembly）のことで, 環境と開発の相互関係を考える必要性が共通理解された会議であった。[*10]環境だけを切り離さず, 開発との両立という現実的な視点を意識したのである。この会議で環境問題について提言を行う委員会の設置が決まり, 翌1983年に環境と開発に関する世界委員会（World Commission on Environment and Development）が発足した。ノルウェーの元首相で後に世界保健機構（WHO）の事務局長にもなったブルントラントが委員長であったため, ブルントラント委員会とも呼ばれる。この委員会は, 1987年に報告書『我ら共通の未来（Our Common Future）』を国連総会に提出する。そこで示されたのが, 将来世代のニーズを損なうことなく現在の世代のニーズを満たすという「持続可能な開発（Sustainable Development：SD）」概念であった。このSD概念は自然資源の持続可能な利用（sustainable utilization）という発想から生まれたもので, 1980年に国連環境計画（UNEP）, 国際自然保護連合（IUCN）, 世界自然保護基金（WWF）の3機関が合同で提出した『世界環境保全戦略（World Conservation Strategy：Living Resource Conservation for Sustainable Development）』で初めて示されたとされる。[*11]しかし, それ以前にも経済分野では経済的成長（economic growth）の持続を意味する持続可能な成長（sustainable growth）という表現が使われ, 1972年の国連人間環境会議でローマ・クラブがメドウズらに委託し発表した『成長の限界（The Limits to Growth）』でも持続可能な成長（sustainable growth）という表現が使われていた。持続可能な開発（SD）概念はもともとは経済成長や自然の利用という発想を背景に, 20世紀後半に開発が量的に増大した現実をふまえ開発について考えずに自然保護も保全もありえないと捉えるようになって生まれた概念であった。この持続可能な開発（SD）概念抜きに現在の環境施策や環境

教育を語ることはできないが，最近になって生まれたものではなく，すでに1980年代からの歴史があり，環境教育の国際的な認知を1972年とすれば，それからさほど年数がたたないうちに生まれたものなのである。

　この持続可能な開発（SD）という概念も，その後，捉え方が変化していく。1991年に国連環境計画（UNEP），国際自然保護連合（IUCN），世界自然保護基金（WWF）が再び協同で『新世界環境保全戦略（Caring for the Earth：A Strategy for Sustainable Living）』を出す。ここで「持続可能性をめぐる思想的・哲学的な方向性において」大きな転換がなされ，従来の開発・発展重視というスタンスではなく，個人の生活姿勢や倫理にかかわる記述を含むようになり，環境の有限性をより重視するようになったという[*12]。単に開発のために自然資源の保全を考えるという立場から抜け出し，貧困・平和・人権・格差など現代社会の抱える多様な問題との協調の必要性についても記述していくようになる。この新解釈が，その後の環境と開発との関係を考える世界規模の会議へも受け継がれ，現在のSD概念解釈の基礎となっていく。

　1992年にリオデジャネイロで開催されたのが，リオ・サミットや地球サミットとも呼ばれた国連環境開発会議（United Nations Conference on Environment and Development）で，そのテーマが持続可能な開発（SD）だった。この会議では『気候変動に関する国際連合枠組条約』と『生物の多様性に関する条約』の署名，『環境と開発に関するリオ宣言』とSDのための行動計画としての『アジェンダ21』の採択などの成果があった[*13]。

　以上の1980～90年代前半では，環境教育について『トビリシ宣言』（1977）に替わる新たな定義づけはなされなかった。しかし，環境について考える際に環境教育を取り上げないことはなく，持続可能な開発（SD）概念をテーマとした国連環境開発会議（1992）で採択された『アジェンダ21』でも，生態系管理の文脈で環境教育（environmental education）が登場する。この時代の環境教育は持続可能な開発（SD）概念に関係する場面に現れ，一方の環境教育を語る場面でもSD概念を意識して，それへの対応を考えなくてはならないようになっていた。この時代の環境教育を「持続可能な開発（SD）概念にむかう

第1章 ❖ 環境教育の誕生と変遷　　5

環境教育」と呼ぶことにする。

### 混迷する環境教育

そして，1990年代後半から，環境教育と持続可能な開発（SD）概念との位置関係は混迷してくる。それが明確になったのは，1990年代の終わり，1997年にUNESCOとギリシャ政府が主催してテサロニキで開いた環境と社会に関する国際会議（International Conference on Environment and Society：Education and Public Awareness for Sustainability）であった。そこで採択された『テサロニキ宣言（Thessaloniki Declaration）』の11項目で，環境教育は，環境と持続可能性のための教育（education for environment and sustainability）へと進化したと捉えられた。[14] ここの文面では，環境教育は環境に限定した環境教育ではなく，環境と持続可能性のための教育といいかえることが望ましいかのように読み取れる。

しかし，その後，環境教育の捉え方はまた変容する。リオ・サミットの10年後，2002年にヨハネスブルグで開催されたのが，持続可能な開発に関する世界首脳会議（World Summit on Sustainable Development）で，ヨハネスブルグ・サミットとも呼ばれる。ここで，各国が持続可能な開発にむけた政治的意志を示すための『ヨハネスブルグ宣言（Johannesburg Declaration on Sustainable Development）』と『行動計画（Plan of Implementation of the World Summit on Sustainable Development）』を採択する。[15] この『行動計画』で，教育（education）という言葉は44ヵ所に使用されたが，環境教育（environmental education）という表現は出てこない。代わりに出てくるのが持続可能な開発のための教育（education for sustainable development：ESD）であり，環境教育（environmental education）はそれに統合され，なくなってしまったかのようにみえた。

ところが，その2年後の2004年，環境教育（environmental education）が再び登場する。[16]「国連持続可能な開発のための教育の10年（The Decade of Education for Sustainable Development：DESD）」の『国際行動計画（International Implementation Scheme）』（2004）が，主導機関のUNESCOによって国連総会

に提出され，それに環境教育（environmental education）という言葉が使用される。そこでは持続可能な開発のための教育（ESD）を，環境教育（environmental education）と同じではなく，環境教育を含む教育だと確認する。そして，環境教育はESDのなかの自然資源に関する文脈で登場し，従来は自然資源の保護にかかわる教育であったが，その重要性は失われていないと説明される。さらに，環境教育を実践してきたUNEPの実績をふまえ，今後は環境教育にも持続可能な開発の視点を含むべきと勧め，UNEPをESDのなかの環境に関する側面に重要な役割を果たす組織だとする。加えて，各国の都市レベルで実施される望ましいプロジェクト例として，「環境教育の推進」が「クリーンエネルギーの促進」や「再利用やリサイクル」「生物多様性を守ること」と併置される。環境教育は「＝ESD」ではなく「ESDの一端を担うもの」と捉えられている。そして，環境教育という言葉が使われている文脈をみると，自然環境と常につながり，自然保護教育と同義であるかのように扱われ，自然環境に起こっている環境問題を考えようとした「古典的な環境教育」に戻った印象すら与える。UNESCOは，翌2005年にDESDの『国際実施計画（United Nations Decade of Education for Sustainable Development（2005〜2014）：International Implementation Scheme）』を出す。この文書中に環境教育は1ヵ所しか出てこないが，環境教育の捉え方は上の『国際行動計画』と変化はなく，ESDに貢献する多様なパートナーの一つとされている。

　DESDは2014年まで進行するので，これがその時点までの環境教育をめぐる国際的動向をそのまま表すことになる。1997年のテサロニキで一度は「環境と持続可能性のための教育」に進化したとされた環境教育だが，2002年のヨハネスブルグ・サミット以降は持続可能な開発のための教育（ESD）のなかに含まれるもの，一端を担うものと変容して現在にいたっている。小栗も，国際自然保護連合（IUCN）が持続可能な開発のための教育（ESD）について討論した結果，「環境教育が進化した段階」とする支持者が多かったが，違う立場を支持する者もいて，「混乱状況」にあると報告した[*17]。そして，そもそも開発（development）という概念や持続可能な開発（SD）という概念自体が，利害

の異なる個々の立場によって多様に解釈されたと推察する[*18]。こうした2000年代の環境教育を「混迷する環境教育」と呼ぶ。

## 2) 各国の動向

　国際的な動向は以上のような経緯を経て展開してきたが，各国はこれらの国際的な動向を意識し，影響を受けながら，それぞれの取り組みを独自に進めてきた。ここでは，環境教育の先進国として取り上げられることが多い西洋文化圏の5ヵ国（アメリカ，イギリス，オーストラリア，スウェーデン，ドイツ）の動向を整理する。

### アメリカ

　環境教育史では，1970年に制定されたアメリカの『環境教育法』が必ず取り上げられる。アメリカでは，19世紀後半からシェラクラブなどの歴史ある自然保護団体が誕生，20世紀に入って保全という考えが生まれ，1960年代以降はカーソンの『沈黙の春』（1962）を受けて環境保護運動がさかんになったという自然保護をめぐる豊かな歴史がある。その蓄積の上に立っての法律の制定だった[*19]。この『環境教育法』は1970～82年の"Environmental Education Act"と，1990～96年の"National Environmental Education Act"の2期間にわたって制定されていたが，現在は存在しない[*20]。法律の制定下では行政や環境保護団体が主催する環境教育センターが環境教育実践の主体となり[*21]，最初の『環境教育法』が廃止された1980年代には環境教育は低迷していったとされる[*22]。連邦環境保護庁（Environmental Protection Agency：EPA）には環境教育部門があり，環境教育に関する情報提供や活動助成，環境教育関連団体のネットワークづくりを行っているが，1990～96年の"National Environmental Education Act"の内容に一致したプログラムを提供することを表明している[*23]。1970年以降『環境教育法』の下でさまざまな事業が展開されたが，アメリカは州が行政単位となっているため環境教育についても国家レベルの法律やEPAの活動より各州の教育局の影響力が大きく，日米の環境教育行政の比

較研究では，環境教育の歴史の浅い日本より環境教育施策が見劣りする州もあるという[24]。そのなかでアリゾナ州やウィスコンシン州は環境教育の先進州とされ，環境教育委員会や環境教育センターなどの制度的な仕組みを持つとされる[25]。

アメリカの環境教育の内容は，多文化理解が必要とされる社会的背景もあって，正義や倫理，価値という問題に関心がむけられ，生態学的アプローチと学際的アプローチの二つの観点からさまざまな団体が教科書やプログラムを提供してきた[26]。日本でも民間団体が導入・普及しているプロジェクトワイルド（Project Wild）やネイチャーゲーム（Nature Game）が代表例で，こうしたプログラム開発はアメリカの環境教育の特徴とされる[27]。しかし，これらの取り組みは自然体験型環境教育と呼べる取り組みであり，上述のEPAの示す環境教育も背景として『トビリシ宣言』が引用されるなど，国際的な環境教育の動向で取り上げられる持続可能な開発のための教育（ESD）に触れることは少ない。アメリカは政権による政策の違いが行政や教育に影響するため，先進国でありながらESDへの関心を示してこなかったのは，そうした政治的な理由もあるだろう。また，学力向上を目指す教育改革の動きが環境教育にとっては望ましい追い風になっていないという指摘もある[28]。

しかし，一方で環境教育研究を早くから進めてきたのもアメリカであった。1971年には，北米環境教育学会（The North American Association for Environmental Education：NAAEE）が環境教育の専門家や関係者をつなぐネットワークとして誕生し，モノグラフやニュースレターの発行，大会開催などを通して，環境教育研究を牽引してきた[29]。

### イギリス

イギリスも19世紀からの社会学・地理学領域に起源を持つフィールドワークを重視した学究活動に加え，自然保護活動や野外教育活動，ナショナル・トラスト運動がさかんに行われた歴史的土壌がある[30]。野外学習施設の歴史も古く，それが環境学習の場としても機能してきた[31]。しかし，本格的な環境教育の

取り組みは1970年代以降だという[*32]。まず，環境教育推進を目的として，40の全国組織が集まって環境教育評議会（Council for Environmental Education：CEE）が1968年に設立されている[*33]。また，教育関係者の有志がイギリス環境教育協会（National Association for Environmental Education）を設立し，1972年を皮切りに環境教育についてのさまざまなガイドラインを提出してきた[*34]。イギリスの教育には，もともと体験を重視する現地主義があり，環境教育にもそれが取り入れられ，公教育でも課題学習・総合学習・地域学習などが導入されて自分を取り巻く環境をさまざまな観点からみる歴史があったとされる[*35]。1988年の教育改革法に基づいて導入されたナショナル・カリキュラムでは環境教育が教科を超えた学習（Learning across the Curriculum）の課題の一つとされたが，その後，環境教育の代わりに持続可能な開発のための教育（ESD）があげられている[*36]。民間団体による環境教育の情報提供や施策提言が，ナショナル・カリキュラムの開始時に環境教育が導入される準備段階となったようである。ただし，既存科目が重視されて科目の枠を超えるようなものは二次的な低い評価に止まっているとされ，総合的な学習の早期導入が国外から評価されていても，イギリス国内の環境教育関係者からは厳しい評価を受けている[*37]。

### オーストラリア

オーストラリアでも1970年代から環境教育についての関心が高まり始め，1989年に教育審議会で出された宣言で環境教育が学校教育の目標の一つとしてあげられ，それを受けて，環境教育の実態調査が行われたり，教員研修マニュアルが作成されたりした[*38]。また，オーストラリア環境教育学会（The Australian Association for Environmental Education）が設立され，研究団体としての活動だけではなく，教員研修や政府にむけてのロビー活動などを実施している[*39]。環境教育では「環境について（about environment）」「環境のなかで（in environment）」「環境のために（for environment）」「環境とともに（with environment）」という学びの分類が示されたり，社会批判的内容が重視されたりするが，こうした捉え方を早くから示してきたのがオーストラリアで，理科

的な技能・知識を中心にした内容から，社会科的なものへと重点が移ってきたとされている[*40]。

オーストラリアも基本的な教育制度は州ごとに定められているが，1999年にはオーストラリア政府教育省下の教育審議会が『アデレード宣言（The Adelaide Declaration on National Goals for Schooling in the Twenty-first Century）』を採択し，学校修了時に達成しておきたい8つの目標をあげた。その7番目に自然環境へのスチュワードシップ（stewardship of the natural environment）を育むことと生態学的に持続可能な開発（ecologically sustainable development）に貢献するための知識や技能を育むことが示された[*41]。持続可能な開発に「生態学的な」という修飾語がついて自然を強く意識しており，この点はオーストラリアの特徴といえる。スチュワードシップという概念もさまざまな分野で使われるが，自然に対して使われる場合は自然資源の管理というニュアンスがある。さらに，2000年には国レベルの環境教育の目標や方法が記された『持続可能な未来のための環境教育：実施計画（Environmental Education for a Sustainable Future：National Action Plan）』が出されたが，ここでも同様の表現が使われている[*42]。ただし，このオーストラリアでも，1980年以降，国策レベルで環境教育への関心が高まったものの大きな影響力を持つまでにはならなかったとして，同国の研究者からは評価されていない[*43]。

### スウェーデン

スウェーデンは，他の北欧諸国と並び環境先進国としての評価が高い。1972年の国連人間環境会議のホスト国であり，その前年に教育庁が環境プロジェクト週間を設け，すべての学校で環境教育を実施したという[*44]。また，1986年のチェルノブイリ原発事故以降，環境保護にいっそう力を入れ，乳幼児施設から大学までにいたる学校教育機関だけではなく，自治体・企業・市民団体などさまざまな主体が協働して環境教育を実践していることも特徴とされる[*45]。スウェーデンは，平和教育や人権教育でも先進国だが，環境教育がそれらと分断されることなく実践され，持続可能な開発のための教育（ESD）と呼んでもよい教育が

早い時期から実践されてきた[46]。スウェーデン政府が2004年に出した『持続可能な開発にむけた方策（A Swedish Strategy for Sustainable Development）』では，あらゆる段階の教育課程と教師教育に持続可能な開発の原則が組み込まれること，また，それにむけた委員会の設置の必要性が示され，今までの環境教育の実績をもとに環境だけではなく経済・社会の観点も加え，持続可能な開発のための教育を発展させようとしている[47]。

ドイツ

ドイツも1970年代から環境教育政策が始まり，1980年にはあらゆる段階の教育と教師教育のなかに環境教育を導入するよう文部大臣会議で提言され，以降急速に環境教育の導入が進んだとされる[48]。また，環境教育を目的としてではなく，1970年前後から理科や社会などの教科とは別に事実教授という正規科目が設置され教科横断的な内容が取り上げられており，政治・社会学習と連動しながら環境教育も導入されていったようである[49]。1989年の東西ドイツ統合が環境政策や環境教育にも影響を与えたであろうことを考慮しても，北欧諸国と並ぶ環境先進国として評価されることが多く，現在は持続可能な開発にむけたEU戦略を支持し，それについて関心を高める教育の促進を表明している。しかし，ドイツも州ごとに教育課程が定められるため，州による違いや学校の種別による違いがあるという[50]。スウェーデン同様，行政・企業・市民団体など多様な主体が環境教育に寄与している国であり，他国に比較して公的な取り組みも進んでいるが，1980年代には既存の環境教育実践を批判的に捉える「エコ教育学」運動が起こるなど，環境教育にかかわる層が全体として厚い[51]。この背景には自然保護の歴史があり，ロマン主義の思想家や芸術家を輩出した国として環境の質に関心が高く，自然の存在に価値を感じる土壌があるようである[52]。

**各国の動向にみる環境教育の展開過程**

以上，環境教育先進国として取り上げられることが多い欧米諸国の動向を整

理したが，いずれも1970年代が一つの起点で，環境教育が誕生するまでの自然保護や自然を活用した教育の長い歴史がある。これ以外にシンガポールやフィリピン，マレーシア，中国，韓国，台湾などアジア諸国の環境教育も紹介されるが，中国のようにトップダウン型が目立ったり，マレーシアのように宗教的背景が存在したり，国ごとの特徴はみられるものの，いずれもその動きは欧米の国々に比して遅く，環境政策が先にあり，そこで環境教育の必要性が示され，その後，教育政策のなかに環境教育が取り込まれていったという共通点がある。[*53] 先進諸国では1970年代から環境教育への取り組みが始まり，1980年代にはすでに国家レベルでの対応が始まっている。これは，アジアの動向より先んじたもので，その理由としてもともと国連など国際的な動向の主導国が欧米を中心とした先進国であったことやそれ以前の自然保護運動の豊かな蓄積などの背景が考えられる。特にヨーロッパでは，シチズンシップ教育・政治教育と関係を持ちながら導入されていったようである。

　また，先進諸国の環境教育は現在，国際的な動向に合わせ持続可能な開発（sustainable development：SD）を意識しているが，アメリカとヨーロッパ，オーストラリアではその受けとめ方が異なる。アメリカは過去のブッシュ政権下で環境施策が後退し，国際的な環境にかかわる動きに対しても消極的，あるいは，離脱的な態度を長らくとってきた。連邦環境保護庁（EPA）に環境教育についてのサイトは存在しても，SDには触れず，1990年代前半の『環境教育法』を継承する形でしか環境教育を捉えようとしていなかった。この状況は，政権によって今後変化する可能性はある。一方，イギリスやドイツ，北欧などヨーロッパ各国はもともとヨーロッパ連合としての協調があり，1987年にはヨーロッパ環境年を制定し，当時のEC加盟国がその動きに関連してさまざまな環境にかかわる活動を実施した歴史がある。[*54] 現在は，その流れをEUが引き継ぎ，持続可能な開発のための教育（ESD）を支持し，教育制度のなかにESDを組み込むところが多い。ヨーロッパ諸国は，国際機関が牽引している環境教育の国際的動向に積極的に歩調を合わせて自国の教育を進めていることになる。オーストラリアはESDをそのまま受けとめていないところが独自の動きといえるだろう。

## 2 国内の環境教育の展開過程

### 1) 環境教育前史

　日本の環境教育の源流は公害教育と自然保護教育にあるとされる。公害教育とは，1960年代から1970年代にかけて実践された「公害の原因・実態・対策に関する関心と理解を形成する教育」のことであり，1970年頃に都市部の学校教育のなかで導入され，社会教育分野でも有名な実践がいくつか行われた[55]。例えば，1964年に東京都で発足した小中学校公害対策研究会が有名で，1967年に全国組織となり，1975年に環境教育研究会に名称変更している[56]。また，1963年頃に四日市市の小学校で公害から子どもの健康を守るための研究会が開かれ，その後，全国で公害授業が実践されたが，1980年代初頭には下火になったという[57]。

　現在の日本の環境教育研究でも，公害教育は環境教育のモデルとして評価されることが多い。例えば，関上は「その教育的価値は今日の環境教育には欠かせない」として公害教育の歴史を評価する[58]。なかでも1963年の沼津・三島・清水町の石油コンビナート建設反対の市民運動で行われた学習会を社会教育としての公害教育と捉え，教育が行動に移された具体的事例とみなした。また，教師による公害教育の実践も1947年に発足した日本教職員組合（日教組）の教育運動と連動したものとして，1980年代に公害教育が衰退した理由の一つに日教組の分裂と活動の変容があるとする。公害教育が市民運動と協調して実践されたところを高く評価するのである。別の例では，高橋が上述の沼津・三島の事例や四日市，水俣の事例を紹介し，公害教育がボトムアップであったこと，責任の所在を明確にして追求したことを評価し，環境問題が加害者と被害者の両義性を持つという言説に対しても，「今日の環境問題の責任を，商品流通のなかに組み込まれた私たち消費者に全て転嫁しているレトリック」とする[59]。責任主体は「企業・国・自治体」で「公害問題の責任論と環境問題の責任論は本来同質であると考えられる」ので，これからの環境教育においても「問

題の責任を明確にしていくような方向性もとられるべき」という。企業・国・自治体（加害者）と，それによって加害の一端を担っていると思い込まされている市民（被害者）の構図があるとみなし，環境教育も公害教育にならって市民がボトムアップで加害者の責任を追及する運動性を持つべきとする。他にも，「公害教育から始まった日本の環境教育」として民間主導の実践手法と思想を評価したり（福島1993），公害学習から環境学習への転換を認めながらも「人間の生存権や尊厳性を重視する公害学習の理念は，環境教育の原点」（加藤2000）であるとしたり，グローバル化が進む世界のなかで重要な役割を果たすとされる「ローカルな知」が生きた実践事例と評価されたりする（御代川・関 2009，朝岡2009）。[60]

　公害教育と環境教育の関係を考える際に，鍵となるのは被害者－加害者の構図であろう。公害は認定が容易になされない過酷な現実があったが，それでも被害者－加害者の構図がみえやすく，対象地域も比較的限定されていた。しかし，環境問題の対象地域は地球規模まで広がり，地球環境問題のように被害者－加害者の構図が明確にできない場合も多い。被害者－加害者の構図が明確であれば，運動として成立しやすく，時間がかかっても結果を生み出していくが，地球規模化し複相化した環境問題にあって，そうした運動性を創り出すことは困難である。しかも，運動は既存のイデオロギーと無縁であることが難しく，その関係が顕在化したときにイデオロギーに合致しない立場は排除される。日教組が分裂し，活動が変容した時期に公害教育が衰退したという読み取りが事実であれば，運動の解体とともに教育が衰退したことになり，運動性と連動した教育の限界と捉えるべきである。また，上述のように公害教育の運動性を高く評価した高橋だが，日本・韓国・中国というアジア３国の環境教育の導入過程を分析した際には，環境問題の顕在化→基本的な環境法の制度化→環境教育の制度化という筋道を読み取っており，環境教育の制度的導入過程に市民運動が有効であったとは限らないとした。[61]この歴史的事実も，制度化した教育において市民運動と連動した教育実践が困難であることを示しており，現在の環境教育を過去の公害教育と同じ問題意識・同じ方法で実践する難しさがみえてい

る。ただし，公害教育の実践を振り返ると，地域に根ざしていた，多様な主体がかかわった，民主的な過程を選択しようとしていたなど，現在の環境教育の実践手法として評価されているアクションリサーチ，あるいは，民主的な参画に類似の実態があったことは確かで，それこそが今も高く評価される理由である。環境教育の観点から公害教育の歴史を振り返る場合，以上のような問題点と評価点を分けて，特に後者の実現過程を分析することが環境教育にとって有効であろう。

　次に，日本の環境教育のもう一方の源流である自然保護教育は，1951年に発足した日本自然保護協会が『自然保護教育に関する陳述書』(1957)を政府に提出したのが先駆的な試みとされ，1960年代には三浦半島自然保護の会による活動を皮切りに各地で自然観察会が実践されるようになった。[62]その後，1970年代には環境保全やまちづくり，社会や行政の仕組みを考えることへと内容が変化する。[63]公害教育が公害反対運動と連動したように，自然保護教育にも市民運動と連動した動きがあった。自然保護運動は現在もさまざまな運動が各地で継続しているが，運動の過程で住民が地域の自然に詳しい人や地域外の研究者などと交流し，自然について再認識する機会が生まれ，自然保護運動は自然保護教育の場でもあった。このように自然保護教育は，生物教育，市民による地域を知る活動，自然保護運動というように，目的も実践内容も異なる多様な活動を含んでいた。自然保護教育に関しては，小川・伊藤・又井（2008）や小川（2009）がその歴史と環境教育との関係性を詳細に紹介している。[64]

　ところで，降旗は自然体験学習の歴史を語る際に自然保護教育と野外教育の歴史を取り上げている。[65]日本の環境教育の歴史が語られる際に野外教育があげられることは少ないが，野外教育が自然とかかわる教育の一端を担ってきて，今も担っていることを考えると，その歴史を無視することはできないだろう。野外教育はもともとアメリカの1860年代の学校キャンプ運動に端を発するとされる。[66]1950年代に全米保健・体育・レクリエーション協会によって理念と方法が確立され，その過程で野外レクリエーションの時代（1940年代），カリキュラム強調の時代（1950年代），自然保護強調の時代（1960年代），環境教育強調

の時代（1970年代）と変遷してきたという[*67]。アメリカで生まれたこの概念が日本に導入されたのは1960年代だが、活動としてはすでに1880年（明治13）に東京YMCAが発足しており、大正に入るとYWCAやスカウト活動が開始している[*68]。YMCAは1844年、ボーイスカウトは1907年にいずれもイギリスで始まった青少年を対象とした団体で、日本に導入されたのも上述の概念輸入より古い。これらの団体は多様な活動のなかでキャンプ活動を一つの柱とし、実践の場が自然地であることから、自然教育としても機能してきた。現在でも自然体験の有無を尋ねるときにキャンプやテント生活などが項目としてあがるのはそのためである。しかし、その目的はあくまでも青少年教育であり、自然を知ることは付随的だった。自然体験は、自然保護教育とは異なる目的、内容で実施されていたのである。

日本の環境教育の源流として公害教育・自然保護教育・野外教育をあげたが、それらには共通して反公害運動や自然保護運動、青少年教育運動など「運動」としての側面があった。これらの実践を環境教育と読み替えたり、環境教育として評価したりすることは可能だが、その起点に立ち戻れば1970年代以降に誕生した環境教育とは異なる目的を持つ教育活動であったのである。そして、いずれも環境教育に取って代わられたのではなく、現在もそれぞれの教育実践として継続されている。

## 2）環境教育の始まり

日本で環境教育という言葉が使用されたのは、1970年9月14日付日本経済新聞の「進む米の'環境教育'」という見出し記事あたりからだという[*69]。同じ頃に他の文献でも環境教育という言葉が使用され始め、1970年代前半が日本の環境教育の登場期とされる。これは、1960年代の反公害の市民運動と連動した公害教育が1970年代に入り学校教育にも導入されていった時期にあたる。また、1974年から旧文部省の特定研究、1978年から総合研究として環境教育を冠する共同研究が始まっている[*70]。1970年当初は「研究者レベルで研究・考察が進められ」、半ば頃から「実践レベル（教員レベル）へ浸透していった」

第1章 ❖ 環境教育の誕生と変遷　17

時期とされる[71]。

　その後，公害問題の改善もあり，1980年代に環境教育という名称に変更した公害教育が衰退して環境教育への関心が低下したとされるが[72]，環境教育が日本導入後に関心が高まらなかった理由を，小川は「自然保護教育や公害教育に携わってきた人々のなかには，環境教育への不信」があり，「公害教育を風化させ消滅させるための存在と映った」と捉えている[73]。一方で，1986年に旧環境庁が環境教育懇談会を設け，1989年に指針を出したことなどをあげて，同じ1980年代を環境教育が定着した時代と捉える立場もある[74]。小原も国立教育研究所環境教育研究会が『学校教育と環境教育』(1981)を発表したことなどを例示し，1980年代を「環境と資源の問題に本格的に取り組む環境教育が展開」されていった時期だとみなしている[75]。1983年には国立教育研究所環境教育実践研究会が『環境教育のあり方とその実践』を出版し，「環境教育は，教育における新しいジャンルである」として，国連人間環境会議の定義とアメリカの『環境教育法』(1970)の定義を紹介するが，そこでは日本の既存の公害教育や自然保護教育について語られていない[76]。福島もこの点を指摘し，それ以前の公害教育の実践実績がこの時点でまったく評価されていなかったことに疑問を呈している[77]。同じ年1983年には日本環境協会が『学校教育における環境教育実態調査報告書』をまとめ，1987年には自然体験型環境教育の実践者が集う場として清里環境教育フォーラムの第1回が開かれ，1988年には旧環境庁が『環境教育懇談会報告書』をまとめている[78]。

　以上のように，環境教育という言葉は1970年代前半に"environmental education"の訳語として導入された。その言葉を，それ以前の公害教育の実践主体がそのまま公害教育からの名称変更として受け入れたり，あるいは，反対に敬遠したりしながらも，海外から輸入された概念として捉えたようである。そして，1980年代に入って環境教育という言葉は，次第に公害教育の実践者からも受け入れられ，行政や研究者のかかわる領域で少しずつ定着していった。また，地道に実践を続けていた自然保護教育にかかわる団体も，環境教育という概念のもとに集まりつつあった。

この1970〜80年代には，衰退する公害教育，自然体験型環境教育へと収斂していく自然保護教育と野外教育，国外の概念を輸入した形で公的な認知を得ていく環境教育という流れが読み取れる。そして，輸入された概念への対応を決めかねているかのように，この時期，環境教育とは何かという定義づけはあまりみられない。そのなかで1983年に国立教育研究所が，環境教育は環境問題への対応から生まれた教育課題であって，地球的視野や環境倫理の確立が必要だとし，その目的を「具体的な事象を通して，自然環境と文化環境についての科学的な理解を図り，環境と人間とのかかわりを認識させ，環境に対する望ましい態度を培う[79]」こととした。1970年代の国際的な動向は『トビリシ宣言』(1977) のように環境問題を強く意識しそれを明示していたが，それをそのまま使うことなく，人間と環境との関係の理解に重点を置く良質な定義を独自に示しているのが印象的である。

### 3) 環境教育の展開

　市川・今村によれば，1980年代に環境教育への関心は低下したが，その時期に地球温暖化やオゾン層の破壊などに代表される地球環境問題とゴミ問題など都市生活型環境問題という2種類の環境問題が意識されるようになり，1990年代に環境教育への関心が再び高まったという[80]。環境問題が質的に変化したことが，環境教育の必要性を新たに認識させ，1990年代の環境教育の導入につながったと読む。小原も1990年代を「グローバルな環境教育が展開され始める時期」とする[81]。しかし，上述のようにすでに1980年代に行政やそれにかかわる研究者の間で輸入された環境教育についての研究が継続して進められていたことを考えると，それらの研究成果がようやく形となってまとめられ，それらを基礎に学校教育や行政のかかわる公的な領域に本格的に導入されるようになったともいえる。こうした状況に呼応するように1990年に日本環境教育学会が設立され，さまざまな領域に分散していた関係者が集い，環境教育をめぐる研究活動や情報交換の場として機能していく。

　したがって，日本の環境教育が実践レベルで普及し始めたのは，学校教育へ

の導入が本格的に始まり，公的な認知が得られた1990年代としてもよいだろう。具体的には，旧文部省は1989年の『学習指導要領』改訂時に環境教育を意識し『環境教育指導資料』（中学校・高等学校編 1991，小学校編 1992）を作成配布した。ここでは「環境教育の目的は，環境問題に関心をもち，環境に対する人間の責任と役割を理解し，環境保全に参加する態度及び環境問題解決のための能力を育成すること」とされ，1998年に始まる『学習指導要領』改訂以降に発行された第4刷でも，国立教育政策研究所が発行した2007年の改訂版（小学校編）でも同じ文面が使用されている。そして，旧文部省は，環境教育推進モデル市町村を指定し，エコスクールの整備を進めていく。

　旧環境庁も，1990年代になって「こどもエコクラブ」を発足させ，当時の文部省・環境庁・農林水産省など複数の省庁が連携して環境教育が実施できる体制づくりを進めていく。1989年版『環境白書』から「環境教育の推進」という項を設け，第一次『環境基本計画』(1994)には「1　環境教育・環境学習等の推進　持続可能な生活様式や経済社会システムを実現するためには，各主体が，環境に関心を持ち，環境に対する人間の責任と役割を理解し，環境保全活動に参加する態度及び環境問題解決に資する能力が育成されることが重要である」と記した。旧環境庁は環境にかかわる国際的な動向に敏感に反応し，それを計画や白書に加え，国際社会のなかでの日本の役割を説明していたから，SD概念にもいち早く反応した。この第一次『環境基本計画』でも，持続可能な自然資源の利用や生産と消費を持続可能にするという意味で「持続可能」という表現を使っている。しかし，環境教育については，あくまでも環境問題の解決を意識し，環境保全という目的を前面に打ち出したものとして捉え，2002年以降世界に知られることになる持続可能な開発のための教育（ESD）のニュアンスはまだない。

　以上のように，1990年代に公的な認知を受けて学校教育への導入が始まった日本の環境教育だが，公害教育や自然保護教育，野外教育を引き継いだ教育実践は今も続いている。これらの1990年代から現在にいたる環境教育の研究潮流を，朝岡は2005年に①公害教育系，②自然保護・野外教育系，③学校教

育系，④持続可能性にむけた教育系，⑤地球環境戦略研究機関系の5系列に分類した。このうち，①と②は日本の環境教育前史から存在してきたもので，③は1990年代以降公的に認知されたものである。これらについて，朝岡は次のように説明する。①公害教育系は「環境問題を引き起こした人間社会のあり方を科学的に認識するとともに『人権』・『環境権』という観点から環境と人間との関係が捉え直されている」ことが大きな特徴で，②自然保護・野外教育系はさまざまな実践団体を巻き込んで自然体験活動推進協議会（CONE）が2000年に設立されて，後述する『環境の保全のための意欲の増進及び環境教育の推進に関する法律』の受け皿になりつつあるとする。③学校教育系は，行政出身者や行政と関係の深い研究者が中心となり『環境教育指導資料』の改訂や『総合的な学習の時間』の環境教育としての活用を視野に新たな実践が展開されているとする。活動主体と活動内容をみると，①は公害教育を実践してきた教師や関係する研究者たちが中心であり，個々の教師は自らの職場で実践しながら，地域学習やまちづくりとも絡めた社会教育的な活動を展開している。②は民間のNGOやNPO，財団法人などの自然保護教育・野外教育の団体が実践主体で，幅広い年齢層の市民を対象としたさまざまな活動を提供している。③は行政に近い研究者が公教育のなかでの活動のあり方を実践者である教師とともに活動を提案し，実践している。

　上記5分類のうち，④と⑤が1990年代に新たな動きとなって登場した。④持続可能性にむけた教育系の活動主体は，研究者とこの考えに共鳴する実践者と考えられ，具体的な教育実践を行うというより，今までの環境教育実践を解読し，持続可能性にむけた教育がどうあるべきかを提案する。一方の⑤地球環境戦略研究機関系とは，旧環境庁企画調整局を中心に政府主導で作られた財団法人である地球環境戦略研究機関の動きを指している。しかし，そのHPには「人口増加や経済成長の著しいアジア太平洋地域における持続可能な開発の実現を目指し，実践的かつ革新的な戦略的政策研究を行う国際的研究機関として，1998年に日本政府のイニシアティブによって設立された」財団法人であると説明され，環境教育プロジェクトを実施してはいるが，環境教育のための

財団ではない。[*85]朝岡が④と別に分類した理由は定かではないが，活動内容からは環境教育の潮流の一つとして独立して捉えることには無理があり，ここでは④に含むものとする。

　上記の朝岡の分類は「環境教育学研究の流れ」とされている。しかし，環境教育を研究対象とすることと，環境教育を実践することは必ずしも同義ではない。例えば，実践主体をみると，民間の市民やNGOなどが中心の①と②，学校教育機関の教師が中心の③，現段階では限定できない④という分け方になる。また，教科や教育内容の観点からみると，①は公害を中心とした社会科学系の主題，②は自然体験を中心とした自然科学系の主題，③は社会科や理科，総合的な学習の時間を介してどちらも含む。そして，④は人権教育や開発教育が扱う主題とも絡みながら広範囲な内容を含み，教科横断的な内容となる。これらの分類が日本の環境教育の実態を表すことは確かであり，環境教育が，研究分野・研究実践主体・実践内容のいずれについても，一つに収束していないことを示している。

### 4）2000年代の環境教育

　2000年代には，環境教育に関係する新たな動きが起こる。まず，2003年に議員立法で制定された『環境の保全のための意欲の増進及び環境教育の推進に関する法律』（2004年施行）である。[*86]立法過程には各党主催の勉強会や環境関連NGOのアピール提出などの動きがあったものの短期間で成立した。この法律で，環境教育は「環境の保全についての理解を深めるために行われる環境の保全に関する教育及び学習」と定義された。環境保全への理解を深めることが目的で，環境保全活動とは「地球環境保全，公害の防止，自然環境の保護及び整備その他の環境の保全（良好な環境の創出を含む。以下単に「環境の保全」という。）を主たる目的として自発的に行われる活動のうち，環境の保全上直接の効果を有するもの」（第2条）と記されている。この法律によれば，環境保全を理解するとは，地球規模の環境問題や公害とその対策及び自然保護について理解することであり，「環境問題」と「環境保全」をキーワードとしてきた

1990年代の環境教育の基本的な考え方を受け継いでいる。しかし，その具体的な内容をみていくと，第3条の2で「環境保全活動，環境保全の意欲の増進及び環境教育は，森林，田園，公園，河川，湖沼，海岸，海洋等における自然体験活動その他の体験活動を通じて環境の保全についての理解と関心を深めることの重要性をふまえ，地域住民その他の社会を構成する多様な主体の参加と協力を得るよう努めるとともに，透明性を確保しながら継続的に行われるものとする」とある。具体的な実践の姿は「森林，田園，公園，河川，湖沼，海岸，海洋」などの自然要素を含む場所での「自然体験活動その他の体験活動」であって，いわゆる自然体験型環境教育と呼ばれる実践である。朝岡が自然保護・野外教育系の流れをまとめて設立された自然体験活動推進協議会（CONE）がこの法律の受け皿となりつつあると指摘したのはそのためである。[*87]

　この法律には持続可能な開発（SD）という言葉は出てこない。唯一使用されているのが，1990年代に旧環境庁の計画や白書などで使用されてきた「持続可能な社会の構築」という表現で，「持続可能な社会」とは「健全で恵み豊かな環境を維持しつつ，環境への負荷の少ない健全な経済の発展を図りながら持続的に発展することができる社会」のことである。これは，既存経済の発展を前提とした1980年代の古いSD概念に近い。そして，ヨハネスブルグ・サミットの『行動計画』など，国際的なSDにかかわるガイドラインでは生態系という概念が重視されるようになっているが，自然体験型環境教育の後押しになるとされるこの法律本文には生態系という言葉は出てこない。

　もう一つが，2005年1月から開始した「国連持続可能な開発のための教育の10年（DESD）」である。日本では2003年にNPO「持続可能な開発のための教育の10年」推進会議が設立される。その設立趣意書では，設立にいたるまでに「日本国内の環境・開発・人権・平和・ジェンダー・多文化共生・保健など，社会的な課題に関する教育にかかわるNGO・NPO・個人の動きをつなぎ，国内および国外における持続可能な開発のための教育（ESD）のあり方に関しての共通理解を図り，課題を検討すべく」活動してきたと強調し，環境教育という表現を使っていない。しかし，その理事や賛同者には環境教育の研究

者や実践者が名を連ねる。21世紀に入って出版された「持続可能」という表現を冠する書籍の著・訳者も環境教育の研究者であり（例えば『持続可能性に向けての環境教育』[88]『持続可能な未来のための学習』[89]）、環境教育の関係者が中心となってDESD、あるいは、持続可能性のための教育を牽引しようとしている。そして、2006年には政府が『わが国における「国連持続可能な開発のための教育の10年」計画』を出す[90]。そこでも、環境教育という言葉が53ヵ所に使われ、当該年度の取り組み事項としてあげられた内容も環境に関するものがほとんどである。社会・環境・経済を3本柱として環境教育という言葉をほとんど使用しなかったUNESCOのDESD『国際実施計画』と比べると、理念部分はほとんどそのまま転用されているものの、具体的内容をみるとESDに求められているものとは異なる印象がある。といって『環境の保全のための意欲の増進及び環境教育の推進に関する法律』で示された自然体験型環境教育と同じでもない。阿部（2009）は「学校教育や地域づくり（社会教育）としてのESDの実践」については、さまざまな取り組みが急速に増加しているとする[91]。しかし、DESD開始後の2007年段階においても保育者研修にかかわる教育委員会や保育所の管理部署ではESDという言葉すらほとんど知られていなかった実態もあり[92]、ESDを冠した取り組みは増加していても、一部の関心の高い層だけが取り組んでいる現状とみた方が正確であろう。

　それでは、2000年代のこれらの動きを受けて、日本の環境教育を行政の立場から主導してきた環境省や文部科学省の動きに変化はみられたのだろうか。まず環境省では、『環境の保全のための意欲の増進及び環境教育の推進に関する法律』とDESDが開始する前の第二次『環境基本計画』（2000）で、「環境教育・環境学習は、各主体の環境に対する共通の理解を深め、意識を向上させ、問題解決能力を育成し、各主体の取組の基礎と動機を形成することにより、各主体の行動への環境配慮の織り込みを促進するもの」としていた[93]。この文言は、それ以前の考え方と変わりはないが、持続可能な社会については「環境の側面はもとより、経済的な側面、社会的な側面においても可能なかぎり、高い質の生活を保障する社会」とし、SD概念の変容に沿った説明がみられるようになっ

ていた。環境教育も，今後は「『持続可能な社会の実現のための教育・学習』という幅広い文脈で実施していくべきものであり，グローバルな視点をふまえながら，環境汚染や自然保護の枠にとどまらず，消費，エネルギー，食，居住，人口，歴史，文化などの多岐にわたる要素を含めたもの」になるべきとした。つまり，環境問題・環境保全を意識した環境教育から持続可能な社会の形成を意識した幅広い環境教育への転換が図られようとしていた。

ところが『環境の保全のための意欲の増進及び環境教育の推進に関する法律』(2004)とDESD以降の第三次『環境基本計画』(2006)では，環境教育についての上記のような説明はなくなり『環境の保全のための意欲の増進及び環境教育の推進に関する法律』や『わが国における「国連持続可能な開発のための教育の10年」計画』が過去の計画の成果としてあげられる[*94]。そして「『国連持続可能な開発のための教育の10年』をふまえ，環境面のみならず経済面，社会面も統合的に扱った環境教育を推進」すると記載されるにとどまっている。法律制定やDESDの開始によって，それらを基礎とせざるをえない一方で『環境の保全のための意欲の増進及び環境教育の推進に関する法律』が自然体験型環境教育に偏っており，DESDについてもその具体策において国際的な捉え方とは異なっているために，結果として環境省が先に表していたような持続可能な社会の形成を意識した幅広い環境教育のニュアンスが後退した印象を与えるものになってしまった。

一方の文部科学省は特に新しい動きをみせていないが，2007年に『環境教育指導資料（小学校編）』が発行される[*95]。1990年代に旧文部省によって発行された指導資料は日本の学校教育における環境教育のガイドラインとしての役割を果たしたが，改訂新版は国立教育政策研究所の発行である。文部科学省ではなく，国の研究機関による発行が影響力という点でどのように異なるのかは今後の使われ方をみるしかないが，この新版指導資料における環境教育の定義をみてみよう。新版を旧指導資料と比較すると，構成が異なっている。1990年代初めに出された旧指導資料では環境教育の歴史的変遷を語れる段階にはなかったが，新版では第1章で，1970年代からの環境教育の歴史的変遷を説明し，

その締めくくりに『環境の保全のための意欲の増進及び環境教育の推進に関する法律』とDESDの両者があげられる。「持続可能な社会を構築していくためには，家庭，地域，職場などにおいて進んで環境を保全するための活動に取り組むことが大切」であるので『環境保全の意欲の増進及び環境教育の推進に関する法律』が制定されたとし，施行の基本方針を引用しながら持続可能な開発（SD）概念についても説明する。しかし，この指導資料では『環境の保全のための意欲の増進及び環境教育の推進に関する法律』で示された定義を転用せずに，環境教育とは「環境や環境問題に関心・知識をもち，人間活動と環境とのかかわりについての総合的な理解と認識の上に立って，環境の保全に配慮した望ましい働き掛けのできる技能や思考力，判断力を身に付け，持続可能な社会の構築を目指してよりよい環境の創造活動に主体的に参加し，環境への責任ある行動をとることができる態度を育成すること」とする。この文面を旧指導資料と比較すると，「持続可能な社会の構築を目指して」という語句が追加されているだけで，他の部分は同じである。つまり，1990年代の環境教育の定義に持続可能な社会の構築を目指すという目標を付け加えたもので，環境教育を行う際の視点もほとんど変更がない。

　この指導資料で「持続可能な社会の構築」は，常に環境保全・環境教育と結びつけられる文脈で登場する。それは持続可能な開発（SD）概念とは区別されているようで，その関係がわかりにくい。もともと「持続可能な社会の構築」は環境省が21世紀における環境施策の展開の方向性を示すものとして，2000年の『環境白書』や第二次『環境基本計画』などから使い始めたもので，その源は1993年の『環境基本法』第四条の「環境への負荷の少ない健全な経済の発展を図りながら持続的に発展することができる社会が構築されること」という文面ではないかと思われる。1992年のリオ・サミット直後に定められた『環境基本法』は持続可能な開発（SD）概念を意識したはずだが，そこに読み取れるのはリオ・サミットで確認されたSD概念というより，それ以前の経済発展を前面に出していた古典的なSD概念である。指導資料の環境教育の目標に追加された「持続可能な社会の構築」が2000年代のSD概念に対してわかり

にくい立ち位置にあるのは，そうした歴史的経緯があるからかもしれない。

ただし，この新版指導資料には，旧資料にはなかった注目しておくべき点がある。それは「環境教育で重視する能力と態度」として「合意を形成しようとする態度」や「公正に判断しようとする態度」などが，また「環境を捉える視点」として「循環」「多様性」「生態系」「共生」「有限性」「保全」の6点が示されたことである。[*96]前者についてはさまざまな社会・経済の問題に対応する際の姿勢として，SDをめぐる言説でも重視されている。また，後者も「保全」以外は，旧環境庁の『環境白書』や『環境基本計画』など環境施策のなかでは使われていたものの，文教施策としての環境教育の文脈ではほとんど使用されてこなかった概念である。環境教育を考える際に，環境問題の知識とその対策だけではなく，環境の捉え方，つまり，環境観の質が関係するということを初めて示したことになる。これは，日本の環境教育施策における新たな展開と評価できる。

### 5）日本の環境教育観の変遷

以上のように，日本では，源流として公害教育・自然保護教育・野外教育などの実践の蓄積があったものの，環境教育という概念は輸入されたものとして受けとめられ，環境施策の一貫として主として行政によって導入・使用されてきた。1980年代の研究期間と1990年代の導入期間を経て行政が示してきた環境教育は，国際的な動向を忠実に追ったものだった。『ベオグラード憲章』や『トビリシ宣言』を引用し，持続可能な開発（SD）概念が普及するとそれを取り込み，概念上は常に国際的動向に一致した環境教育像を示してきた。その後も，ヨハネスブルグ・サミット（2002）でDESDを提案したのは日本であり，環境教育に関する法律『環境の保全のための意欲の増進及び環境教育の推進に関する法律』を制定し，DESDの計画も立て，具体的な取り組みも始まっている。1970年代に国際的動向をふまえて環境教育という概念を輸入した日本だが，現在は先進的と呼んでもよい動きをみせている。そして，源流として認められてきた公害教育・自然保護教育・野外教育の実践も環境教育という概念を使用する・しないはあっても在野の教育や学校教育のなかで継続してきた。収束し

第1章 ❖ 環境教育の誕生と変遷　27

ていなくとも，それなりに豊かに展開して現在にいたっているのである。

　以上の展開過程をふまえ，環境教育がどう捉えられてきたのかに絞って，その変遷を整理してみよう。まず，日本の環境教育には実践としての公害教育・自然保護教育・野外教育という源流があり，現在もそれぞれは途絶えたわけではなく，環境教育の流れとしてあげられる。環境教育という概念を取り入れる前から公害・自然保護・野外に関心のある人々が個々のフィールドで実践していたが，それが新たな教育分野である環境教育にもつながるとわかって，それを環境教育として読み替え，環境教育という呼び名を使い始めたのである。つまり，関心の中心と具体的実践内容は変わらないが，環境教育としての目的が加わった，あるいは，環境教育として呼びかえられたことになる。環境教育とは何かという問いが先にあって，そこから実践を考えるのではなく，先に実践の蓄積があって，環境教育とは何かが不問のまま，それに対して環境教育としての読み取りをしようという方向である。

　次に，行政の示してきた環境教育は『環境教育指導資料』や『環境基本計画』など，実践の指針であるから，環境教育とは何かが必ず示されてきた。国際的な動向は1970年代の環境問題と環境保全を前面に打ち出した「古典的な環境教育」，1980～90年代の「持続可能な開発（SD）概念にむかう環境教育」，2000年代の持続可能な開発のための教育（ESD）に対する立ち位置を決めかねて「混迷する環境教育」と変容し，現在はESDのなかの環境（＝自然）という柱にかかわる部分を担うものとして「古典的な環境教育」に回帰する様相を示しているが，日本はそれらに対し常に敏感だったわけではない。行政の示す環境教育は，あくまでも環境施策としての環境教育であるから，環境という枠から外れて社会や経済にかかわる施策に踏み込んだ環境教育の指針を示しにくいのであろう。したがって，持続可能な開発（SD）に触れても，そのための教育を積極的に提示することはできず，あくまでも「環境問題」と「環境保全」をキーワードにした環境教育であり続けた。しかし，国際的な動向が，環境教育から持続可能な開発のための教育へとシフトし，環境教育自体はそのなかの環境にかかわる分野を担う教育とみなされている現況を考えると，結果として

日本の環境教育は国際的動向と同じところにいるのかもしれない。

それでは，今後の環境教育を考える際に，この環境教育の現状にはどのような問題があるのだろう。自然体験型環境教育は，環境教育の源流とされる従来の自然保護教育，自然教育と何が異なり，また，あえて環境教育と呼ぶ必要があるのだろうか。一方の持続可能な開発のための教育（ESD）が，環境教育以外の他の課題も含み，さまざまな活動が協働して実践されるものとして存在するなら，それは環境教育という狭い呼び名で代替できるものではない。主導機関の UNESCO はそのように捉えているが，日本では環境教育の実践者や研究者が ESD にかかわり，環境教育を語る場面に ESD が現れることが多い。そして『環境教育指導資料』にみるように学校教育に求められる環境教育は，あくまでも ESD とは異なるものとして提示され，といって，自然体験型環境教育でもない。とすると，環境教育とは何なのであろうか。自然体験をしても環境教育，学校で公害について学んでも環境教育なのだろうか。

これらの問いに答えるためには，環境と自然という概念の捉え方の変遷とその関係を分析しておく必要がある。もともと，環境教育は環境という概念が登場した後に誕生した課題であった。環境教育を語る際には環境という概念をどのように捉えているかが重要で，幼児期の環境教育を検討する際にも，筆者が 1995 年に指摘したようにこの環境概念の多義性が問題となる[97]。環境教育に環境概念の検討が重要であることは，鶴岡（2009）が概観したように筆者以外にも過去に複数の指摘がある[98]。また，環境教育は ESD のなかの環境にかかわる分野とされるが，そこに出てくる具体的な実践内容の提案は自然にかかわる分野といいかえてもよいものばかりである。自然保護教育や野外教育などの自然とかかわる教育が環境教育と読み替えられる場合にも，環境と自然は同義であるかのように扱われている。しかし，環境と自然は同義なのだろうか。同じであれば，環境教育はそのまま自然教育であるといえるし，違うのであれば，環境教育は自然教育と異なる教育になる。「自然」も，重要な鍵となる概念なのである。そこで，次の章では，環境教育の重要概念である「環境」と「自然」という二つの概念の変遷について整理することにする。

# 第2章 ❖ 環境・自然・環境教育

## *1* 環境とは何か

　環境という言葉は，古いものではない。多様な場面で使用されるが，環境という言葉の日本語の意味として『日本国語大辞典』(1977) では「①四方のさかい。周囲の境界。まわり。②まわりの外界。まわりをとり囲んでいる事物。特に人間や生物をとりまき，それとある関係を持って直接，間接の影響を与える外界[*99]」の二つがあげられている。①は出典として『元史余闕伝』があげられているので，漢語としての意味である。中国の歴史書の一つ『元史』は，1206年から1367年までの歴史を記したものとして，1369年に編纂された。「わ」という意味を持つ環という漢字と土地の「さかい」という意味を持つ境という漢字が組み合わさってできた漢語であるから，もともとは①のように「わ」の「さかい」めを示す言葉であり，その言葉を②の意味で使うようになったのは

明治以降，environment という英語の訳語としてであった。しかし『日本国語大辞典』の出典記載をみると，当初 environment という言葉の訳語は「環境」ではなく「環象」であり，1881年（明治14）刊の哲学対訳語辞典『哲学字彙』で示されたものだという。書名からは哲学用語として示された印象を持つが『哲学字彙』の environment には生物学分野の専門用語であることを示す「(生)」という註記がついている。また，アメリカの教育学者パーカーの著書を訳した市川源三が1900年（明治33）に environment を「環境」と訳し，服部嘉香らが1918年（大正7）に『新らしい言葉の字引』でフランス語の milieu を「環境」と訳し「外界又は周囲のこと」と説明したと続く。

　しかし，日本初の国語辞典である『言海』(1891〔明治24〕)や後発の『辞林』(1911〔明治44〕)に「環境」の記載はなく，明治期において国語辞典に載る言葉ではなかった[*100]。つまり「環境」は明治期に生物学用語としての出発があり，大正期に②の用法で扱うことが一般的になったようである。荒尾も，明治期に教育学・心理学・哲学の分野で使用された例はあるが，明治30年代にそれらの分野で術語に十分なっていたかは疑問で，「境遇」という言葉の方が一般的だったとし，生物学でも environment や circumstance の訳語としては「境遇」という言葉が使用されることが多く，「環境」が一般化したのは大正期とする[*101]。例えば，大正期末の栃内による『環境より見たる都市問題の研究』(1922〔大正11〕)では，環境という言葉を，人間を取り巻く外界の意味で捉え，人間が環境に順応しながらも改変する力を持つことを前提に，教育や都市の居住環境の実態が幅広い観点から論じられている[*102]。東京朝日新聞社の記者であった栃内の使う環境の用法には現在と変わらない印象がある。また，別の例として，1930年（昭和5）に出版されたパースの対訳本 "Environment and Life" があり，そこで environment は「環境」と訳され，「動物の周囲にあるすべてのものを指す」と定義されている[*103]。

　このように，大正から昭和にかけて，環境は生物学の学問用語として確立していた一方で，一般の言葉としても使われ始めていた。日本語の環境は英語の environment，フランス語の milieu の訳語として登場したが，英語の

environment という言葉も，もともとはフランス語の environ からの借入語に名詞語尾がついたものだとされる[104]。en はラテン語の in と同義で「なかに入れる」という意味をもち，viron は古フランス語で「円，環」という意味の言葉であったという。環のなかに入れるという意味となり，動詞としての environ は「取り巻く」「包囲する」という意味であり，この意味での英語の出典は 1603 年とされる[105]。17 世紀当時は「包囲されている状態」を表していたが，これは現在の用法とは異なる。人や生き物がそこにいる自然・状況というような意味で使われるようになったのはイギリスの評論家・歴史家のカーライルが 1827 年にドイツ語の Umgebung を environment という言葉で翻訳してからだという[106]。このカーライルの翻訳とは，"German Romance：Specimens of the chief Authors；with Biographical and Critical Notices." と題されたもので，そこで訳されたのはゲーテやホフマンなどのドイツロマン主義作家の著作であった。environment という言葉は，感情・個性・自由などに価値を見出し，自然との一体感や神秘的な体験を重視したロマン主義文学に出てくる言葉を表すために使用されたのだった。その後，生物学用語として environment を定着させたのは，イギリスのスペンサーとされるが，スペンサー自身が古フランス語から転用したという説もある[107]。

現代フランス語で，取り巻く外界という意味の言葉は milieu であり，その語源は medium（なか）＋ lieu（ところ）で，空間的に取り囲まれた中央と周囲の関係を表しているとされる。19 世紀の哲学者コントは，milieu をすべての有機体の生存に必要な外部条件の全体と定義し，進化論で有名なラマルクは生物と milieu との関係を論じる生態学と呼んでもよい研究を行い，環境と生物との相互依存性を明らかにしたという[108]。フランス語には別に environnement という言葉もあり，1921 年に地理学用語としてフランスに輸入されたものの定着せず，1961 年に英語の environment の訳として使われるようになったとされる[109]。また，現代ドイツ語において環境は Umwelt だが，これはカーライルが environment と訳したもとの言葉である Umgebung と同様の意味を持つものの，異なる言葉である。Umwelt をこのように使うようになった起源は生

物学者ユクスキュル（1864-1944）の仕事にあるとされる。生物が住む生態学的環境を「環世界（Umwelt）」と呼んで,物理学によって機械論的に記述できる「環境（Umgebung）」と明確に区別したとされ，この分け方は，主観的な環境，客観的な環境と区別されることもある。ユクスキュルがこの考えを示した著書は1934年に出版されたが，日本では動物行動学者の日高が翻訳し，最新訳では環境という言葉と区別するために「環世界」という日本語を与えた。[*110]そのあとがきによれば，Umweltというドイツ語は1800年に造語されたもので，フランス語のmilieuの訳語として使われていたが，20世紀に入ってユクスキュルによって新しい意味を与えられたと説明されている。いずれにしてもそう古い言葉ではない。

　日本語の環境という言葉のもととなった漢語の輸出もとである中国でも，環境という言葉の現在の用法は日本語からの輸入とされる。[*111]日本に輸入された「環境」という漢語は，明治時代に西洋の専門用語を訳す際に「取り巻く外界」という意味を与えられ,次第に一般用語となって，今度は中国に新たな意味を持った言葉として輸出されたことになる。ヨーロッパでも，ロマン主義文学での用法，生物学者による主観的世界という用法などを経て，次第に現代的な意味の環境を意味するものになっていったようである。フランス語のenvironから英語のenvironmentという英語が生まれ，20世紀に入ってフランスに逆輸入され，英語起源のenvironnementがmilieuとは別に使用されている。

　environmentという言葉は，複数の文化を渡り歩きながら，19世紀に「取り巻く外界」という意味を初めて与えられ，その新たな意味を持って文化を越えて広がり，20世紀にはその意味で通用する言葉になっていった。そして，1970年代頃からは，環境保護運動や環境問題などのように使う用法が中心になり，文化を超えて共通に捉えられるようになる。環境問題が顕在化した時代ということもあるが，グローバル化が進んだことも影響しただろう。さまざまな分野での国際的組織の誕生や経済のグローバル化，物や情報の地球規模での移動，価値観の共有が進んだ時代でもあった。そのなかで,environment（環境）という言葉は共通の意味を持って各文化のなかで使われるようになっていった

のである。

　そして，環境という言葉は，さまざまな学問分野が細分化し，発展し始めた19世紀に生物学だけではなく心理学，教育学の用語としても使われ始めた。修飾語をつけることでもともとの「取り巻く外界」という意味から，地域環境や家庭環境というように場を限定した使われ方もなされ，学問分野だけの言葉ではなくなり，日常会話でも使われる言葉となる。これらの用法は，現存している。しかし，教育環境と環境問題という二つの語句に使われている環境が同じともいいがたい。共通の意味のもとでの多義性があるのである。

　この多義性を理解する観点として有効なのが，19世紀に環境という言葉が使用される主領域となった生物学の定義である。『岩波生物学辞典　第2版』(1977)では，「環境とは主体が存在している場，すなわち，ある主体に対するその外囲を，その主体の環境という。したがって，主体を特定しない環境というものは，実態として把握できない」と説明されていた[*112]。また，続けて「環境のあらゆる部分がすべて，主体である生物に等しくかかわり合いを持つとは限らない」「その生物の生活に関与している部分に範囲・内容を限定して，それを環境とする立場もある」とあった。どの主体にとっての環境なのかを明確にしないと，環境という言葉を使用しても意味するものは把握できない。主体を取り巻く外界すべてか，あるいは主体に関係する部分だけか，どちらを想定しているのかによって，環境という言葉の示すものは異なる。主体に関係する部分だけというのは，ユクスキュルの環世界という捉え方に近い。環境という言葉を使うときには，主体は何かを，次に環境要素がその主体を取り巻くすべてを指すのか，あるいはその主体にかかわる諸条件を指すのか，具体的に何を指すのかを考えなくてはならない（図1）。この捉え方に基づいて，環境という言葉の意味をみていこう。

　1970年代から，環境という言葉は環境保護運動や環境問題，地球環境のように使うことが中心になったと指摘した。こうした用法を，本書では「現代用語」としての用法と表記し，区別することにする。この「現代用語」としての用法は，各年代の時事用語や新造語を網羅してきた『現代用語の基礎知識』や

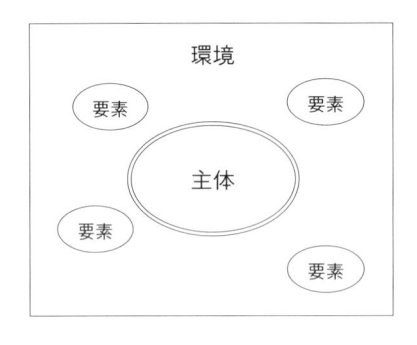

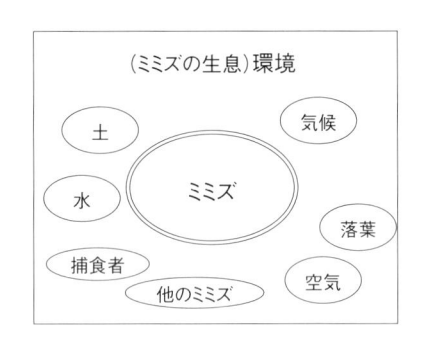

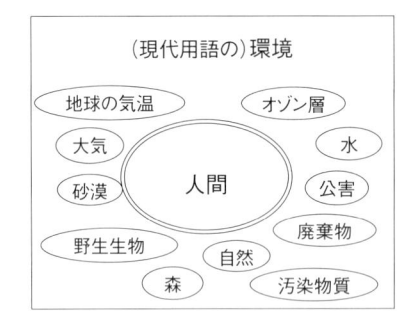

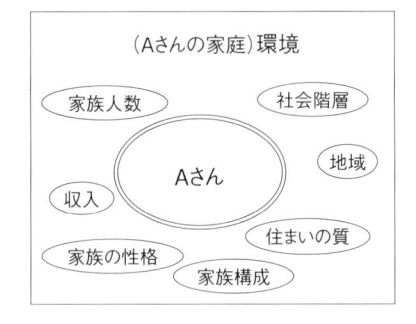

図1 主体と要素を示すことによって定まる環境という言葉

『イミダス』などの出版物に見出すことができた。2006年には『現代用語の基礎知識』では環境という区分はなく「国際情勢」のなかに「地球環境問題」という区分が設けられていた。[113]そこであげられている項目は「京都議定書」や「IPCC」「COP」など地球温暖化にかかわる時事用語から「地球の温暖化」「オゾン層の破壊」「生物の多様性に関する条約」「持続可能な開発」などである。同年の『イミダス』では「社会生活」のなかに「環境」という区分が設けられ、さらに「地球温暖化対策」「地球環境の現状と対策」「公害/生活環境の汚染」「快適な生活空間の創造」と分けられていた。[114]少し年代を遡って1994年には、『現代用語の基礎知識』と『イミダス』はともに「環境」という区分名を「社会」の範疇に入れていた。[115]『現代用語の基礎知識』では範疇の名前自体が「公害・環境」となっており、公害と同一の区分とされ、区分化の段階で環境という言

葉は公害と関連があるとされていた。具体的な項目は「大気汚染と水質汚濁」「産業廃棄物と汚染物質」「ゴミ問題」「食品公害」「公害病の種類と症状」「環境保全対策と運動」「生態環境一般」「公害関係法規と基準」「公害関係用語一般」であった。一方『イミダス』では「地球サミット後と新たな国際協力」「大気汚染」「水質汚濁と土壌汚染」「騒音・悪臭その他の公害」「ゴミとリサイクル」「自然保護と文化財保護」「アメニティとナショナル・トラスト」「公害行政と国際協力」の8項目だった。環境という区分でまとめられたこれらの語群をみると，年代によって新しいものが登場しているが，基本的には環境問題や環境破壊，公害などの人間が起こした問題とその対応に関係するものである。すなわち「現代用語」としての環境という言葉の主体は人間であり，環境問題を常にイメージさせる。そして，その言葉とともに現れる具体的な環境要素は人間を取り巻くすべてではない。水や大気，雨，オゾン層，気温，熱帯林などの自然環境要素に限定されており，生物としてのヒトの生存に重要なかかわりを持つ要素である。それにもかかわらず，社会や国際情勢という区分に入れられている。人間社会，人間の活動と切り離せないと捉えられたからである。マターニュは，フランスでも1970年代から環境は「生態系であると同時に人間社会」であり，「『将来世代』に伝えるため保護すべき『人類共通の遺産』」となったとしている。[116] 日本の旧環境庁が『公害白書』の名称を『環境白書』と改めたのも1972年であった。[117]

　それでは，環境教育の「環境」はどのように捉えられるのだろうか。まず，環境教育という言葉を1948年に初めて使ったのは国際自然保護連合で，その「環境」には，保護する対象としての自然資源という意味が含まれていた。自然資源を保護するのは，自然それ自体のためではなく，人間のためであり，資源という表現そのものに「人間が利用する対象としての自然」という捉え方がすでに含まれている。その後，環境教育が国際的に認知されるのは1970年代で，1975年の国際環境教育会議で採択された『ベオグラード憲章』では関心・知識・態度・技能・評価能力・参加の6項目について目標があげられたが，うち技能と参加の2項目に「環境問題を解決するための」という表現が使用され

第2章 ❖ 環境・自然・環境教育　　37

ている。[118]すなわち，環境教育は，人間を取り巻く環境要素すべてを中立的に扱って，それらすべてにかかわる諸問題を解決するための教育ではなく，自然要素に限定された環境要素に起こっている問題（＝環境問題）を解決するための教育として示されている。

　これは，日本の環境教育も同様である。『環境教育辞典』（1992）では，「環境教育とか環境問題でいう環境は，動物や植物の環境ではなくて，人間の環境，人間主体的な環境」であるとし，環境問題と関連づけて環境教育の歴史が語られる。[119]別の『環境教育事典』（1999）でも，「『環境教育』というときの環境の主体は，明確に『人間』である」として，「人間の環境，特に人間社会の外界である自然について，それが人間社会の環境であることを強調しつつ，認識を深める教育が必要」とあり，個人と自然だけではなく個人と社会という視点を忘れてはならないとする。[120]環境問題という表現は使われていないが，社会にむき合う個人という視点がなければ社会問題である環境問題の解決はないとされる。いずれにしても，環境教育について語る場合，必ず環境問題が意識される。また，旧文部省が発行した『環境教育指導資料』（中学校・高等学校編1991，改訂1998，小学校編1992，改訂1998）も，「環境の保全と環境教育」という章から始まるが，人間の生活が環境に影響を与え，それが深刻化したために環境保全が必要となり，そのために環境教育が重要だという流れで説明されていた。[121]つまり，環境教育の環境とは環境問題や地球環境という語句に使う環境と同じであり，「現代用語」としての用法なのである。この環境は，家庭環境（図1のAさんの家庭環境）や地域環境のような日常会話のなかに表れる環境，ある生物の生息環境を示す際の環境（図1のミミズの生息環境）と同義ではない。

## 2　環境の誕生と自然観の変容

　上でみたように，19世紀初めに誕生した環境という言葉は，多様な文化を行き来し，さまざまな分野で使われるようになり，20世紀後半にはグローバ

ルに共通の意味を持つ「現代用語」としての用法も加えていった。「現代用語」としての環境は人間を主体とし，自然という要素を中心とした外界であり，それは問題を抱えているとみなされている。環境教育の環境も「現代用語」としての環境である。それでは「現代用語」としての環境という言葉の意味するものが自然という要素を中心とした外界であるなら，なぜそれを自然と呼ばずに，あえて環境と呼ぶのだろうか。環境教育が自然という要素を中心とした外界に関する教育であるなら，既存の自然についての学習や自然保護教育で代替できないのだろうか。環境という言葉の「現代用語」としての用法や環境教育という概念が生み出されたのはなぜだろう。理由として考えられるのは，自分を取り巻く外界を従来のままの自然という概念で捉えられなくなったということである。自然，人間と自然の関係，そして，人間によるそれらの捉え方，および実態が変化し，環境という概念や「現代用語」としての用法を生み出さなければならなかった。よく指摘されるように，西洋近代の開始はそれまでとは異なる自然観の形成をもたらし，環境という言葉はその時期に誕生した。環境という概念の誕生の場であったロマン主義も，18世紀の産業革命の開始期に起こった自然破壊，あるいは，自然へのむかい方の変容に対する反発として生まれたものだったのである。

　哲学者のコリングウッドは，西洋思想史において自然観の変容が「ギリシャの自然観」→「ルネッサンスの自然観」→「現代の自然観」の3段階を経てなされたとしたが，環境という言葉が誕生した時期は，ちょうど「現代の自然観」に変容した時期にあたる。ただし，コリングウッドがこの論考を記したのは1933年頃で，「現代の自然観」といっても19世紀以降の近代の自然観を意味する。コリングウッドは3段階の自然観の変容を次のように説明する。まず，個々に違いはあるものの，ギリシャの哲学者たちにとって「自然の世界には精神が充満し滲透しているという原理」が重要で，「自ら動く事物の世界」であり「生ける世界」として，有機体的で生命そのものとして捉えていた点が共通していた。[122]それがルネッサンスで，「機械としての自然」へと転換していく。その過程で，コペルニクスやブルーノ，ケプラー，ガリレオ，ニュートンらの

科学者が次々と登場し，それ以前になかった新たな技術で自然界を観察した事実から新しい宇宙観を示した。続いてベーコン，デカルト，ロックが登場する。彼らの時代に，自然は科学的認識の対象となり，機械となり，精神とは異なるものとして捉えられるようになったとする。そして，カントやヘーゲルを経て生まれた「現代の自然観」の形成に影響力を持ったのが，ダーウィンに代表される生物学の誕生だった。物質とも精神とも異なる生命という概念が生まれ，そこに，進化という概念が加わった。生命と歴史という概念が自然観に影響していくのである。

　自然観の変遷をエコロジー概念の観点から分析した歴史学者のウォースターは，自然に対する牧歌主義的伝統と帝国主義的伝統が西洋文化のなかに脈々と続いてきたとする。[*123] 現在の環境に関係する分野で重要視される生態学的な自然の見方自体も，その対立する両方の部分を含みながら成立していったとして，産業革命と歩調を合わせた自然に対する帝国主義的伝統とそれへの反発として生まれたロマン主義，自然科学の発展とダーウィンの仕事を取り上げ，19世紀に自然の捉え方が変化したと分析する。

　同じく歴史学の立場から西洋の人間と環境とのかかわりを詳細に分析したドロールとワルテールは，歴史的にはもっと早い段階に登場したユダヤ＝キリスト教的価値がそれ以前の自然の捉え方を変えて，自然の支配を意義づけたとみる。[*124] そして，それがルネッサンスを経て，ベーコンやデカルトの時代の人間中心主義的な自然の捉え方に発展し，自然を資源とみる19世紀の捉え方に変容したとする。彼らも西洋史のなかには自然に対する攻撃的な態度と静観的な態度が共存してきたとし，どちらに比重が置かれるかは，時間・空間ごとに人間が必要とするものに応じて変化してきたと考えている。

　社会学者のエーダーは，自然が社会化されてきた過程を詳細に分析し，近代には「対自然関係の二重構造」が内在しているとする。[*125] 一つは産業主義，科学的認識，支配する対象という関係，もう一つは，楽しむ対象，道徳的態度，シンボル的意味を持つもの，コミュニケーションの対象という関係である。対立ではなく二重構造とするところがエーダーの読み取りであり，いずれの場合に

しても，人間が自然を対象化して捉えていることに変わりはないとする。エーダーはそうした対象化してみる自然の捉え方自体を，人間が自然を社会化してきた結果と捉える。そして，自然を搾取する産業主義に対抗するエコロジー的理性ですら，自然を人間の欲求を満たす客体と認識して体験するものである以上は，自然を破壊し続ける功利的理性に反対する実効力を持たないと批判するのである。このエーダーの視点は，人間の環境へのむかい方の今後を検討するのに重要であり，後にも取り上げる。

　自然概念の変遷を日本・中国・西洋で比較した寺尾は，ギリシャ哲学においても「対象的外界の総体である自然界」という意味の自然は存在していなかったとみて，東洋対西洋というよくある対立を持ち込まない[126]。そして，自然科学の発展に伴い，ルネッサンス以降にその意味での自然という概念が登場し始めるが，それはあくまでも「神の被造物である自然」であって，対象的外界にはなりきっていない段階だという。それが神の存在とは無関係に対象化された自然として登場したのは18世紀末のフランス百科全書派のディドロ以降であり，カント，シェリング，ヘーゲルらの哲学にも影響し，ダーウィンの進化論を受け入れる素地を作っていったとする。そして，このヨーロッパの自然観の変遷を，寺尾は「人間が自然を客観的に認識し，これを開発し，そこから富を引き出す活動の展開過程でもあった。実質的には資本が『自然』を発見したと言ってもよい」と読むのである。寺尾の比較からは，西洋・東洋に分けられない，人間の歴史に共通する自然の捉え方がありえることが読み取れる。グローバル化した現代社会はこれからどのように世界にむかっていくかについて共通の捉え方をする必要があるが，文化的な差異や対立を超える際にこうした分析が有効に働くのではないかと思われる。

　思想史の観点から，三浦は「現代の環境危機の問題意識を持って，過去の人類の自然観を批判的に見直す」必要性を語る[127]。そして，ヘシオドスやプラトン，アリストテレスに代表されるギリシャ哲学，その次の段階としてのベーコン，デカルト，ロックらの二元論的・機械論的な自然観をあげ，19世紀以降ではアダム・スミスとマルクスに加えて，ダーウィンに始まる生物学者たちの思想

を取り上げる。三浦は，産業革命と時期を同じくして誕生した経済学の思想家であるアダム・スミスとマルクスの自然観を，いずれも労働に価値を置いて自然の生産力の価値を低くみているという点で共通していると捉え，両者にとって自然とは労働の対象であり，道具に過ぎないとした。そして，これらの経済思想の源流をそれ以前の二元論的・機械論的な自然観にあるとする。

　以上のように西洋史における自然概念の変遷の分析をみると，分析者の専門分野や立場によって捉え方が異なっても，有機体的な自然観に始まり，自然を対象化してみる機械論的な自然観を経てきたことが共通して語られる。そして，環境という概念が登場するのは，その変容が起こった後だった。分析者の誰もが19世紀の生物学の誕生やダーウィンを取り上げることから，この時期に人間＝生物という捉え方が誕生し，それ以前の人間と自然，精神と物質という単純な対立構造で世界をみることができなくなってしまったようである。時期を同じくして自然科学は哲学と分離して細分化が進み，それまで知られていなかった自然の姿を次々と明らかにしていく。生物学分野では生物と環境とのかかわりを扱う生態学（ecology）が誕生し，進化という概念が産業革命の進展に後押しされて，進歩や発展を是とする社会風潮に影響していく。一方で，産業革命期の自然破壊への反動ともいわれるロマン主義によって誕生させられた環境という概念は人間である自己とそれを取り巻く外界という使われ方から出発し，その時期に学問分野として成立し始めた生物学の学術用語として使われ，その地位を確立していった。

　ところで，デカルトやベーコンに代表される二元論的，機械論的な自然観が自然を破壊する対象としてみる源流になったという言説は多い。[128] 確かに，哲学思想のなかに現れた自然観が後に登場する思想家に影響し，哲学者であると同時に自然科学者でもあった彼らが示した自然観がその後の自然科学のありように影響したことは事実であろう。しかし，人間はもともと自分が暮らす場で否応なく自然にむかい合って生きてきた。自然にむかわざるをえない生活が先にあったのであり，思想家の提示した自然観がその時代に暮らす人々の自然とのかかわりのありようを規定したのではないだろう。環境という言葉が誕生した

西洋の19世紀は人間の生活が大きく転換した時代だった。17世紀から継続していた植民地主義と18世紀から積み上げられてきた産業革命が確固たるものとなり，市場原理が世界規模で働き始める。産業革命とそれを基礎にした産業構造・社会構造の変化は，同時に人間の自然に対するむかい方を変化させる。自然と折り合いながらでしか成立しえない第一次産業から，自然を利用するだけで成立する第二次産業へと産業構造の中心が移ったことで，常にともにあって折り合わなければならないものとしての自然から，利用する対象（資源）としての自然へと変化していくのは必然だった。もちろん，こうした産業革命を生み出した前提に，二元論と機械論を基礎にした自然観やそれを基礎にした自然科学の成立，技術の進展があったことはいうまでもない。
　そして，自然観の変容には産業構造の変化だけではなく，それと連動した市民の誕生，近代自我の誕生も関係している。対他的な自我はそれ自体が近世的だとされるが，社会における主権者としての市民という概念は，この近代自我の成立と切り離せない。しかも，デカルト以降，自我は個人的なものではなく，「個性を欠いた普遍的自我」として哲学の観察対象となり，「自我をして自然と自我自身（自己）とを所有し支配する者たらしめる」ものになったとされる。こうした近代自我は「自らの作用によって世界を支配しようとする」もので，「主観から対象へという方向がもっぱらであって」「世界を認識し意欲する主観，能動的，欲求的自我」であった。こうした自我観も思想家たちが示したものであったにせよ，変容する社会のなかでそのような心性を人々に与える時代であったことを示している。自己と他，自分と自分を取り巻く外界という捉え方が抵抗なく受け入れられるようになり，時代は自己を取り巻く外界としての環境という概念を容易に受け入れたのである。
　環境という概念は，自然を利用する対象としてみる自然観の誕生・自己という捉え方の誕生・生物学の誕生・産業構造の変化などの影響を受けて，19世紀初めに自己を取り巻く外界としての自然という意味で成立したのだった。

## *3* 20世紀における環境概念

　20世紀になると，人間という主体とそれを取り巻く環境との「関係」が問い直されるようになる。例えば，20世紀初めに生まれた哲学者メルロ＝ポンティは次のようにいう。「自然は存在するすべてのものがそこに包含される純粋対象であり即自存在だとされるが，そうしたものは人間の経験のうちには見いだしえない。というのも，そもそものはじめから人間の経験がそれに形を与え，変形してゆくからである」「ほんの少しでもこの問題に心を向けるやいなや，われわれは，主体や精神や歴史，それに哲学全体を巻き込むような謎に直面させられる。なぜなら，自然は単なる対象，つまり，認識という対座のなかで意識にむかい合っているものではないからである。自然とは，われわれがそこから立ちあらわれてきた対象であり，我々の諸前提がそこに少しずつ敷設され，ついにそれらが結びあって一つの存在となるに至った場であり，この存在を支えつづけ，それにその素材を提供しつづけている対象なのである」[*130]。人間にとって自然は知覚の対象であり，知覚を通してしか捉えられないものであり，知覚自体でもあり，知覚する人間自体でもある。人間は知覚という自然の装置を通してしか世界や自己を知りえない，自然によって作られた存在である。そこには，自己と外界を対立させてみるそれ以前の自己の捉え方とは異なる姿がある。自己を他者や外界との「関係」でみる視点は20世紀以降のもので，現代の心理学や社会学で扱われる自己もこの観点に立っている。近代自我の誕生とともに「自己」と「外界としての自然」という対立した立ち方をしたものの，自然を対象化してみる態度は生物学や心理学を誕生させ，その矛先が自己にもむかい，結果として自然と自己の分かちがたい複雑な関係が対象化されてみえてきてしまったということだろうか。

　そして，生物学の一分野としての生態学の誕生も20世紀の自然観にさまざまな影響を及ぼしていく。生態学 (ecology) は1866年にドイツの生物学者ヘッケルが作り出した言葉で，学問分野としての成立は19世紀後半である[*131]。生物

的要素に非生物的要素も取り込んだ系としての"ecosystem"（生態系）という言葉も1935年にイギリスの生物学者タンズレーが定義した言葉で，古いものではない。この言葉は，生物学の専門用語として出発したが，現在では環境思想でも環境施策でも多用される用語となっている。ヨハネスブルグ・サミットの『行動計画（Plan of Implementation of the World Summit on Sustainable Development)』（2002）でも9ヵ所に表れ，生態学分野の学問用語にとどまらず現代の環境にかかわる分野の用語として定着している。[132] また，自然科学としての生態学は現在も生物学の一分野としてさまざまな研究成果を生み出し続けているが，この同じ言葉が自然科学としての生態学から離れ，エコロジズムやエコロジー運動，エコロジストなどの言葉によって代表される思想や政治，社会運動を示す分野で使われ，独自の意味を持つようにもなり，エコ活動のように本来の意味から離れ，思想とも無関係な環境負荷の低いことを表すだけの新たな用法も生み出している。エコロジズムの歴史的な源流も19世紀に遡って語られるものの，マターニュによればフランスでは1983年の事典で初めて生態学者としてのエコロジストと運動家としてのエコロジストが区別されたという。[133] これは，生態学が示してきた新たな自然観が，20世紀後半になって生物学を超えて政治や思想分野に広く受け入れられるようになったことを意味する。また，ブロンフェンブレンナーに代表されるように教育学・心理学分野において被教育者の行動・心理と環境との関係を考える際に「生態学的」という言葉が使われることも増えている。[134] 生物と環境との関係という視点を応用して人間をみようとするものであり，生物学としての生態学とも思想としてのエコロジーとも異なる用法である。

　環境教育や持続可能な開発（SD）概念の基礎となっているのは，このうち生物学の一分野としての本来の生態学から捉えた自然である。同じ生物学分野であっても生理学や分子生物学，遺伝学から捉えたミクロな自然ではない。生態学が示す自然には，生態系のなかの要素として生存し，他の生物や無機的な要素との関係なしには生存できない生物の存在が欠かせない。そして，それは地球という閉鎖空間上の生物を含むシステムとしての自然であり，多様性・循

環性・有限性という性質を持つ自然でもある。しかも，そのシステムは静的ではなく，動的である。生物は生態系の一員ではあるが，個別の要素として存在しているのではなく，他の要素との動的な関係のなかにいる。もし，地球が有限な表面を持たず，資源も無限にあるなら，環境教育やSDを考える必要はない。しかし，そうではないから，生態学が示すシステムとしての自然の姿を前提としなければならないのである。この多様性や循環性のある自然という捉え方は，西洋史のなかで脈々と続いてきた有機体論的な捉え方とみなすことも可能だが，20世紀以降に生態学や地球化学などの自然科学分野で蓄積された新たな科学的事実に裏付けられている点が，過去の有機体論と異なるところである。

　このように20世紀には資源として自然をみる近代の機械論的な捉え方に加えて，有限で多様性・循環性のあるシステムとして捉える有機体論的な自然観も，生態学などの生物学分野が明らかにしてきた新たな事実を携えて復興する。同時に，人間についても生物である自己としての人間，身体や感覚器官を通して環境と関係する人間という捉え方がなされるようになる。これらの自然や環境の捉え方は，それ以前のものの系譜上にあるのは確かであっても，同質ではない。だから，20世紀の哲学者たちは，19世紀に哲学と分離した自然科学が明らかにした新たな自然の姿や人間についての知見に関心を持ち，対立ではなく関係という捉え方で，人間の生物性や身体性，人間と自然，人間と環境について触れざるをえなくなった。そして，19世紀に自己を取り巻く外界としての自然として成立した環境概念は，20世紀の自然観・人間観のもとで，人間と関係のある外界として，ますます受け入れられていくのである。

## *4*　20世紀末の環境思想にみる環境観の変容

　自然から生まれ，自然とのかかわりなしに生きることができない以上，人間にとっての環境に自然が含まれることは必然で，変わることのない現実であり

続ける。しかし，人間と自然との関係，環境のなかの自然の相対的な位置は変化してきた。また，自然の様相も19世紀と現在とではまったく異なる。現在の環境問題は19世紀以前の地域限定的なものとは異なり，地球環境問題にいたっては，その現象把握も対策も地球レベルでの対応が必要とされる。そして，一人の平凡な人間が地球環境問題に思いをめぐらせることなど，19世紀より前には考えられなかったが，現代では先進国に暮らす人間なら少なくとも言葉だけは知っている。一方，現代の先進国の都市居住者にとって，自分を取り巻く実体としての環境には自然要素よりも人工要素の方が多い。19世紀の人間にとっての環境と現代人にとっての環境は，主体は同じ人間でも，環境を構成する要素がまったく異なっている。20世紀後半には，人間と自然との間隙がさらに拡大し，環境と自然の関係も以前とは異なる新たなものになったのである。環境思想の系譜を追うとその変容がみてとれる。

　20世紀後半に誕生した環境思想は，構成する文字からすると環境にかかわる思想のことになるが，環境倫理思想＝環境思想と扱ったり，「環境哲学よりも柔らかいものとして『環境思想』という表現も用いられる」とされたり，「環境問題へ何らかの形で対応した思想のこと」とされて，環境思想という概念自体も人によって捉え方が異なり，統一されているわけではない。[*135]思想内容の検討が目的ではないので，ここでは，個々の環境思想を追うのではなく，環境思想を概観する文献に共通して読み取れる変遷の過程から，環境・自然・人間との関係の変容を確認する。

　環境という概念が存在していなかった18世紀以前の哲学に環境思想は存在しないはずである。しかし，それにもかかわらず，環境思想について語る際には，ギリシャ哲学に始まる西洋哲学の系譜が必ず取り上げられる。環境という概念が存在しない時代の哲学を取り上げるのだから，そこでは環境ではなく，自然，あるいは，自然と人間の関係についての捉え方が語られることになる。なぜ，そこから出発するのかはほとんど説明されない。環境や自然という概念の定義や関係性の掌握が必要だと思われるが，それがなされることはないのである。環境思想史では，通常，プラトンやアリストテレスらギリシャの哲学者

から始まり，キリスト教が続き，その後にベーコンやデカルト，カント，ヘーゲル，マルクス，マルサスらが登場し，19世紀が一つの転換点として捉えられる。[136]これらの思想は，後世の環境思想家から時には批判され，時には原点とされるが，個々の思想家たちの言説を丁寧にみていくと，分類は容易ではないとされている。[137]ある一つの思想，あるいは，系譜を取り上げても，そこにある自然観の理解は容易ではなく，一つの思想だけが，その後の時代の人間と自然とのかかわりを規定するわけではないということである。

この環境思想が多様化するのが，1970年代以降である。その動向を，鬼頭は産業革命とアメリカの開拓という経験から19世紀に人間の利益を優先にした自然保護思想が生まれ，1960〜70年代に「科学万能主義による自然破壊」が進んで人間中心から環境主義へと転換し，1980年代以降はさまざまな視点を取り込んで環境思想が多様化したと説明する。[138]

科学史家のマーチャントはその多様化した環境倫理思想をエゴセントリズム・ホモセントリズム・エコセントリズムの3類型に分類した。[139]エゴセントリズムとは，自己に基盤を置いた自由放任の資本主義と機械論的世界観に結びつく思想のことであり，その思想家としてマルサスやハーディンをあげる。ホモセントリズムは，社会的善に基盤を置いてすべての人間のための社会的な正義を主要な目標にするもので，ミルやベンサム，オコナー，ブックチンらをあげる。そして，エコセントリズムは宇宙や生態系に基盤を置く自然中心主義思想のことであり，レオポルドやカーソン，ナッシュ，キャリコットらをあげている。

一方，哲学者の高田は，狭い人間中心主義，緩和された人間中心主義，感情能力中心主義（動物解放論のシンガー），生命主義（自然の内在的価値論のテイラー），全体論的自然中心主義（キャリコット，ディープエコロジーのネス）の5つに分類するが，エコセントリズムはそのうち全体論的自然中心主義にあたるとする。[140]

企業家である海上は，さらに多様な軸を利用して環境思想を分類した。まず「現状肯定」「急進的」という基準を設け，現状のままで問題がないとする市場重視，あるいは，政策解決型の環境の捉え方を意味する現状肯定派としてテ

クノセントリズム，急進派としてエコセントリズムをあげる。テクノセントリズムは地理学者であり環境思想家であるペッパーの分類に従ったとするが，もともとはオリオーダンが提唱した分類法で，マーチャントの分類でいえばエゴセントリズムに近い。産業革命以降の環境問題を生み出した過剰な産業活動の基盤となったものである。経済発展が科学技術をいっそう発展させ，それが環境問題も解決するとみる楽観的な経済発展・科学技術市場主義もここに含まれ，環境経済学の主張やグリーンコンシューマリズム，持続可能な開発（SD）を目指す環境管理派もそこに分類される。対するエコセントリズムを，海上は「古典的」と「現状否定」に分け，さらに「古典的」な思想を穏健派と急進派に，「現状否定」の思想を社会派と生命中心主義に分ける。「古典的」な思想には，地球を一つの宇宙船，すなわち閉じた生態系システムと捉えたボールディング（穏健派），上述のハーディンやブラウン（急進派）が分類されている。一方の「現状否定」派には，エコ・マルキシズムやエコ・フェミニズムの思想家としてオコナー，メラー，ゴルツら（社会派）が，そして，自然の権利を主張したナッシュやシンガー，テイラー，ネス（生命中心主義思想）があげられる。その上で，これらの思想家たちを小規模共同体の適正人口や配分と人口の関係，地球全体の適正人口，政治性や第三世界などに対する考え方などの座標軸を定めて比較する。これらをみると，現代の環境思想が自然や環境だけではなく，政治や経済に対する立場と深い関係を持つことがわかる。

このように例示しただけでも，環境思想の類型分けは容易ではない。類別しようとする者がよって立つ環境観や社会観によってエコセントリズムという言葉の捉え方も，環境思想の読み取り方も異なる。しかし，こうした多様な環境思想，多様な読み取りのなかで共通して捉えられる部分がある。まず，19世紀に誕生した西洋の自然保護思想が源流となっている。そして，1970〜80年頃を境に人間中心主義に対し自然中心主義が登場し，その後，政治や経済にむかう立場の多様性も加味されて，多様な環境思想が展開して現在にいたっている。つまり，現在の環境思想は自然の捉え方を示すだけにとどまらず，人間の営みである政治や経済，社会に対する立場を抜きに示すことができない。この

環境思想の系譜において 1970 ～ 80 年頃が転機点であったことは共通して認められるが，これは，ちょうど「現代用語」としての環境が確固たるものになった時期に一致するから，社会全体が環境に関心を持つようになり，そのなかで多様な環境思想が展開していったことがうかがえる。

　環境思想の変遷をみると，ここでも環境・自然・人間の関係が多様に捉えられている。環境という概念の出自を考えると，環境思想という名前をあげるかぎり，本来，それはホモセントリズム以外はありえない。自然を中心に据えるエコセントリズムも環境思想の一つである以上は広義のホモセントリズムでしかない。環境思想のなかの狭義のホモセントリズムは，人間と環境という対立関係しか視野になく，自然は環境のなかの一部に過ぎない。そして，技術の発展によって環境の質は改善でき，環境問題は時間とともに解決する予定である。これらの環境思想の多様性は，環境・自然・人間をどう捉えているかの違いによって生まれたものだが，それが 1970 ～ 80 年頃を境にして拡大したのは，その頃を起点として環境・自然・人間の捉え方が多様化したからだろう。

　環境倫理への関心も高い哲学者の今道は，現代芸術と解釈の問題を分析する過程で現代という時代を 3 段階に分けた。1920 年代からの「自我の分裂の時代」，1940 ～ 50 年以降の「分裂した自我がそれぞれの外的な発展において情報的機械性において一つとなり，技術連関の成立した段階」，そして，1970 年代以降の「技術連関がその有機的性格を深め自己設定となるとともに，機械的世界観が後退して生命性の強調されてくる」段階である[*143]。発展・開発が重視されて環境問題を無自覚に生み出していった時代が第 2 段階，そして，環境が「現代用語」となり，環境思想がエコセントリズムも加えて多様化してくるのがちょうどその第 3 段階に一致する。「生命性の強調されてくる」1970 年代は確かに第一次エコロジーブームといわれる時代であり，環境という言葉が「現代用語」化し，環境教育が誕生した時期でもあった。しかし，一方で，現実の人間の生活はその生命性と隔離していく時期でもあった。失われつつあるものを取り戻したいかのように生命性にしがみつき，エコセントリズムを生み出していったようにみえる。

## 5　環境観・自然観の変遷と環境教育

　西洋近代化の過程で，自然は資源として収奪したり，保護したりする対象として意識され始める。環境という概念は，そうした自然観の変容と近代自我の誕生を経て生まれ，受け入れられた。ただし，産業革命期でも未だ第一次産業が中心であった時代に環境と自然の間に大きな間隙はなく，人間を取り巻く外界としての環境はほとんど自然と同義であったろう。人間にとって，この環境＝自然は，自己と区別される対象化された外界であり，それゆえ時には利用する対象とみなされ，別の時には守る対象として捉えられた。

　ところが，20世紀に入ると，人間は自分自身を環境と関係する存在，関係のなかで生きる存在として捉え始め，自分が関係する対象である環境の質を意識するようになる。この背景として，19世紀から始まった生物学の発展がある。進化論によって人間は他の生物と同様のただの生物となり，生態学によって生物という存在が自分だけでは生きてはいけず，まわりの無機的な要素や他の生物との関係のなかでしか生きられないものであることが確認される。生理学や生化学，分子生物学によって人間の身体のなかで行われている営みも自然科学の分析対象になり，遺伝子をはじめ他の生物と共有する部分が多いことが次々と明らかにされていく。人間もヒトという生物の一種に過ぎず，他の生物同様，環境とかかわらずに生きてはいけず，環境から影響を受ける存在であることを自然科学が示してしまった。もちろん，そうした生物学の営みは自然を対象化してみるという近代の自然科学の手法を用いたもので，環境との関係や自分の身体という自然をみる方法も同じ手法によるものだった。

　20世紀中盤になると，大気や海洋，野生生物など，人間を取り巻く環境に存在する自然要素にさまざまな問題が顕在化した。それらは自然要素に起きている問題であるにもかかわらず，「自然問題」ではなく「環境問題」と呼ばれる。現象としてみえるのが自然要素の変化であっても，それは自然それ自体にとっての問題ではなく，人間にとっての問題と捉えられたのである。20世紀は，

自分を取り巻く環境を自分との関係で捉える心性を持つ時代になっており，また，環境問題について考える余裕を入手した時代でもあった。その結果，地球環境や環境保全などの言葉が次々と誕生し，環境という言葉の「現代用語」としての用法が確立する。

環境問題が顕在化したこの時期は，人口増加，資源の消費，情報化，経済のグローバル化など，人間活動のあらゆる側面が加速した時期でもあった。公害と呼ばれた環境問題は，原因を特定しにくい広域にわたる地球環境問題に入れ替わる。地球規模の環境問題を生み出すまでになった人間の過剰な活動は，生活も激変させる。都市化の進行と環境に人工要素の占める比率の増加である。環境という概念が誕生した19世紀から20世紀初頭にかけては，人間を取り巻く環境に自然要素の占める割合は大きく，環境＝自然といってもよかった。しかし，その後，環境と自然の間隙は次第に拡大し，20世紀後半にそれが加速する。現在の先進国の都市生活者は，自分の身体という自然を使わなくても移動でき，他の生物という自然を自らの手で育て，殺し，調理しなくても食べることができ，自然の営みである出産や子育てをしないことも個人の選択となって，個として満足して生きていける。五感に触れるものの多くは人間の手を経た人工物である。実態として環境＝自然ではない。そして，環境思想分野では，人間を取り巻く環境と「イコール」という印で結べなくなった自然に対し，その存在意義を確認するかのごとくエコセントリズムが登場する。環境思想の多様化は，環境・自然・人間の捉え方が多様化した結果であり，20世紀後半の人間を取り巻く環境の変化がそれをもたらしたともいえるだろう。

第1章でみた環境教育の誕生と変遷を，以上の環境観・自然観の変遷と照らし合わせてみる。環境という言葉が存在していなかった時代には環境教育は当然ながら言葉としても存在しない。20世紀初頭，環境と自然がほとんど同義で，環境問題という概念がまだ存在していなかった頃にも，自然保護教育はあったが環境教育はなかった。1948年に環境教育という言葉が誕生したときも，環境＝自然という捉え方がまだ通用する時代であった。1970年代になって環境問題という概念が社会に広く認知され，環境という言葉の「現代用語」とし

ての用法が確立し，それとともに環境問題の解決を目的とした「古典的な環境教育」が誕生する。「現代用語」としての環境は，もともと問題を抱える自然を意味していたから，主体が人間であっても，人間を取り巻く外界のすべてを意味せず，環境＝自然であった。しかし，この時期の人間にとっての現実世界は，すでに環境＝自然ではなく，人間を取り巻く環境において自然の占める割合が減少し，環境と自然の間隙が実感としては拡大し始めている。その後，環境思想が自然の捉え方だけではなく政治・経済へのむかい方を加えて多様に展開し始めるのに時期を同じくして，環境保全と経済発展を両立させようとする試みとしての持続可能な開発（SD）概念が生まれる。1970年代初めには，環境のことを考えるとは，自然要素に起こっている問題，人間に影響する問題を考えることであった。しかし，その後，環境について考える際には，自然だけではなく社会や経済についても考えなければならなくなる。その結果，環境思想が政治や経済にむかう立場の数だけ豊かに展開していき，同様にSD概念も社会や経済の視点を加えるだけではなく，人間社会の価値にかかわるものとしても捉え直されていく。環境教育は，SDやそのための教育であるESDに対応せざるをえなくなり，SDに対する立場を決めかねながらも，ESDの一端を担う教育に落ち着く様相をみせて現在にいたっている。

　環境教育では環境＝自然であったとしたが，社会や経済の観点を取り入れたESDにおいても同様である。ESDでは環境問題を人間の活動（社会や経済）と切り離せないものとみなし，人間の活動のために自然資源の持続可能な利用が必要だとし，社会・環境・経済という柱のそれぞれについての対応策が示される。環境教育はそのうちの環境という柱に関係する分野とされ，自然資源を保護し，クリーンエネルギーの利用やリサイクルなど自然に負荷を与えない行動選択をするためのものとされる。ESDでも，環境＝自然であり，その環境＝自然は保護する対象であり，対象化された自然のままである。しかし，上述した通り，もはや現実には人間にとって環境＝自然ではなく，その間隙は拡大する一方で，環境教育やESDの環境と，現実の環境との間には大きな不整合がある。

環境＝自然なら，環境教育はそのまま自然教育，あるいは，自然保護教育といいかえればよく，そうでないなら，環境教育は自然教育とは異なるものとして，その違いを示さねばならないとした。本章で明らかにしたように，環境と自然という両概念は常に分かちがたい関係にありながら，両者の関係の捉え方は時代とともに変容してきた。環境という概念が誕生した当初は環境＝自然としてもよかったのであり，それが長らく続く。しかし，人間の活動がさまざまな観点から加速した 20 世紀後半には，その間隙は拡大し，環境＝自然ではなくなり，環境思想の多様化にみるように環境・自然・人間の捉え方は多様化する。環境と自然の間隙がすでに広がり始めた時期に環境教育は誕生している。その出発点から考えても環境教育＝自然教育ではありえないはずであり，環境教育の理論上も環境とは人間を取り巻く環境だとされている。しかし，環境教育実践に関しては自然体験活動と環境教育が同義であるかのように扱う言説が多い。ESD も同様で，環境という概念を扱う場面では，あくまでも環境＝自然であり続け，人間が利用し，保護する対象としての自然という従来の捉え方のままである。一方で，環境教育において自然とかかわらない，身近な環境とかかわる活動も環境教育実践とみなされることがある。その際には，環境＝自然ではなく，環境は被教育者を取り巻く身近な環境にすりかわっている。それでは，自分を取り巻く身近な環境とかかわれば環境教育になるのだろうか。修飾語のつかない既存の「教育」でも以前から理科や社会科のように自分を取り巻く身近な環境について学習してきたが，それでは代替できないのだろうか。自然教育でも，修飾語のつかない「教育」でも代替できるような実践を行う環境教育の独自性とはいったい何なのだろうか。

　環境・自然・人間という概念が多様に捉えられるようになった 20 世紀後半に環境教育は誕生した。それは，環境問題の複雑化，地球規模化と環境思想の多様化と同時進行していた。今道の分類に従えば，環境問題を生み出した技術発展を礼賛した時代への反動として新たな自己と自然の捉え方が生まれた時期にあたり，エコセントリズムが誕生した時期でもある。[*144] そして，言葉としての出発時点ではイコール自然でよかった環境は，現代用語としての「環境」にお

いても自然であり続け，人間が破壊する対象・利用する対象・保護する対象としての自然のいずれかであり続けている。しかし，20世紀後半の現実世界では，自己という概念を間に挟んで環境と自然の間隙は拡大している。そうしたなか，これらの概念を暗黙のうちに多様に捉えたまま，いいかえると多義性があるという基底部分に目をむけないまま環境教育は歩みを進めてきた。

　環境という概念について考えるとき，また，人間が自分という存在について考えるとき，自然という概念を抜きにすることはできないが，環境思想の多様性にみるようにそれら環境・自然・人間という概念同士の関係は複雑である。環境教育のあり方を考えるときには，人間を中心として環境と自然のそれぞれについて，そして，両者の関係に対する立ち位置を定めておかなければ，先に進むことはできない。

# 第3章 ❖ 保育における環境概念の導入と変遷

　第1章で環境教育の誕生と変遷の過程を，第2章で環境という概念の誕生と変遷の過程をみてきた。環境という言葉は，19世紀初頭，西洋のロマン主義思想のなかで誕生し，生物学用語として使われ，その後，教育学や心理学用語としても転用される。日本でも同様で，明治期に生物学用語として輸入され「環境」という漢語を訳語として与えられ，その後，教育学用語・心理学用語としても使用され，一般化した。教育学用語や心理学用語としての環境は，第2章で示した通り主体と要素が異なるので，1970年代頃から成立した「現代用語」としての環境と同義ではない。環境教育で使用される環境も「現代用語」としての環境である。本書の目的は幼児期の環境教育を考えることであるから，教育の一分野である保育で使用する環境概念と環境教育で使用する環境概念の相違をも確認しておかねばならない。
　日本では，明治以降，社会全体が激変するなかで教育制度が作られ，子ども

観も変容し，西洋から輸入した理論に基づく保育がなされるようになった。保育とは，就学前までの子どもを教育し養護する営みのことで，家庭で営まれる保育も幼稚園や保育所などの施設で実践される保育も含む。しかし，保育学では施設で実践される保育が対象とされることが多く，本書でも家庭で営まれる保育は対象とせず，保育という場合には幼稚園や保育所で行われる制度化された営みを指すことにする。

　ところで，教育と養護の二つの側面を併せ持つ保育は幼児を対象とするのだから，幼児期の教育である幼児教育＝保育である。しかし，日本の保育史においても，幼児教育機関としての幼稚園と，社会階層の底辺にいる労働者の子どもの養護に重点を置いた託児所という二つの流れが存在した。戦前には社会全体の階層格差が大きく，上流層のための前者と底流層のための後者の在籍率はいずれも低く，二つの流れは分かれたままであり，現在の日本の保育が文部科学省管轄下の幼稚園教育と厚生労働省管轄下の保育所保育という二つの側面を持つことにもつながっている。しかし，戦後，在籍率があがるとともに幼稚園教育には養護の側面の必要性が，保育所保育には教育の側面の必要性が確認され，両者の内容には整合性が図られるようになっていった[*145]。したがって，戦後の保育の公的なガイドラインである『幼稚園教育要領』（文部科学省）と『保育所保育指針』（厚生労働省）は，教育という側面では同一趣旨のもとで作成されて，いずれも保育という言葉を使っている。幼稚園で行う営みが幼児教育であり，保育所で行う営みが保育であるというような区別はなされていないのである。特に，近年，幼保一元化や幼保一体化と表される動きが制度上にも具体化され，認定こども園の設置や『幼稚園教育要領』と『保育所保育指針』の内容の整合化が一段と進んでいる。2011年段階では幼稚園教諭は教員免許状（文部科学省管轄），保育士は保育士資格（厚生労働省管轄）を有した者が携わる職種だが，幼稚園教育も保育所保育も「保育」という表現を使用して内容の整合性がとられていることから，幼稚園教諭と保育士を併せて保育者と呼ぶことも多い。本書で保育者という場合は，この両者を指す。

　このように幼稚園教育と保育所保育は歴史的にみれば分断されていたが，保

育理論では，幼児期の子どもの発達をどう捉えるか，それに応じた教育はどうあるべきかという視点で区別されることなく理論が提示されてきた。そこで，ここでは環境や自然という概念が，教育学や保育理論，そして，保育の公的なガイドラインにおいてどのように扱われてきたのかを分析し，環境教育における環境や自然概念との相違を明らかにする。

## *1* 教育学用語としての環境

　第2章で確認した通り，明治時代に「環象」と訳された environment は，もともとは生物学用語として輸入されたものであった。それが，大正時代には「環境」という訳語が通常となり，昭和初期には心理学や社会学の用語としても転用され始めていた。心理学や社会学も西洋の学問の輸入であったので，生物学用語として出発して他の学問分野にも使用されるようになった西洋での経緯をそのまま輸入したのである。教育学では，第2章でも取り上げたように『日本国語大辞典』の出典記載に，アメリカの教育学者パーカーの著書を訳した市川が，1900年（明治33）に environment を「環境」と訳したとされている。[*146]また，1925年（大正14）に訳出されたフレーベルの『人間の教育』でも「自然および環境の観察」という訳が与えられている。[*147]明治後期から大正にかけて，西洋の教育学文献を訳出する際に，子どもを取り巻く外界という意味で用いられる教育学の環境という概念に対し，訳語として「環境」という言葉が使われていた。

　しかし，日本の教育学が教育学用語として環境という言葉を定着させたのは，それより遅く昭和初期であろう。明治期の『実用教育新辞典』（1908〔明治41〕，同文館，教育学術研究会編）には，環境という語句は掲載されていないが，昭和初期の『教育辞典』（1935〔昭和10〕）では取り上げられ，「生物の機能に影響を及ぼす外的条件の総称」と定義され，「現今にては生物学上の術語たるに止まらず，又，比喩的に精神界にも適用せられ『道徳的環境』『社会的環境』

等の語行はる」と説明されている[*148]。そして，生物学の環境についての説明が続き，「環境は生物を作ると共に飜て生物亦環境を作為する。此の二者は相対的のものにして一を離れて他を考ふる能はず」とされる。その上で「是れ児童をして適当なる環境に生活せしむる事の教育上きわめて重要なる所以なり」とするのである。つまり，生物にとって環境とのかかわりは重要であり，それは，子どもと環境とのかかわりにも転用できるという捉え方である。子どもを生物のようなものとみている。

このような捉え方は，同時代，昭和初期の入澤（1931〔昭和6〕）の『教育學概論』にも表れる。「遺伝と環境」という節が設けられ，ラマルクやメンデル，ダーウィンの名前が引かれて，「環境には自然的環境と社会的環境とがある」とされ，遺伝と環境は教育の二大源泉とする[*149]。また，城戸（1939〔昭和14〕）も，「生物が高等になり，発達するに従って生まれながらに持っている本能をそのままに完成するだけではなく，今まで経験し得なかった新しい環境に対して自らの生命を保持するだけの順応力をあらわしてくるのである。そこに教育をする可能性が認められる」との考えのもとに，子どもは「まだ動物的生活の時期を脱しないで本能的衝動によって生活し，環境に対して順応する力がなく，持って生まれた形態素質をそのまま固執する傾向がある」とする[*150]。昭和初期の教育学は，生物学用語としての環境概念を利用しながら，次第にそれを教育学用語として転用していった。

上述の『教育辞典』（1935〔昭和10〕）には「環境」に続いて「環境教育学」という言葉が現れる[*151]。文字の並びだけをみれば現在の環境教育と同じだが，内容は異なり，環境の教育的な意味，あるいは，教育における環境の意義，よりよい教育環境の内容などを研究する学問分野のことだと説明されている。具体的内容として「生徒の人格的発展を完全に理解するために，例へばその子どもの兄弟の序列に於ける位置（長男か末子か，一人子か，女姉妹中の只一人の男児か，孤児か，私生児か，繼子か，養子かの如き），気候・風土・父兄の財的，社会的位置等の影響を明かに」するとある。ここには，現代とは異なる子ども観・教育観がみえるが，それよりも社会の状況とそのなかでの子どもの現実が現在と異

なることがうかがえる。先述した城戸も「貧困児童の問題」や「農繁期託児所の問題」などを幼児教育の課題としてあげており，昭和初期の第一次産業従事者の多い社会・階層格差の大きい社会の姿と，そのなかでさまざまな社会的環境に置かれている子どもの姿がみえる。

　同時期の『教育学事典』（1936〔昭和11〕）では，山下が「環境の概念は生物学・心理学・社会学・精神科学の各々に於いて夫々相異なる内容を有している。併し，教育に於いて用ひらるべき環境の概念は，それの関興するあらゆる部面にわたってその客体たるべき児童の全面を包括しうるものでなければならない」とする。[*152] 上述の捉え方と比べると，この言説では，他分野との関係を認めながらも，環境を教育学用語としてより独立したものとして捉えている。この山下は『教育的環境学』（1937〔昭和12〕）という著書を著し，20世紀初頭のドイツ語論文を引用しているが，その教育的環境の原語は "pädagogischen Milieukunde" で，environment ではなくフランス語出自の Milieukunde に環境という日本語をあてている。[*153] 英語圏だけではなく，ドイツやフランスからも学問を輸入した時代であったから，教育学用語としての環境も必ずしも environment の訳とは限らなかった。先の『教育辞典』（1935〔昭和10〕）でも子どもの生まれや社会階層の問題があげられていたが，この著書でも自然的環境や精神的環境，物的環境，人的環境，隣人的環境，文化的環境などの類型例が示されている。[*154] また，同時代の細谷の『教育環境学』（1932〔昭和7〕）では，教育環境を考える学問は社会科学と性格学から生まれたとし，教育学では単に生物学的な環境だけではなく，社会学的な環境を重視する必要があるとする。これも，教育学用語として環境という言葉を捉えようとする立場と読める。[*155]

　以上のように日本において明治時代に生物学用語として輸入された環境は，大正を経て，昭和初期に被教育者である子どもを取り巻く外界を示すようになり，生物学用語の転用から次第に教育学独自の概念として定着していったのである。ただし，この当時の教育学における環境としては，境遇や家庭環境のような社会的環境が重視されていた。

## 2 保育理論における環境

　日本の保育は，明治時代がその起点だといわれる。それ以前に保育や子どもへの関心がなかったわけではないが，明治時代に子どもは教育するものという西洋近代の子ども観を受け入れたとされる。*156 1872年（明治5），全国を学区に分け大学・中学・小学校を設置して日本の学校教育の基本的制度を作った学制は，小学校を6種別に分け，その一つとして「6歳までの男女に小学入学前の予備教育を施す」ための「幼稚小学」を設け，就学前教育についても記した。しかし，設置は実現せず，1876年（明治9）に東京女子師範学校（現お茶の水女子大学）附属幼稚園が日本の保育史上初の官立幼稚園として創設された後，公立では師範学校附属幼稚園，私立ではキリスト教系に代表される民間の幼稚園や保育園が独自に設立されていった。*157 これらの過程で西洋の保育理論や実践方法をそのまま輸入したのである。そこで，日本の保育が影響を受けた西洋の保育理論と，大正以降に生まれた日本の保育理論において，環境という概念がどのように扱われてきたのかを概観する。

### 1）国外の保育理論における環境概念

　一般に保育理論史では，17世紀チェコのコメニウスに始まり，18世紀フランスで活躍したルソー，19世紀以降はスイスのペスタロッチ，ドイツのフレーベル，イギリスのオーウェン，イタリアのモンテッソーリらが取り上げられる。これらの理論家・実践家たちの考え方に共通しているのは，幼児期の子どもの本質を理解し，子どもの内在的な発達の力を認め，それに適した教育をなすべきとしたことだが，重視するところによって具体的な実践内容には違いがある。

　コメニウス（1592-1670）は幼児期に限らず教育学の父と呼ばれ，学校教育制度の基礎を作った人である。その教育理論は西洋哲学やキリスト教の影響を受けているが，現在でも通用する部分を持つ。教育の目的は人間形成にあるとしたコメニウスは，「人間形成は早くから始めなくてはならない」とし，「人間の

境遇も樹木のそれも同じ」として，樹木に例えて若木のうちに形をつける必要性を語る。[*158]「ゆりかごの中からすぐに始めて人生の有益な教えに浴する」べきとするコメニウスは誕生後を6年ごとに区切って教育のあり方を示したが，その初めの6年が幼児期である。幼児は感性的存在だとして「私たちが幼児に語ることは不可能だが，自然自体が幼児に語りかけ，目，耳，鼻，舌，手に刻み込むのは容易なのである」とし，幼児は五感を使って自然から学ぶとした。[*159]この直感教授の原理，子どもの個人差や子どもの自然な発達に即して援助する考え方が後の保育思想に影響したとされる。[*160]

ルソー（1712-1778）も保育理論史に必ず登場する。子どもの質的な意味での発達段階を重視し，「なぜ，教育を，子どもが話したり，聞いたりする前からはじめないのであろう」[*161]として，乳幼児期からの意図的な教育を重視した。思想の特徴を示すキーワードとして「消極的教育」「生活教育」「感覚教育」「発達段階の重視」などがあげられる。[*162]感覚を通して世界を知る時期である乳幼児期には，特有の世界との関係があるとし，自然な発達の筋道に従うのがよいとしたが，自身は実践家ではなかった。[*163]

ペスタロッチ（1746-1827）は，産業革命が進行する社会で，人間が自立的な基盤を失いつつあることを危惧し，そのための教育の重要性を訴えたとされる。つまり，教育が人を変え，その結果社会が変わると捉えたのである。理論家で富裕層の子どもの育ちを考えたルソーと違って，貧困という現実への思いが基礎となっており，貧困層の子どもに目をむけたペスタロッチは，自らが実践家でもあった。その教育実践は初等教育が対象であったが，幼児期の教育としては直観教育，そして，家庭教育を重視したとされる。[*164]

以上のコメニウスやルソー，ペスタロッチの時代には，環境という言葉は，まだ，学問の用語としても一般的な言葉としても使用されていなかった。したがって，20世紀以降に彼らの著作の訳者が環境という訳語を使うことがあったとしても，彼らの教育思想のなかに，環境という言葉は出てこない。訳書においても自然，世界，家庭，状況，境遇，外界というような言葉がよく使われている。しかし，教育思想のなかで現れるそれらの言葉は子どもを取り巻く自

然であり，世界であり，家庭であり，子どもの置かれた境遇を意味するから，これらの言葉をそのまま現代の私たちが教育学で使用する環境という言葉で置き換えることは十分可能である。これらの理論家たちに共通するのは，発達しようとする内発的な力とまわりの外界の存在によって子どもは育つという捉え方である。まわりの外界の質によって，また，その外界とのかかわりのありようによって子どもの育ちが変わるとする。外界は，子どもが発達するための道具として必要なのであり，子どもの発達のためにその質が問われることになる。

そして，日本の明治時代の保育にも影響を与えた理論家・実践家がフレーベル（1782-1852）である。彼は，1840年に幼稚園（Kindergarten）を創設し，保育の発見者ともいわれる[*165]。コメニウス同様，幼児の発達を植物の生長になぞらえ，幼稚園という言葉も「子ども」と「庭」という二つの言葉から作られている。フレーベルは子どもの発達を連続的に捉え，感覚と遊びを重視したことで知られる。子ども自身が持つ内在的な発達の力を認めながらも，幼児期は感覚を豊かに使って遊ぶことを通して発達するから，保育者に「園丁」であることを求めたのである。その保育方法は，現在の日本の保育が理想とする「環境を通して行う」保育と近似し，子どもを取り巻く外界とのかかわりを重視していた。「子どもは外的な環境，境遇，および要求に順応し，その結果彼の内面的な活動に一層広い活動の余地を与えている」とし，「かれの内界の全面的な表現をつうじて，外界の活発な受容をつうじてまた両者の比較検討をつうじて統一の認識，生命そのものの認識およびその生命の諸要求にしたがって誠実に生きることにまで達すること」が子どもの活動であるとする[*166]。20世紀の訳出であるここでも「環境」という言葉が使用されている。ところで，環境という言葉はイギリスのカーライルがドイツのロマン主義文学を翻訳した際にドイツ語のUmgebungをenvironmentと訳したとしたが，日本語に訳出される際には必ずしもUmgebung＝環境とされたわけではないようである。例えば，フレーベルの『人間の教育』には"Natur und Aussenwelt Betrachtung"という節があり，それを1976年に訳出した小原は「自然及び外界の観察」と訳しているが，同じ言葉を1924年（大正13）に訳出した田制は「自然及び環境の観察」

と訳した[167]。訳者の考えによって環境という訳語があてはめられていることになる。

　そして，教育における環境という概念を重要視した保育の理論家として知られるのが，オーウェン（1771-1858）である。産業革命下のイギリスで繊維工場を経営する事業家でありながら，社会改革家でもあり，工場内に幼児学校を設立した。オーウェンは「環境によって人間は変えられる」という環境決定論の信奉者であったとされ，『性格形成論』（1812）で高名である。人間形成に環境が影響するというオーウェンの考えは，「人類の大部分の人々は，後になって死刑にさえ値する処罰を受けるのが当然であり正義であると考えられるような人間を必然的につくり出してしまう環境によって取り巻かれている」というような文章にみられる[168]。『性格形成論』では「幼児期から」という表現が何度も使われ，「気性あるいは気質といったものの多くは 2 歳にならないうちに正しくも不正にも，どちらにも形成される」とするなど，幼児期を重視していた。

　『性格形成論』の訳者によれば，環境によって性格が形成されるというオーウェンの捉え方は，人間の心は白紙 "tabula rasa" で生まれ，観念は経験から生じるとした 17 世紀の哲学者ロックに遡るという[169]。ただし，ロックやオーウェンの使っていた言葉は environment ではなく，circumstance であった。この言葉は environment より古く，13 世紀頃から encompass（包囲する，取り囲む）を意味するラテン語 circumstantia から英語になった言葉で，人間を取り巻いているものという意味である[170]。ロックやオーウェンの時代には，environment は取り巻く外界を意味する言葉として定着していなかったのだから当然だが，主体と客体の関係，人間と自然との関係が変容した 19 世紀以降の environment は，それ以前の circumstance とは同じ「取り巻く外界」であってもニュアンスは異なるはずである。そもそも教育学の理論家たちの言説をみるかぎり，教育を受ける主体を取り巻く状況が，その主体に，そして教育という営みに大きな影響力を持つことは，環境という概念が生まれるよりもかなり早い段階から認められていた。コメニウスもそうであったし，それに続くルソー，フレーベルも同様である。それを，環境（environment）という言葉を

用いて表現するようになったのは，西洋でも環境という言葉が定着した19世紀後半になってからだった。

　20世紀の幼児教育に大きく影響し，現在も保育指導法の一つとして多くの保育現場で実践され続けているモンテッソーリ・メソッドの創始者であるモンテッソーリ（1870-1952）も，教育は環境によってなしえるとした人であった。モンテッソーリは「子どもの家」と呼ばれる幼児教育施設を作ったが，そこでは一斉活動はなく，子どもは自発的な活動をするものの，設備や教具は子どもに合致した子どもの興味や関心を引くものでなければならないとした。「子どもの家」という保育環境が重要で，保育者の仕事は環境を整えることであった。モンテッソーリは「環境は生命過程においては疑いなく第二位の因子と評価さるべき」[*171]とする。第一位の因子は，生物学的規定に従って発達しようとする生命自体であるから，子どもが発達するための環境には子どもに適したものが必要としてさまざまな教具を考案した。フレーベルの恩物とは対照的に，モンテッソーリの教具は期待される能力が分析され，各能力に応じた教具が割り当てられている[*172]。医学と障害児教育が出発点であったモンテッソーリには生物学的な視点があり，発達の捉え方も教具のあり方も体系だっていた。フレーベルにとって子どもは環境との総合的なかかわりから総合的に発達するものであったが，モンテッソーリにとっては時期ごとの適した環境とのかかわりが子どもの組織的な発達を促すものであり，フレーベルより環境を重視しているとされるのはそのためである。モンテッソーリの著作で環境と訳された言葉はambienteで，これはenvironmentのイタリア語にあたる。20世紀の理論家であり医者でもあったモンテッソーリは，19世紀までの理論家と異なり，環境という言葉を使用していた。

　20世紀には教育学と心理学が学問領域として発展していき，保育理論はピアジェに代表される心理学の影響も受けていく。19世紀以前の子どもの置かれている現実から子どもを救済しようとしてきた理論家・実践者たちの時代を経て，20世紀以降は実証的な子ども理解の上に立った学問的な提案がなされ，制度として確立しつつあった保育に影響を与えていくことになる。当然なが

ら，20世紀の教育学も心理学もすでに環境という言葉を学問用語として取り込んでいた。

## 2）国内の保育理論における環境概念

　明治期に西洋の保育思想と方法をそのまま導入することで開始した日本の保育だが，明治期の終わりには，形式的なフレーベル主義を批判できる保育理論家が現れた。その先駆者として，フレーベルのキリスト教を基礎に置いた教育目的観や恩物論から脱却を図った東基吉や，子どもの自発的な遊びを重視した和田実があげられる。[173] しかし，日本の保育に最も影響力を持ち，未だそれが継続している保育理論家は，倉橋惣三（1882-1955）であろう。倉橋はフレーベルの保育理論の本質を受け継いだ理論家でもあった。「園丁が日々に忘れてならぬ任務の一つは，其の花園にうるおひをたやさぬこと」とし，「草花と同じく，絶えずうるおひを要求しているものは幼児である」とする考えは，フレーベルが幼児の発達を植物の生長に，保育者を園丁になぞらえた捉え方と同じである。[174] この倉橋は大正～昭和初期の理論家だが，その頃に日本語としても，教育学用語としても定着した環境という言葉を使用している。倉橋は『幼児の心理と教育』（1931〔昭和6〕）で「生活の全体が，広い教育的環境の中に置かれるという意味に他ならぬ。従って，幼児期教育には環境を大切とするのである」「悪しき環境を除くと共に，出来るだけ良き環境を与えることに，細心の注意と努力をする必要がある」「あそびが充分の自発性を発揮し得るために第一に必要なものは環境である」と環境の重要性を指摘する。[175] この倉橋の環境は，あくまでも保育という営みが行われる場の子どもを取り巻く環境，保育環境といいかえてもよく，その当時の教育学が重視していた社会的環境ではない。

　この倉橋の思想は日本の幼稚園教育に影響していったが，戦前には，保育所（託児所）保育も日本の保育の一つのあり方として存在していた。明治期に慈善事業として始まった託児所は，大正期に社会福祉事業として確立し，保育運動として保育問題研究会などが設立される。その前身的存在として無産者託児所やセツルメント運動があり，これらの保育活動はイデオロギーと密着した運

動性，社会性を帯びたものであった。したがって，保育内容も「民衆による民衆のための保育にとって不可欠な」ものとして「身体の健康のための保育」や「社会的または集団的訓練」「科学的認識の指導」が重視された。その保育問題研究会設立の中心的存在が城戸幡太郎（1893-1985）だった。子どもを社会的存在として捉え社会的共同生活の訓練を重視したとされる城戸は，児童中心主義児童観に批判的で，倉橋の思想とは正反対のところにあったが，そこには富裕層を対象とした幼稚園における保育と，貧困層を対象とした保育所における保育の社会的な目的の違いが現れていた。城戸は，子どもという存在が「まだ動物的生活の時期を脱しないで本能的衝動によって生活し，環境に対して順応する力がなく，持って生まれた形態素質をそのまま固執する傾向がある」と考えていた。この城戸にとっての環境とは保育の場の環境ではなく，その子どもの置かれている社会的環境である。

　倉橋と城戸は以上のように保育観では異なる立場に立ち，前者は保育の場に限定した環境を，後者は社会的環境について語ることが多かったが，両者にとっての環境はいずれも子どもを取り巻く外界という意味の，被教育者である子どもを主体とする教育学用語としての環境だった。この教育学用語としての環境の捉え方は，戦後の保育にも引き継がれていく。例えば『幼稚園教育要領』が初めて刊行された1956年に出版されたある教科書では，乳幼児の精神の発達を説明する節の一つに「環境」というタイトルがあげられたが，そこに示された項目は「社会的環境」「家庭的環境」「学習その他」である。自然はあがっておらず，当時の教育学が戦前同様に社会的環境を重視していたことがわかる。その教科書では心理学者の牛島が「農村の子供は都会の子供に比べて性格や知能を異にし」「環境の相違が著しく影響していると考えられ」ると説明する。親の職業によって精神発達の程度が異なるともいう。また，乳幼児の場合は「楽しい生活の憩の場とし，職場や学校から疲れて帰ってくるものの緊張をほぐしてやる」場としての家庭の影響力が最も強く，母親が重要だとされている。現代の社会観・子ども観とは異なるが，社会的環境を重視した戦前の教育学の捉え方と同じである。ここでの環境の主体は幼児であっても，現在の保育の環境

概念とは違う印象を与えるものとなっている。

　一方，同じ書籍の「保育技術」の節で，津守も環境について記載しているが，そこでは，保育の場における環境のあり方が示され，より保育現場に即した説明がなされている。[*180] 津守は「物的環境」と「精神的環境」を提示し，両環境を整えるのが保育者の仕事だとする。同じ書籍のなかで保育について語るときに使われ，幼児を主体とするにもかかわらず，牛島の説明する環境と津守の説明する環境は同じとはいえない。心理学者の牛島が子どもの発達に影響する要因としてあげるのは社会階層や地域というような要素だが，心理学を出発点としながらも常に保育の現場・子どものいる場所にこだわり続けた津守があげるのは，「子どもが親しんで自由に活動できるような物質的環境」「集団活動のできる空間」「落ち着いた活動のできる空間」「安定した気持ちで生活できること」「自由に思ったことを話すことのできるようなふんい気」である。この津守の語る環境は，倉橋に準ずる捉え方であり，現在の保育で語られる環境と齟齬はない。

　以上のように，日本の保育理論で示されてきた環境は，教育学用語としての環境であるが，特に戦前は子どもの置かれている貧困や農村の問題，家父長的な家制度などの社会的な背景のもとで，家庭環境や社会的環境を意味することが多かった。また，保育の現場に即した場合には，保育という場の物的環境と人的環境を意味したのである。

## 3　日本の保育のガイドラインにみる環境・自然

　日本の保育は明治期には海外の教育理論の影響を受けたが，大正以降，保育の理論家も誕生し，幼稚園を対象に日本独自のガイドラインが出されるようになった。前節でみた通り，歴史的には保育理論における環境は，教育学用語の環境をそのまま導入したものであった。ここでは，幼稚園教育に関する公的なガイドラインにおいて環境と自然という概念がどのように導入され，どのよう

な意味で扱われてきたのかを分析する。

### 1) 日本の保育における独自の概念——「領域」と「保育内容」

　まず，分析の前段階として日本の保育のガイドラインで使用される「領域」と「保育内容」という概念が意味するものと両者の関係性を整理する。保育の「領域」は小学校から高等学校で使用される教科や領域とは異なる概念であり，「保育内容」も教科内容とは異なる概念である。また，いずれも戦後に使用し始めた概念であり，西洋から輸入した教育学概念の訳語でもない。ところが，1989年以降，この「領域」の一つに「環境」があげられていることから，「領域」というものが他分野の研究者に理解しがたい概念であることも手伝って，保育分野以外からその意味が不正確に捉えられてしまうことがある。例えば「教科や領域として『環境』が設けられているのは幼稚園だけで，小，中，高校では，環境教育を内容とした独立の教科は設けられていない」「『環境』領域の目標の達成をはかることが，環境教育の目標を達成することに繋がる」「幼稚園で領域『環境』が，小学校低学年で生活科が新たに設けられ，（中略）ようやく，わが国の学校教育の中に環境教育が正式に導入された」というような，環境教育分野の文献にみられる誤解である[181]。保育の概念を知らないままこれらの言説を読めば，あたかも「領域環境」＝環境教育の場であるかのような印象を持ってしまう。幼児期の環境教育を検討する際に「領域環境」が一つの窓口になることは確かで，環境という概念をどう捉えるかによって読み取りも変わってくる。また後述するように，環境教育のニュアンスが一部に意識されたことも事実である。しかし，保育側では「領域環境」について，環境教育的な読み取り方をしない。なぜなら，保育にとっての環境とは，後述するように環境教育という概念が誕生する前から使用されてきたもので，あくまでも子どもを取り巻く保育環境を意味するからである。

　「領域」は保育史的には古い概念ではなく，1956年に刊行された『幼稚園教育要領』で初めて使われたものである。この1956年要領は「領域」について「五つの目標に従って，その内容を，1．健康，2．社会，3．自然，4．言語，5．

音楽リズム，6．絵画製作の六領域に分類した」と説明していた。[182]指導計画を立てる際には「(6領域の) あらゆる側面にわたり，均衡のとれた計画を立案すること」とあり，「領域」を意識した「保育内容」を経験できる計画が望まれている。続いて「領域」が考え出された理由として「一応組織的に考え，かつ指導計画を立案するための便宜からした」と説明される。「一応」や「便宜」という表現から，「領域」というものが教育学の既存概念ではなく，また，保育学上の必然性を持って生み出された概念でもないことがわかる。そして「幼稚園教育の内容として上にあげた健康・社会・自然・言語・音楽リズム・絵画製作は小学校以上の学校における教科とは，その性格を大いに異にする」として，小学校から高等学校までの教科とは異なることが強調されている。しかし，これは保育方法として教科の枠を設けることは望ましくないということであって，1956年の『幼稚園教育要領』の特徴として幼稚園と小学校との一貫性の重視があったという。[183]『幼稚園教育要領』以前のガイドラインとしては，戦後すぐの1948年に出された『保育要領』があるが，そこでは活動・経験が12項目に分類されていた。これらを整理して小学校の教科との連続性を持たせるという観点から示されたのが6「領域」で，小学校に入学する前に6「領域」の教育内容を経験しておくべきだが，領域に分けた指導は望ましくないというのが刊行当時の教育要領の考え方だった。指導についても「6領域の区分はあくまでも，人為的，便宜的なものであるから，これは一応の目安にとどめどこまでも幼児の全一的な生活を理解して，総合的，調和的な経験ができるように組織を工夫する必要がある」としている。

　「領域」という言葉を初めて使用した1956年要領では以上のような扱いだったが，現実には「領域」イコール教科のような指導を生み出し，1回目の改訂時 (1964) には「領域」概念の捉え直しがなされ，「健康，社会，自然，言語，音楽リズム及び絵画製作の各領域に示す事項は，幼稚園教育の目標を達成するために，原則として幼稚園修了までに幼児に指導することが望ましいねらいを示したものである」とし，「領域」は内容の区分ではなく「ねらい」の区分に変更された。[184]「領域」の種類と名称は同じだが，意味だけが変化したことになる。

第3章 ❖ 保育における環境概念の導入と変遷　71

そして「一応」や「便宜」という曖昧な表現はなくなり，ここで「領域」は日本の保育の概念として確固としたものになる。

そして，2回目の改訂（1989）で「領域」は従来の6「領域」から5「領域」へと減り，名称も変わり，初めて大きく編成し直される。「領域」は「ねらい及び内容」を幼児の発達の側面からまとめたものと記され，活動の区分ではなく「幼児の発達を見取る窓口，あるいは，視点」となる。[*185] 保育者が指導計画を立てるときに重視するものではなく，幼稚園教育全体を通して幼児の発達を見届ける際に重視するものとなって，保育者主導の計画より現実の幼児の活動を重視することになったのである。この捉え方は，その後2回の改訂（1998, 2008）を経た現要領でも基本的に踏襲されている。『幼稚園教育要領』の誕生とともに生み出された概念「領域」は，保育実践に影響力を持ちながらも，時代ごとの保育観や子ども観を反映しながら，その意味も「保育内容群」→「ねらい群」→「発達の側面から分類されたねらい及び内容群」と捉え直されていった。

一方「保育内容」は，「幼稚園や保育所で乳幼児の保育を行うにあたり，乳幼児の望ましい人間形成という目標を達成するために，実際に人間として必要な基礎的諸能力を身につけ，発達を保障していくための生活の内容」であり，「保育者の側からいうと，保育者が子どもの成長発達のためにぜひとも必要であると考えて園生活の中で与える経験や活動」である[*186]。保育の歴史のなかでも「保育内容」という言葉はこのように使用されてきたが，公的な法令などで使用されたのは1948年の『保育要領』からで，「領域」概念よりわずかに古い。戦前には1899年（明治32）発令の文部省令『幼稚園保育及設備規程』に「保育の項目」，1926年（大正15）発令の『幼稚園令』施行規則に「保育項目」という表現がみられる。保育者が幼児に経験させたい項目であるから「保育内容」と同義である。しかし，戦前は「子どもの発達に役立つであろうというものを生活の中から大人が抜き出したようなものが保育項目としてあげられていた」が，戦後の『保育要領』では「幼児の生活は全部が保育の対象となるものであるとして，広い生活範囲を保育内容として取り上げて」おり，戦前とは異なる

捉え方をするために異なる表現を使ったとされている[*187]。その『保育要領』では「幼児の保育内容——楽しい幼児の経験」という表題があげられ，幼児の経験すべき活動として見学，リズム，休息，自由遊び，音楽，お話，絵画，製作，自然観察，健康保育，ごっこ遊び，劇遊び，人形芝居ごっこ遊び，年中行事の12区分に分かれた保育内容が示された。それぞれの区分には幼児に経験させたい活動，保育者が注意しなくてはならない点などがあげられている。この『保育要領』以降，「保育内容」は一貫して幼児に経験させたい活動，あるいは，幼児に指導する事項という意味で使用され続ける。

このように「領域」と「保育内容」は互いに関係の深い概念だが，「領域」の意味は時代とともに「内容群」→「ねらい群」→「発達をみる視点」と変化し，一方の「保育内容」は一貫して幼児に「経験させたい活動」あるいは「指導する事項」だった。保育の「領域」と「保育内容」という概念は輸入されたものではなく，戦後に使用され始めた日本の保育独自のもので，上記のような変遷過程を経たものである。

## 2) 保育における環境概念の導入と変遷

「領域」や「保育内容」が以上のように保育独自の概念であることをふまえた上で，保育における環境概念について整理してみよう。幼稚園教育で環境という言葉が公的に明記されたのは，1947年の『学校教育法』からである。そこで幼稚園は「幼児を保育し，適当な環境を与えて，その心身の発達を助長することを目的とする」（第77条）とされた（2007年改正の現行では「幼児を保育し，幼児の健やかな成長のために適当な環境を与えて，その心身の発達を助長することを目的とする」〔第22条〕）。この『学校教育法』の策定には，教育刷新委員会の議論が大きく影響した。教育刷新委員会は，戦後すぐに審議会とは異なる位置づけで設置され，占領側もある程度の自主性を認め，「教育学関係者自身からイニシアテイーヴを取るべきもの」（当時の文相田中耕太郎の議会挨拶）と捉えられていた[*188]。そこには，戦前からの教育学者や文化人が加わっており，倉橋惣三もその委員の一人だった。そして，この委員会で，幼稚園教育を学校教育

機関の一部として位置づけることや，義務教育の対象とすることが提案されている。後者は実現しなかったが，現在も幼稚園教育が学校教育の一部と位置づけられ『学校教育法』にも記されている起源はここにあり，倉橋の尽力によるものだった[*189]。その『学校教育法』で「適当な環境を与えて」という表現が使われたのも，「出来るだけ良き環境を与えることに，細心の注意と努力をする必要がある」とした倉橋の保育観に基づいていると考えられる[*190]。つまり『学校教育法』の幼稚園教育の条文に示された環境とは，倉橋の使った環境，教育学用語としての環境であり，戦前の教育学で重視されていた「境遇」といいかえられる社会的環境というより，保育環境を意味している。

　この『学校教育法』下で，1956年（昭和31）には『幼稚園教育要領』が刊行された。そこでは『学校教育法』第77条（現22条）を引用し，「幼稚園教育の目的は，幼児にふさわしい環境を用意し，そこで幼児を生活させ，望ましい方向に心身の発達がよりよく促進されるように指導すること」とした[*191]。この環境は『学校教育法』に示された環境と同じであり，保育環境のことである。また「指導計画の作成とその運営」という章の11番目の項目は「指導計画に適応した環境を構成し，管理の組織を考慮すること」となっており，本来は指導計画があってから施設設備を整えるのが理想だが，逆に「物的な環境施設」によって指導計画が左右されることが多いので，教師に「環境施設」をできるだけ指導計画に即する努力をするよう求めている。保育関係者にとってなじみの深い指導計画における環境構成という考え方はここから出発しているが，保育環境のなかでも主として物的環境を意味していたことがわかる。

　この最初の『幼稚園教育要領』に使用された「環境を構成する」という表現は，現在も使われている。1964年の1回目の改訂を経た後に発行された旧文部省の『幼稚園教育指導資料』（1982）では，「幼稚園で，指導を考える場合，環境構成が重要な部分を占めるのは，幼児の活動をその好奇心に基づいて，自発的に展開させることが重要だからである」とあり，保育者が構成する保育環境が重要だとされ，続いて後半部分であげられる指導案例には環境構成という欄が示されている[*192]。指導案の環境構成欄は，保育環境をどう作るかを表したも

ので、その欄にある内容は園内の配置図、保育室内の設定、準備するものなどの具体的な物的環境要素である。しかし、こうした環境構成以外の場面では、この指導資料においても環境という言葉は重要概念として取り上げられていない。環境要素も、幼児を取り巻くすべてという発想ではなく、身近な自然と社会のように区分化されたものであったり、現実の園内の物的環境であったりと、具体的に表されていた。

同じ時期に出版された『保育学大事典』(1983) によると、「保育関係の著書の中で『環境』概念がどのように使われているかについて調べてみると『保育環境』という概念は必ずしも明確に規定されていない」とある。[193]保育者自身の保育観によって異なるようだとも述べられている。つまり、保育における環境とは、保育史的には戦後になって『学校教育法』で公的に導入され認知された言葉であったが、保育者にとっては長らく「環境構成」以外には、特に重視しなくてはならない概念ではなかったのである。

例えば、同時代に出版された『幼児保育学辞典』(1980) では、「環境」という項目はあげられず、「環境説」という項目があるだけであった。その説明として「人間形成は環境の影響力が強いことを述べている説」とあり、「教育論者で環境を問題にしないものは皆無」で、「教育学独自の立場からも研究されて、教育環境学、環境教育学の成立を見るに至っている」とされている。[194]1980年というと、環境という言葉が「現代用語」としてすでに確立し、環境教育が「古典的な環境教育」の時代を脱し、持続可能な開発 (SD) 概念にむかい始めた頃である。その直後のナイロビ会議 (1982) を経て、『我ら共通の未来 (Our Common Future)』(1987) で持続可能な開発 (SD) 概念が世界的に認知されるその同じ時期に、日本の保育学では昭和初期と同じ感覚のまま「環境」という概念を使い続けていたことがわかる。

### 3) 現在の保育の環境概念

以上のように戦後すぐに公的に認知された保育における環境概念だが、長い間、環境構成という文脈での使用が中心であった。それが保育の重要概念とし

て多用されるようになるのは，幼稚園教育の基本が「環境を通して行うもの」と明記された 1989 年（平成 1）の『幼稚園教育要領』改訂以降で，保育史のなかでは比較的最近である。「環境を通して行うもの」は，1947 年の学校教育法の「環境を与えて」という表現を強調したものと捉えられた。そのままの表現を使うのではなく「環境を通して」としたことで，幼児主体であること，幼児の自主性を育てようという意図があることが盛り込まれたと当時の解説書に説明されている[*195]。しかも，その改訂における環境の重視はそれだけではなかった。改訂と同時に，それまで6つあった領域が5領域に編成し直され，その一つに環境という名称が与えられたのである。そして，指導計画作成では，従来通り「環境構成」という考え方が使われ続けているので，1989 年以降の『幼稚園教育要領』では，環境という概念は「環境を通して行うもの」「領域環境」「環境構成」という三つの次元に現れることになった。これは，1998 年と 2008 年の 2 回の改訂を経た現在も続いている。

　これらの三つの次元で使われる環境は，同じ保育という分野で使用されるから，いずれも被教育者である幼児を取り巻く外界を意味するという点で一致する。子どもを取り巻く環境であり，保育の場の環境であり，教育学用語である。しかし，何を意味するのかを詳細に読み取っていくと，微妙な違いが生じる。まず「環境を通して行うもの」という場合の環境とは何かをみてみよう。教育要領の本文中には環境という言葉について具体的な説明はない。しかし，要領に沿った形で旧文部省が発行した当時の『幼稚園教育指導書』(1989) では，「環境とは園具や遊具，素材などのいわゆる物的環境や，幼児や教師などの人的環境を含んでいることはいうまでもないが，さらに幼児が接する自然や社会の事象，また人や物が相互に関連しあってかもしだす雰囲気，時間，空間など幼児を取り巻くすべてを指している」と説明されていた[*196]。具体的な環境要素を並べながらも，最終的に「取り巻くすべて」とくくり，何もかもを含む。理論上は幼児を「取り巻くすべて」だが，場面に応じて意味する環境要素は異なる。「環境を通して行うもの」は保育方法の理想であり，この概念で重要なのは「環境」が意味する内容ではなく「通して」という方法なのである。この捉え方は，

1998年と2008年の2回の改訂を経た現在の『幼稚園教育要領』でも変わっていない。ただし，1989年要領の指導書にみられた環境とは何かという上の説明は，2008年の解説書ではなくなっている。

　それでは「領域環境」の環境は「環境を通して」という場合の環境と同義なのだろうか。「領域環境」は「自然や社会などの身近な環境に積極的にかかわる力を育て，生活に取り入れていこうとする態度を養う観点から示した」とされているので，そこでの環境とは「自然や社会の事象などの身近な環境」である。「ねらい」を達成するために指導する事項である「内容」をみても，あげられているのは「自然，人間の生活，身近な動植物，身近な物，遊具や用具，数量や図形，生活に関係の深い情報や施設，国旗」である。あげられたこれらの具体的な環境要素をみるかぎり，「領域環境」の環境とは幼児を取り巻くすべてのものとしての環境から「人間」を取り除いたものと読めてしまう。また「身近な」とあるので，幼児の生活範囲に限定した環境要素となる。「領域環境」の環境要素はこのように具体的にあげられているため，保育者養成校で指導される保育内容科目としての「領域環境」の教科書として出版される書籍などに現れる環境要素もそれに一致している。例えば，1989年要領当時の「領域環境」の教科書の一つでは「子どもと環境とのかかわり」という章を設定して，「子どもと自然環境」「子どもと社会環境」の2節に分け，それぞれの節で一般に使用される環境と，子どもにとっての具体的な環境について説明した。具体的な指導例や事例も「砂・土・水の活動」「動物にかかわる活動」「植物にかかわる活動」「園外環境にかかわる活動」などの枠でくくられている[197]。「領域環境」の教科書の多くが同様の環境要素をあげ，それらとのかかわりを具体的な指導例や事例で紹介している。1989年の改訂時に「ねらいを補佐していく内容の部分の受けとめが，旧態依然になる恐れがある」[198]と危惧されたが，「内容」に現れる環境要素で比較すると，1989年より前の「領域自然」に示された要素に「領域社会」の要素を加えただけに過ぎなかった。このように「領域環境」の環境とは身近な自然環境や社会環境などを指すが，ここで重視されているのは，幼児を取り巻く身近な環境要素（具体的には自然環境と社会環境）が何かで

はなく，幼児に「人間」以外のさまざまな環境要素とかかわる力が育っているのかをみること，幼児の発達をみる保育者の視点の持ち方なのである。

以上の「環境を通して行うもの」と「領域環境」の二つの環境を比較すると，主体は幼児で，保育環境という意味で両者は同義である。しかし，示される環境要素は一致しない。前者の場合は，人間も含んだ幼児を取り巻くすべてを意味する。しかし「領域環境」では環境要素は「自然や社会の事象などの身近な」もので，人間という環境要素については「人間関係」という「領域」が別途に設けられている。この分断について，当時の改訂にかかわった大場は，「自然や社会の事象は分けられないものはたくさんあるし，もちろんそこに人間もかかわっている状態も多いわけですから，人の問題だけは別という考え方はおかしい」とする一方で，「教材中心に考えれば当然そういうわけ方になる」と認める。[*199]しかし，教材中心に考えることが問題で，子どもの経験や活動を中心に考えるべきなのだから，そのような分け方になるはずはないとしている。領域が子どもの発達をみる窓口であるとするなら，「領域環境」は子どもが身近な環境とかかわる力を育んでいるかどうかをみる窓口になる。しかし「環境を通して行うもの」という際の環境には，保育者や友達などの人的環境も含まれるとしながら，「領域環境」では人的環境とかかわる育ちについては考えない。同じ「環境」という言葉を，保育方法の理想と領域という異なる次元で使用する概念として採用してしまったために生じる矛盾であることに違いない。

異なる次元で同じ「環境」という言葉を使い，意味する環境要素が完全には一致しないために，結果として，その関係についての解釈も人によって異なる。1989年要領を受けて出版された当時の「領域環境」の教科書を比較すると，ある教科書は「環境による教育」が保育園，幼稚園教育の基本姿勢であるとすれば，「領域環境」はそのような教育（保育）の実践者である保育者にとっての子どもの発達援助についての観点の一つであるとする。[*200]前者が理念で，後者は具体的な援助の観点だとする。別の教科書は「『環境』という領域名は，紛らわしい部分がある」とし，「環境を通して教育が行われる場合の『環境』は，幼児を取り巻く教育環境すべてを指し，領域『環境』は幼児の発達の諸側面の

うち身近な環境とかかわる力の育ちをみていこうとする分野」と，環境要素の点から区別している[*201]。さらに別の教科書では，「領域『環境』は他の領域すべての基盤であり，幼児教育の基本である『環境を通して行う教育』を実現するための視点となるもの」とされていた[*202]。

以上のように，日本の保育における環境概念は戦後に公的に明示されたものだが，1989年の『幼稚園教育要領』から特に重要なものとして位置づけられるようになり，現在にいたっている。現在の保育の環境概念は，保育方法の理想としての「環境を通して行うもの」，発達理解の視点としての「領域環境」，指導計画作成の視点としての「環境構成」という三つの次元で使用される。主体は幼児だが，要素は文脈によって変わり，保育関係者によっても捉え方は統一されていない。強いていうなら「環境を通して行うもの」の環境は「子どもを取り巻くすべて」で，あらゆる要素を含み，最も広義にとれる。「領域環境」の環境は，人的要素以外の自然や社会の事象，物などの身近な要素であり，狭義である。そして「環境構成」における環境は「環境を与えて」行うべき保育において保育者が指導計画を作成する際に考える具体的な環境で，自然や社会の事象・雰囲気などが記載されることはほとんどなく，保育室内や園庭の具体的・可変的で操作可能な物理的環境や準備物を意味し，さらに狭義となる。このように保育という一つの分野でも，同じ環境という言葉を使いながら意味するものに違いが生まれるのは，第2章でも述べたように，環境という概念自体がもともと，主体と要素を明示しないかぎり把握できない曖昧な概念だからである。

### 4）自然とのかかわり観の変遷

環境教育について考える際に，環境とは何か，自然とは何か，両者の関係はどのようなものかについての立ち位置を示す必要があるとした。これは，幼児期の環境教育を考える場合にも同様であり，保育においても環境だけでなく自然についても分析しなければならない。現在の保育で重視される環境という概念は，上述したように教育学用語としての環境である。もともと教育学用語と

しての環境は，前節でみたように子どもを取り巻くさまざまな要素を含み，境遇という言葉でいいかえられる社会的環境，もしくは，保育場面の物的環境を主として意味してきた。そして，1989 年の『幼稚園教育要領』改訂で「領域環境」が誕生するまで「領域自然」という領域が設けられていたように保育内容を考える際に自然は重視されていたが，保育用語としての環境のなかで自然は重要な位置を占めず，環境について語られる場面にもほとんど登場しなかった。したがって，環境教育と保育の環境概念を比較するためには，自然という要素が保育でどう扱われているのかを環境概念とは別途に整理しておく必要がある。ここでは，保育の公的なガイドラインを中心に，保育において「自然とのかかわり」がどのように示されてきたのかを分析する。

　明治初期に保育に関する法令はなかったが，1876 年（明治 9）創設の東京女子師範学校（現お茶の水女子大学）附属幼稚園は，日本の保育史上初の官立幼稚園として明治初期の保育に影響し，保育史を語る際に欠かせない存在である。ここで行われた保育実践はフレーベルの方法を取り入れたもので，明治初期の保育に大きく影響したとされている。キリスト教的世界観に立ち神の認識に到達することを教育の意義としたフレーベルにとって，自然とは単なる環境の一要素ではなく，神の創造物であり，その存在自体に独特の意義があった。したがって，フレーベル自身は子どもと自然とのかかわりを非常に高く評価していたが，明治初期の保育にその考え方は反映されなかった。

　『東京女子師範学校附属幼稚園規則』では，美麗科・知識科とともに示された保育科目としての物品科で「日用ノ器物即チ椅子机或ハ禽獣花果等ニツキ其性質或ハ形状等ヲ示ス」[*203]ものとされ，「禽獣花果」という言葉が保育環境を構成する要素として使われた。しかし，上記 3 科目の下に構成された実質的な「保育内容」といえる 25 子目については，そのほとんどがフレーベルの考案した「恩物」と呼ばれる教具とのかかわりで占められていた。とはいうものの，開設後 5 年たった 1881 年（明治 14）の幼稚園規則改正では，「室外ノ遊」が「最緊要」とされ，「庭園ニハ其快楽ヲ増シ観察ヲ導クヘキ草木ヲ植エ魚鳥ヲ養フ」とし，「保育内容」は変化していった。また，規則などに示されずとも，現実には博[*204]

物標本が集められたり，フレーベルの考えに基づき園庭に幼児が各自で利用できるような菜園があるなど，当時から後の「観察」につながる内容がかなり重視されていたという。[205] しかし，全体としてみれば明治初期の幼稚園教育は恩物主義といわれ，フレーベルの考えとは異なるものとなっていった。また，自然要素は保育環境を構成する一部とされてはいたが「自然」という言葉では表されず，具体的に草木や魚，鳥という要素があげられていた。そもそも明治初期には，現在のような意味で「自然」という言葉を使用すること自体が，まだ日本語の用法として一般化していなかった。また，子どもがそれらの自然要素とかかわることの目的が示されたり「保育内容」として意識されたりすることはなかったのである。

その後，幼稚園は，東京女子師範学校附属幼稚園を一つのモデルとして全国で次第に数を増やしていったが，保育のあり方が政府によってガイドラインとして示されたのは，1899年（明治32）のことである。この年制定された初めての幼稚園に関する法令（旧文部省令）『幼稚園保育及設備規程』では，保育項目として「遊嬉」「唱歌」「談話」「手技」があげられ，「恩物主義から脱皮した」とされる。[206] 4項目の一つである「談話」の内容には「有益ニシテ興味アル事実及寓言，通常ノ天然物及人工物等ニ就キテ之ヲナシ徳性ヲ涵養シ観察注意ノ力ヲ養ヒ兼テ発音ヲ正シクシ言語ヲ練習セシム」とあり，「天然物」という表現が使われた。しかし「談話」という保育項目は子どもにお話を聞かせることを意味し，「天然物」は子どもが直接かかわる対象ではなく，談話の素材に過ぎない。「談話」の素材に「天然物」があげられたのは，子どもに徳性と観察注意力を養うためであった。[207]

この『幼稚園保育及設備規程』は，翌年の『小学校令』改正（1900〔明治33〕）に伴い，その施行規則のなかに包含されてしまう。しかし，次第に幼児教育の意義を認めようとする気運が高まり，1926年（大正15）には勅令としての『幼稚園令』が制定される。その施行規則では，それまでの保育4項目に「観察」が新しい項目として加わり，初めて自然とのかかわりが「保育内容」として公的に評価されることになった。この「観察」が新しく加えられた理由

第3章 ❖ 保育における環境概念の導入と変遷　81

の一つとして，当時の「小学校における理科教育の広がり」があるとされる。[208]
『小学校令』(1886〔明治19〕)以降，義務制（1～4年生）ではない高等科（5～8年生）で学習することになっていた理科は，1907年（明治40）に義務制が6年まで延長されたのに伴い，義務制の5年生以上で学習することになった。さらに「第一次大戦における科学の実利性に動かされ」，1919年（大正8）には4年生も学習することが決まった。内容も「博物教材（動物，植物，鉱物）による知識教育を優先」[209]する教科書が多かった時代から「児童実験がさかん」になるなど，知識偏重から観察や実験を重視するものに変化していたようである。

しかし，こうした理科教育の影響だけではなく，倉橋・新庄によれば保育項目「観察」は「事實としても用語としても古くからあつたもので，それが大正十五年迄そのまゝに置かれてゐたのはむしろ遅しと見るべき」だったという。[210]
旧文部省が『幼稚園令』制定前に実施した全国の幼稚園の調査（1925〔大正14〕）でも，保育4項目以外になされていたのは「画方」「観察」「郊外保育」「園芸」の順に多く，子どもと自然との直接的なかかわりはすでに多くの園で行われていた。[211]例えば『明石女子師範学校附属幼稚園保育方針等』(1904〔明治37〕)では，保育4項目以外に「会集」「園芸」「旅行」「観察」「整理」の5項目が独自に加えられていた。そこでの「園芸」は植物栽培だけでなく動物飼育も含み，「自然法則存在ヲサトラシメ且自然物ニ対スル愛ト興味トヲ喚起セシメ知ラズ知ラズ幼児ノ心身発育ヲ助クル」とされ，「旅行」は「健康ノ増進」だけではなく「自然ニ対スル美感ヲ養成スル」とされていた。『幼稚園令』以前のこのような状況は，保育者が自然とともに遊ぶ子どもの姿を受けとめた結果であろう。保育項目「観察」は自然を対象とした理科的意味の観察ではなく，自然以外のさまざまな環境要素も対象としていたとされていたものの，それ以降の保育における自然とのかかわりのあり方に影響したのは確かなようで，これを受けて飼育栽培や戸外保育が従来以上に尊重されるようになり，標本なども集められたという。[212]

この『幼稚園令』の施行規則には保育項目があげられただけであるので，「観

察」の目的がどこにあるのかは読めない。しかし「観察」について最も適切な要目は何かという旧文部省の示した議案に対して，当時の中心的な保育関係者が，『文部省諮問案調査報告』（1930〔昭和5〕）で「注意知覚等ノ作用ヲ発達セシムルニ適当ナルモノヲ選択スルコト」「鑑賞親愛ノ態度ヲ誘導スルニ足ルモノヲ選択スルコト」と返答している。また「観察」が保育項目に加えられた経緯から推測しても，「観察」の目的は注意知覚力の発達と鑑賞親愛する態度を養うことにあったといえ，これは，明治期の保育項目「談話」で「天然物」とのかかわりの目的とされていた観察注意力と徳性を養うという考え方と，あまり違いがない。

　第二次世界大戦後の『学校教育法』（1947〔昭和22〕）で，幼稚園は学校教育機関の一つとして位置づけられ，幼稚園教育の目標があげられたが，そこに自然という言葉は使われなかった。その次に公的に保育のあり方が示されたのは翌年旧文部省が刊行した『保育要領』（1948〔昭和23〕）だったが，そこで自然とのかかわりは重視されている。まず，幼児の生活環境の一部としての運動場には「花畑，菜園」が必要だとした。その理由は「土を耕し種をまき，苗を植え，水をまき，除草し，手を尽くした結果咲き出す花を喜ぶ。かくして花を愛するやさしい心や，成長を観察する力が養われ，自然に対する興味が深まり，豊かな人間性が約束される」からである。また，12項目あげられた「楽しい幼児の経験」は，戦前の保育項目と比べて，幼児が経験する内容を広く捉え具体的に示されている。その一つとして「自然観察」があげられたが，社会的要素も含めたすべてを対象とした戦前の「観察」とは異なり，対象を自然に限定した。ここで，自然とのかかわりは子どもが経験するべき内容として初めて独立して示されたことになる。この「自然観察」という項目では，月ごとの計画例が示され，「ささ舟」や「かえるつり」のようにかかわる対象や内容が具体的にあげられた。そして「幼児期から素ぼくな直観によってものごとを正しく見，正しく考え，正しく扱う基礎的な態度を養うことがたいせつ」であり，「科学的態度を養うには，幼児にその生活環境を理解させなければならない」と説明した。この『保育要領』にみる自然とのかかわりの目的は，科学的態度を養

うことと豊かな人間性の育成であり，表現は異なるが観察注意力と徳性を養うとした戦前の考え方を基本的に受け継いでいる。ただし「自然観察」という項目に限れば，科学的態度を養うことが中心に据えられたのである。

　1956年（昭和31）に刊行された『幼稚園教育要領』は，4回の改訂（1964，1989，1998，2008）を経て現在にいたるが，そのなかでも子どもと自然とのかかわりは常に重視されてきた。特に1956年要領と1964年要領は，ともに「領域」の一つに「自然」という名称をあげ，自然とのかかわりは6「領域」のうちの1「領域」を占めていたのである。

　1956年要領では『学校教育法』に示された幼稚園教育の目標を具体化したものとして独自の目標が示されたが，その一つが「身近な自然に興味や関心を持つようになる」だった[*215]。そして，この目標にしたがって分類された内容群としての「領域自然」では，かかわる対象が「おたまじゃくし」や「鳥の鳴き声」，活動が「種をまいたり」や「草取りを手伝う」というように具体的に表され，「見る」や「気づく」のように観察力を養うことにつながる表現が目立った。初めて刊行されたこの要領では「小学校の教科との連続性をもたせるという観点」のもとに「領域」が設定されたのだから，理科や算数科へのつながりが考慮されて，かかわる対象や活動が具体的に示されたのは当然である[*216]。この要領を受けて発行された『幼稚園教育指導書・自然編』でも，「自然指導の内容には，小学校の理科へ発展する要素をもつものが多い」として，幼・小の教育内容の系統性が強調された[*217]。また，自然とのかかわりが重要な理由は「豊かな人間性を養う」「科学性の芽生えをつちかう」「生活に適応する」ためで，「自然の指導ではとくに教師に科学的態度や能力が備わっていること」が期待された[*218]。そして，科学性の芽生えを培う理由は「産業経済の成長発展のために科学技術の振興」が重要で，「国民全体の科学技術に対する理解と科学的な能力，態度を養うのが急務」であるからだった。このように，1956年要領では，時代の要請を受け，幼児期の自然とのかかわりにも科学教育の基礎づくりという目的が強調されたのである。一方，心情面での育ちを望むことにつながる経験は，小動物を「いたわる」，植物を「むやみに折ったり摘んだりしない」，自然物や事

象の「美しさを観賞する」などであったが，それらによって動植物の愛護精神を養い，思いやりを育てることができ，「いたわる気持ちが豊かな人間性を養うために欠くことのできないもの」だとされていた。[*219]

　次の 1964 年（昭和 39）要領では，6「領域」はそのまま同じ名称で引き継がれたが，幼児教育は小学校教育とは異なり，幼児期の発達理解を基礎に独自の意義を持つことが強調された。その結果，「領域自然」でもかかわる対象は「動植物」や「自然の事象」というように，1956 年要領と比べて具体的ではなくなり，内容も強制力がない表現で表されて，理科などの教科指導との違いが明確にされた。[*220] また，自然とのかかわりの目的も，科学教育の基礎づくりという側面は，1956 年要領ほど強調されなくなった。とはいえ，四つある「ねらい」のうち，(二)～(四)は科学教育の基礎づくりを明確に意図しており，特に(二)の「身近な自然の事象などに興味や関心をもち，自分で見たり考えたり扱ったりしようとする」という「ねらい」は，「簡単な自然科学的事実に気づかせ，それを正しく見たり考えたりしようとする気持ちを育て（中略）考察力や理解力を養う」よう留意すべきとされた。この要領下で発行された『幼稚園教育指導書・領域編　自然』でも，「ねらい」(二) は「将来の実験，実測，検証などの科学的な態度の基礎となるだいじなねらい」だと説明されている。[*221] 四つの「ねらい」のなかで心情面での育ちを望んでいると捉えられるのは，(一) の「身近な動植物を愛護し，自然に親しむ」で，「特に屋外の自然における指導を中心として，自然に親しむ態度や自然に対する感動の芽生えをつちかうようにすること」とされた。[*222] そして，上述の指導書でも，この「ねらい」は「将来の自然に対する感受性，動植物への愛護の精神の基盤となるだいじなねらい」だとし，屋外の自然に接することは「自然に親しみ，自然をいたわり，愛護する心をいだかせる」として，自然を尊重する基礎づくりと読める説明がなされた。[*223] しかし，それは将来的に自然を尊重する人を育てるためではなく，それが「やがて豊かな人間性を育てることにもなり，さらに科学性の芽生えの基盤となる」ためだった。[*224] そして「ねらい」のもとに示された内容も 1956 年要領と大きな違いはない。つまり 1964 年要領は，1956 年要領と比較すれば科学教育の

基礎づくりを強調する度合いが減ったものの，自然とのかかわりの目的・内容ともに大きな変化はなかった。明治以降，この1964年要領にいたるまで，表現こそ異なるが自然とのかかわりの目的は科学的態度の芽生えと豊かな人間性形成にあったのである。

　先述したように，1989年（平成1）の2回目の改訂で『幼稚園教育要領』は大きく変わる。「環境を通して行うもの」と明記され，「領域」の編成も意味づけも再検討され，子どもを取り巻く環境を自然や社会と分断せず，「環境」という概念が重視されるようになる。同時に『保育要領』(1948) 以降，経験群や領域の一分類として存在し続けた自然という分類が，戦後初めて消えた。それまでの「領域自然」はなくなり，自然も含めた身近な環境とのかかわりに関する「領域環境」が設定され，「ねらい」のなかに自然という言葉は一度しか使われず，自然とのかかわりと限定して読めるものはなくなってしまう。「内容」にも自然とのかかわりと読めるものは少なく，自然を表す要素は「自然」「季節」「動植物」という3語だけで示され，活動を表す表現もいっそう具体性がなくなった。この1989年要領で，自然とのかかわりは「ねらい」や「内容」の群として扱われなくなり，以降，自然は環境の一要素，一部分に過ぎないものとして扱われることになる。

　それでは，自然という分類がなくなってしまった1989年要領で自然とのかかわりだけを切り取ってみた場合，その目的はどう捉えられたのだろうか。要領本文には，まず第2章「ねらい及び内容」で「領域」ごとに「ねらい」と「内容」が示されたが，うち一つが自然や社会の事象などの身近な環境にかかわる力を育てようとする「領域環境」で，その留意事項で，自然も含めた身近な環境とのかかわりから「親しみや畏敬の念，生命を大切にする気持ち，公共心，探求心など」を養うことができると説明された。また，第3章「指導計画作成上の留意事項」では，特に留意する事項の(2)で「道徳性の芽生えを培うに当たっては（中略）自然や身近な動植物に親しむことなどを通して豊かな心情が育つようにすること」と記述された。自然とのかかわりの目的としては，豊かな心情や道徳性の育成が中心に据えられたといえる。しかし，旧文部省が刊

行した当時の『幼稚園教育指導書』では次のようにも説明されている。まず，幼稚園教育の目標の (3)「自然などの身近な事象への興味や関心を育て，それらに対する豊かな心情や思考力の芽生えを培うようにすること」の説明として，自然などの身近な事象とかかわることは「豊かな心情や思考力の芽生えを培うばかりでなく，自分の身近な環境を大事にしようとする心を育てる」とある。また，「領域環境」の「ねらい」が達成されれば「環境を大切にし，よりよい環境をつくり出そうとする力をも育てることになる」とし，その「内容」の「(1) 自然に触れて生活し，その大きさ，美しさ，不思議さなどに気付く」で，「自然に対する畏敬の念，親しみ，愛情などを育てるばかりでなく，科学的な見方や考え方の芽生えを培う」とされた。以上をまとめると，1989 年要領は自然とのかかわりに豊かな心情や道徳性の育成，科学的な考え方の芽生えを期待しており，これは明治以降認められてきた自然とのかかわりの目的を基本的に受け継いでいる。ただし，1989 年要領では戦後常に重視されてきた科学教育の基礎づくりという目的は強調されなくなり，心情面や感性面の育ちが重視されている。この改訂にあたって出版された改訂作業の関係者による解説書では，「領域環境」とした理由の一つに理科教材の教えこみを排すことがあったと記されていた。

　1998 年（平成 10）に『幼稚園教育要領』の 3 回目の改訂がなされた。その基礎となったのが，旧文部省の調査研究協力者会議報告『時代の変化に対応した今後の幼稚園教育の在り方について』(1997) で，「自然体験，社会体験などの直接的，具体的生活体験を重視すること」が今後改善にあたって重点とすべき事項としてあげられ，子どもの豊かな育ちに欠かせないものとして自然とのかかわりの重要性が確認された。その結果，1998 年要領では，自然とのかかわりの評価が 1989 年要領よりも高まる。「領域」の構成や「ねらい」「内容」の捉え方は同じで，各「領域」の「ねらい」と「内容」に示されたものにも大きな変化はなく，新たに加わった部分に自然という言葉はない。しかし「領域」ごとにあげられていた「留意事項」が「内容の取扱い」という表現に変わり，前要領よりも項目数が増加し，そこに「自然」という言葉が随所にみられるよ

うになる。具体的には「領域環境」の「内容の取扱い（2）」で，「幼児期において自然の持つ意味は大きく，自然の大きさ，美しさ，不思議さなどに直接触れる体験を通して，幼児の心が安らぎ，豊かな感情，好奇心，思考力，表現力の基礎が培われることを踏まえ，幼児が自然とのかかわりを深めることができるよう工夫すること」と記された。また「領域健康」では「内容の取扱い（3）」で，「自然の中で伸び伸びと体を動かして遊ぶことにより，体の諸機能の発達が促されることに留意し，幼児の興味や関心が戸外にも向くようにすること（後略）」，「領域人間関係」では「内容の取扱い（3）」で，「道徳性の芽生えを培うに当たっては，（中略）自然や身近な動植物に親しむことなどを通して豊かな心情が育つようにすること（後略）」，「領域表現」では「内容の取扱い（1）」で「豊かな感性は，自然などの身近な環境と十分にかかわる中で（中略）養われるようにすること」と表された。いずれも1989年要領にはなかったものである。さらに，第3章「指導計画作成上の留意事項」のうち一般的な留意事項の（7）は，前要領の（5）として地域社会や家庭との連携の必要性を述べたものにあたるが，「地域の自然，人材，行事や公共施設などを積極的に活用し，幼児が豊かな生活体験を得られるように工夫すること」という文章が加えられた。つまり，自然は単に「領域環境」で望まれる育ちに必要なものとしてだけではなく，複数の「領域」に関連して総合的な発達に寄与することが確認されたことになる。1989年要領では自然とのかかわりの意義を構造上評価しにくくなっていたが，1998年要領では「内容の取扱い」の追記によって自然とのかかわりの意義が豊かに捉えられるようになり，再評価されたことになる。また，自然とのかかわりは，それまで「領域自然」，あるいは「領域環境」で扱われる要素であったのが，他の領域にも関係するものと扱われるようになったことも，今までにない捉え方だった。

　『幼稚園教育要領』は2008年（平成20）の4回目の改訂を経て，現在にいたる。食育や子育て支援などに重点が置かれたとされるこの改訂では，要領の文面上に大きな変化はない。自然の扱いについても，要領本文をみるだけでは，1998年要領とまったく同じである。しかし，2008年要領は『教育基本法』を

はじめとする教育関連法の改正に引き続いて改訂されたという点に注意が必要である。自然や環境とのかかわりの観点からみると，この改訂は重要な転換点にならなければならないものだったが，これについては後述する。

## 5）保育における環境と自然の関係

以上をふまえて，保育における環境と自然の関係を分析してみよう。環境という概念が登場していなかった19世紀以前の保育理論は，環境という言葉を使わなかったものの，子どもを取り巻く外界，世界が子どもの育ちに影響することは認めていた。ただし，そこでは「境遇」という言葉でいいかえてもよい社会的環境や家庭環境が強く意識されていた。貧困によって生存すらままならない層が厚かった過酷な時代には，生まれた境遇が子どもの育ちに大きく影響するのは当然で，ペスタロッチは貧困からの脱出を目指した生活のための教育や家庭教育を重視し，オーウェンの実践対象も貧困層の子どもであった。子どもの社会的環境，特に，貧困に目をむけざるをえない時代だったのである。

しかし，理論家たちの著述を見直すと，子どもを取り巻く環境のどこに主たる関心を寄せるかは理論家によって異なる。同じ環境といっても社会的環境と保育環境のいずれについて語るのか，また，自然をどのように扱うかも違う。社会的環境に注視する教育理論では，人間社会に存在する問題とその改善について語られ，子どもにとっての自然は重要なものとしてあがらない。例えば，保育史において環境を重視したとされるオーウェンとモンテッソーリだが，自然の評価は異なる。産業革命下の劣悪な環境に育つ子どもとその成長後の大人の姿が出発点であったオーウェンにとっての環境は，社会的環境が主で，自らが設立した幼児学校における保育環境がどうあるべきかではなく，社会をどう変えるか，社会のなかでどのように子どもは育てられるべきかについて多く語る。しかし，医学を出発点とし，豊かさを手に入れ始めていた20世紀初頭の理論家であるモンテッソーリは，人間は生物であるという認識のもとに子どもの発達自体を生物性の現れたものと捉え，子どもの育つ場＝保育の場における環境の重要性を考える。したがって，モンテッソーリが環境について説明する

際にあげるのは，机や椅子，子どもの使いやすい用具や遊具，装飾品など，保育の物理的環境である。その一方で，モンテッソーリは，子どもを取り巻く環境の「一部」としてではなく，環境と並立させて自然の重要性を記す。「教育のなかの自然」という章を別途に設け，さまざまな自然要素とかかわり，動物の世話や庭仕事をすることが子どもの発達に寄与すると詳述する。自然とかかわることと保育環境を考えることは別途に扱うのである。オーウェンもモンテッソーリも，どうすれば子どもはよりよく育つかについて考えるが，オーウェンは社会のあり方，モンテッソーリは具体的な保育の場のあり方という別の次元で考え，それが環境の捉え方，自然の捉え方の示し方に表れている。

　同様に，環境の重要性を語りながら同時に自然の価値についても語った保育の理論家として，フレーベルと倉橋があげられる。日本の保育に大きな影響を与えたとされるフレーベルにとって，自然は特に重要な存在であった。なぜなら，自然とは神が創造した神聖なるものであり，子どもを取り巻く外界の一部，一要素などではなかったからである。フレーベルの影響を受けたとされる明治時代の保育はフレーベルの考案した教具である恩物を重視した保育になっていったが，各幼稚園に設置された園庭こそ，フレーベルが重視したものだった。「人間および子どもが自然に衷心から習熟しかつ自然と衷心から合一することの，その天職にむかっての子どもの発達，人間の教育，諸民族および人類の陶冶に対する重要性」があるとしたフレーベルにとって，自然は「神の直接的な事績の掲示，最初の神の啓示」なのであった。幼稚園の子どもが園庭で自然にむかい合い，共有の庭と一人ひとりの庭で植物を育てることが，その「神の直接的な事績の掲示，最初の神の啓示」に触れることになり，それは同じく神の手で作られた自分自身を理解することにつながるとする。そもそもフレーベルにとって「教育の目的」とは「人間を囲繞するところの自然の裡に在りて，自然の本質を成し，且つ自然の裡に永遠不断に発現する神性，霊性，永遠性，之を教育乃至教授は，人間に直感させ，認識さすべきもの」であった。したがって，人間を取り巻く外界のなかで神が創造した自然は特別な意味を持つ。そこにはキリスト教者としてのフレーベルの姿があるが，それだけではないだろ

う。フレーベルは大学で哲学を専攻し，ドイツロマン主義の思想家でもあり汎神論の立場に立つとされるドイツ観念論の哲学者シェリングに影響を受け，ロマン主義の影響下にあったとされる。[*234]このフレーベルは，倉橋惣三によっても「世界の教育中おそらく最もよく自然を理解し最深く自然を愛した」保育の理論家と評されている。[*235]

それでは，その倉橋にとって自然はどのような位置を占めていたのだろうか。倉橋が「幼児期教育には環境を大切とする」と述べる際の環境とは「子どもの生活にいい手本を与える」ものであり，「子どもの生活を閉ざさずに開帳せしめていく」もので，子どもの置かれている社会的環境ではなく具体的な保育環境を意味する。[*236]また「あそびが充分の自発性を発揮し得るために第一に必要なものは環境である」とした際の環境には「場所的意義と心理的意義」があるとする。物理的環境と心理的環境という意味であろう。これらの言説からは，倉橋が保育において環境を考える際に重要だとしたのは，保育者が作る保育の場の物理的・心理的環境である。そこに保育者の意図が現れるとしたのである。これらの保育環境に関する言説を読むかぎり，倉橋が自然を重視しているようには読めない。ところが，倉橋は別稿で，「子供の自己活動の最も正当な又最適当な資料として自然の如くいいものはない」，「世に子供に最も適当な玩具として，自然玩具の如く適当なものはない」，「自然を愛し，自然に趣味を持つといふことは，子供の教育者として，最も大切な資格の一つである」と述べる。[*237]これらの文面から，倉橋が，子どもにとっての自然を，保育の場における環境とは異なる次元のものとして捉えていることがわかる。倉橋の環境とは具体的な物理的環境と心理的環境を意味し，狭義の環境であった。物理的環境の要素に自然要素も入り込むかもしれない。しかし「すべての子供は，或る意味に於ての自然詩人である」，「園丁が日々に忘れてならぬ任務の一つは，其の花園にうるおひをたやさぬこと」とし，「草花と同じく，絶えずうるおひを要求しているものは幼児である」とした倉橋は，子どもの存在そのものが自然であるとし，それゆえに自然を教育学用語としての環境（＝保育環境）という言葉に閉じ込めることができない別格の存在のように扱った。倉橋の自然の評価は，フ

第3章 ❖ 保育における環境概念の導入と変遷　91

レーベルのようにキリスト教に基づくものではないが，ロマン主義的とはいえる。そして，こうした子どもにとっての自然の評価は同時代の保育の社会的側面を重視した教育学者の城戸にはみられない。

　このようにみていくと，現代の保育にも影響を与え続けているフレーベル，モンテッソーリ，倉橋らは，具体的な保育環境の質を考える重要性を語りながら，同時に自然の重要性についても，別途に語っていたことになる。一方，環境を重視しながらも，社会的環境への関心が高かったオーウェンや城戸にはこうした自然への関心は現れない。いずれの立場にせよ，これらの保育にかかわる理論家・実践者にとって，環境と自然は異なる概念であった。教育学にとっての環境とは，あくまでも教育学の見地からみた被教育者を取り巻く環境であり，子どもが成育する社会的環境，あるいは，狭い意味では教育を受ける場の環境であった。しかも，同じ環境という言葉であっても，理論家によって何を重視するかは異なっており，日本の保育でいえば，城戸の主たる関心は社会的環境にむけられ，倉橋の場合は保育環境である。そして，社会的環境であろうと，保育環境であろうと，それらに自然はほとんど登場しない。確かに，20世紀前半より前の時代における子どもを取り巻く現実を考えれば，子どもの発達に大きな影響力を持ったのが社会的環境であったことに間違いはなく，昭和初期の教育学者の多くが環境を語る際に，社会的な側面を重視したのはそのためである。しかし一方で，子どもの成育にとっての社会的環境がまだ整っていなかったその同じ時代に保育を考えたフレーベル，モンテッソーリ，倉橋らが，子どもの発達にとっての自然の意義を環境の意義とは別途に提示し，高く評価していたことも事実である。教育学用語としての環境について語るだけでは，あるいは，自然を環境の一要素とするだけでは，幼児にとっての自然の意味について説明しきれないものがあるということではないだろうか。

　以上のように，保育理論において，子どもを取り巻く保育環境への関心が高かった理論家たちは，一様に子どもにとっての自然の価値を保育環境とは別途に評価していた。ところが，フレーベルと倉橋の理想を受け継いだはずの日本の保育だが，その公的なガイドラインの歴史をみるかぎり，自然はあくまでも

子どもに科学性を芽生えさせ，人間性を涵養するための素材，子どもを取り巻く保育環境のなかのただの一要素，一部分に過ぎなかった。これは，現在の保育でも同様である。特に 1989 年の『幼稚園教育要領』の改訂で，それまで領域の一つのタイトルとなっていた「自然」は，「領域環境」のなかで環境の一要素としての扱いになってしまう。環境とは「園具や遊具，素材などのいわゆる物的環境や，幼児や教師などの人的環境を含んでいることはいうまでもないが，さらに幼児が接する自然や社会の事象，また人や物が相互に関連しあってかもしだす雰囲気，時間，空間など幼児を取り巻くすべて」であって，自然はその「子どもを取り巻くすべて」のうちの一要素に過ぎない[*238]。また，子どもの発達をみる視点の一つとして成立した「領域環境」でも，あげられる環境要素は「自然，人間の生活，身近な動植物，身近な物，遊具や用具，数量や図形，生活に関係の深い情報や施設，国旗」であり，自然は物や遊具と並べられて，環境要素の一部を占めるだけである[*239]。この自然の捉え方が，保育実践における保育者の自然要素の扱いに反映されていく。1998 年の改訂以降，自然は子どもの総合的な発達に寄与するものとしてやや評価が高まったが，子どもを取り巻く環境の一要素に過ぎないことに変わりない。「領域環境」について扱う教科書で環境について説明される際にも，自然は環境の一要素としてあげられるだけである。

## 4 環境教育の環境・自然との相違

### 1) 環境概念の相違

前節まででみた保育の環境概念の導入過程と変遷をまとめてみる。まず，教育の理論家たちは環境という言葉の誕生以前から，外界，自然，家庭，境遇などの言葉を用いて，被教育者を取り巻く外界が教育にとって重要な意味を持つことを示し続けてきた。そして 19 世紀以降，それらに対し環境という言葉を使用するようになった。日本でも，昭和初期に子どもを生物とみなす捉え方か

ら生物学用語としての環境を転用し，次第に教育学用語として使用するようになっていく。教育学用語としての環境は，当時の時代背景の下に，主として境遇のような社会的環境を意味していた。教育学の一分野である保育学も環境という言葉を同様に使用するようになったが，社会的環境だけではなく，主体である幼児を取り巻く身近な環境として，保育環境のなかの人的環境や物的環境などを指すことがもう一つの流れとして存在した。保育史的には，環境という概念が公的に認知されたのは戦後の『学校教育法』(1947)であり，それが重要概念として扱われるようになるのは1989年の『幼稚園教育要領』改訂以降である。これらの環境は，社会的環境ではなく，保育環境を意味する。一方，自然とかかわることは，明治から現在にいたるまで一貫して「保育内容」の一つとして認められ，その意義が常に評価されてきたものの，自然は子どもを取り巻く環境の一部に過ぎないという扱いが基本であった。ただし，フレーベルや倉橋惣三など一部の理論家によって，自然は保育環境とは別格の特別の意味を持つ存在として扱われてきた点には注意が必要である。

　それでは，保育における環境概念は，環境教育の環境概念と同じなのであろうか。環境教育の環境は，1970年頃から確立し始めた「現代用語」の環境（環境問題や地球環境などの環境）と同義である（図2）。その環境という言葉の主体は人間であり，環境要素としては自然要素が中心であり，また，背後に環境問題をイメージさせることを第2章で確認した。一方，保育における環境は，教育学用語としての環境である。教育学用語としての環境は，家庭や社会のような被教育者を取り巻く外界として長らく教育学の歴史のなかで存在し続けたものだが，環境という言葉でそれを意味するようになったのは19世紀の終わり頃からである。保育の場合は，環境という言葉の主体は幼児であり，環境要素は幼児を取り巻くすべてである。環境要素は，教育学の理論的文脈では家庭や社会を，保育実践にかかわる文脈では保育の具体的な物的環境や人的環境を意味することが多い。

　また，保育の環境は，被教育者である幼児を取り巻く環境を意味し，保育者は環境を構成し，環境を通して保育を行う。保育という営みにおいて環境は，

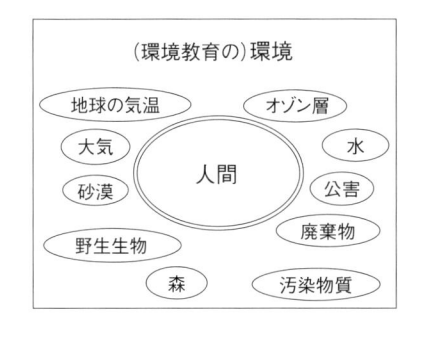

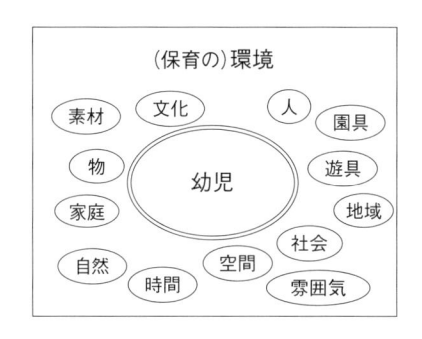

図2　環境教育の「環境」と保育の「環境」　主体と要素

保育者が構成する対象，子どもの発達に有益になるようにその質を意識しなければならない対象である。保育者にとって，環境は子どもの発達のために必要な保育のための道具でもある。保育者自身も，その環境の一部として子どもの発達のために存在する。一方，環境教育の環境は，あらゆる人間を取り巻く環境を意味し，被教育者であるか，ないかにこだわらない。環境教育は，あらゆる人間のために人間を取り巻く環境の質をよくすることを目指す営みである。環境教育の実践者は，環境教育という営みを行う際に，被教育者が環境の質をよくするよう変化することを意識する。そこでいう環境の質とは，子どもの発達のためや被教育者の育ちのためのものではなく，人間が持続可能な社会を形成するために考えられるものである。

　以上のように，保育の環境概念と環境教育の環境概念は主体を取り巻く外界という意味の環境という同じ言葉を使用しているものの，その主体，意味する内容，実践において求める内容は異なる。しかも，環境教育・保育の両分野にとって，それぞれの環境概念は重要なもので，その概念なしで理論や実践を語ることはできない。だから，自らの分野の意味する内容で他方の分野を解読しようとすると，誤解が生じる。実際に，第3節で示したように，環境教育関係者によって「領域環境」の設置が環境教育の導入と短絡的に捉えられてしまったのは，そのためである。[240]　また，日本の保育には「領域」や「保育内容」という小学校以上の「教科」や「教育内容」とは異なる歴史と意味を持つ保育独特

第3章 ❖ 保育における環境概念の導入と変遷　95

の概念も存在し，他分野からの理解をいっそう困難にする。

### 2) 自然概念の相違

　自然という概念も両分野で重視されてきた。まず，自然保護教育分野から誕生した環境教育では環境＝自然という捉え方が長らくあった。もちろん，先進国の都市居住者にとっての環境には人工的な環境要素が大きな割合を占め，現実社会では人間を取り巻く外界である環境は自然だけを意味せず，1980年代以降の環境思想の多様化や持続可能な開発（SD）概念の誕生・認知は，環境と自然との間隙が人間の実感として広がった現実を背景にしている。このように人間の生活実感としての環境と自然の間隙は拡大しているが，自然要素に起きている問題＝環境問題の解決を目指すために誕生した環境教育の実態としては環境＝自然という捉え方が根強い。SD概念が登場して社会や経済を考える必要性が提示された以降も，社会・環境・経済は依然として分断されたままで，ESDにおいても社会と経済と並立して扱われる環境は自然にかかわるものと捉えられている。

　その捉え方に問題はあるものの，環境教育の環境が自然を中心とする環境要素を意味し，また，それゆえにその実践において自然とのかかわりが重要な位置を占めることは確かである。そして，環境教育にとっての自然とは，近代の自然観に対抗してきた有機体論的・ロマン主義的な自然観の流れを受けて誕生した自然保護分野で捉えられてきた自然である。自然を利用する対象としてみる近代の自然観が環境問題を発生させたとされる解釈の是非はともかくとして，環境問題の発生と対策に自然の捉え方が大きく関係することは間違いない。また，環境教育の自然は，ロマン主義の単なる復興ではない。19世紀後半に誕生し，地球科学や化学などの他分野とも協働して自然科学の一分野として成立した生態学は，環境思想にも影響を与え，環境教育の基礎科学としても重要な学問分野となっている。そこに表れる自然の性質は，システムや多様性，循環性，有限性などの言葉で表される。また，人間がそのシステムから離れて生存できないという見方も，人間を「ヒトという生物」としてみるようになっ

た19世紀の進化論発見以降の新たな捉え方の結果である。環境教育では，被教育者は上記のような自然の捉え方をすることが求められる。環境教育もESDも生態系という概念を重要視し，有限性を前提に自然のないところで生存できない存在としての人間のあり方を考えようとする。

　一方，保育にとっての自然とは，幼児を取り巻く環境の一部分に過ぎない。確かに，保育では「幼児期において自然のもつ意味は大き」いとして，自然の意義は高く評価されている。明治以降，自然とのかかわりには科学性の芽生えや豊かな人間性の涵養という意義が一貫して認められてきたし，自然とのかかわりは「保育内容」のなかで欠かせないものであり続けた。[*241] しかし，保育では自然とかかわることで子どもに科学性を芽生えさせ，子どもに豊かな人間性を育てさえすればよい。それが保育における自然とのかかわりの目的だからである。したがって，保育であげられる自然要素は，幼児を取り巻く身近な，幼児がかかわる対象物である。「領域環境」を例にとれば，「内容」にあげられている自然に関係する言葉は「自然」「季節」「自然などの身近な事象」「身近な動植物」である。また，「大きさ，美しさ，不思議さ」を持つもの，「季節の変化」があるもの，「遊ぶための大切な素材」，「生命の営み，不思議さを体験」させてくれるものとしての自然である。[*242] そして，どのような質の自然であろうと，目の前にある自然を大切にしようとする「人間性」が育てばよい。どのような自然観を持つのかは重要ではない。幼児がかかわる対象としての自然には，環境教育が重視する自然の特質，システム性や多様性，循環性，有限性，人間との関係性などは示されない。また，環境教育では環境＝自然であるかのような扱いがなされることが多いが，現在の日本の保育において最重要概念である環境は，教育学の長い歴史のなかで子どもの発達に大きな影響を与えるものとして認められてきた子どもの育つ境遇＝社会的環境と，具体的な保育実践にかかわる場面では物理的環境や心理的環境としての保育環境を意味する。そして，自然は保育を受ける幼児の外側に存在する環境のうちの単なる一要素に過ぎず，「環境⊃自然」であり，幼児の発達に寄与する素材に過ぎない。

　環境教育と保育の両分野にとって「環境」と「自然」はいずれも重要概念で

ある。しかし，そのそれぞれが意味する内容，そして，二つの概念の関係は以上のように両分野で異なる。幼児期の環境教育を検討するときには，両分野の環境と自然の捉え方の相違を前提に，その内容を検討しなくてはならないのである。

# 第4章 幼児期の環境教育研究にみる環境・自然・環境教育

　第1章で環境教育の歴史を，第2章で環境・自然という概念の変遷過程と環境教育との関係を分析し，第3章では保育における環境概念・自然概念が同じ言葉を用いながらも環境教育における扱いとは異なることを明らかにした。本章では，幼児期の環境教育が研究分野において現在までどのように捉えられてきたのかを分析する。まず，環境教育分野で幼児期がどのように位置づけられてきたのかを，さらに，保育分野で環境教育という概念が扱われてきたのかどうかを，それぞれ国際的動向と国内動向の2側面から整理し，幼児期の環境教育が環境教育・保育のいずれの分野においても関心を引くものではなかったことを明らかにする。その上で幼児期の環境教育の先行研究を国外・国内に分けて整理し，そのなかで環境教育や環境，自然という概念がどのように捉えられてきたのかをみる。

## *1* 環境教育分野における幼児期の位置づけ

### 1）国外の動向

　国外の環境教育のなかで幼児期はどのように位置づけられてきたのだろうか。まず「古典的な環境教育」の時代である1970年代のガイドラインをみてみよう。1972年の国連人間環境会議で出された『世界環境行動計画』の96項目では，学校の種別や対象者に限らず，あらゆる段階の教育（all levels of education）に組み込まれるべきとされている[243]。環境教育が生涯にわたって実践されるべきとする起源はここにある。1975年の『ベオグラード憲章』では，環境教育は公・民にかかわらずあらゆる場面で実施されるべきとされ，公的な教育分野では就学前施設（pre-school）から高等教育機関が対象とされ，民間の教育分野では家庭（family）があげられて，幼児期からの環境教育の必要性が明示されている[244]。続く1977年の『トビリシ宣言』でも，提案2と3で，環境教育を就学前段階（beginning at the pre-school level）から始める必要性や，家庭との連携の重要性が指摘されている[245]。

　就学前に始まる生涯にわたっての環境教育実践の確認は，その後1980〜90年代の「SD概念にむかう環境教育」，2000年代の「混迷する環境教育」でも変わらない。『テサロニキ宣言』（1997）やヨハネスブルグ・サミットの『行動計画』（2002）では，特に幼児期については記されていないものの，あらゆる段階の教育でと記されている[246]。DESD『国際行動計画』（2004）においては，第2章で，ESDは幼児期から大人まで生涯にわたって（from early childhood to adult life）実践されることとし，保育園から大学にわたる（from nursery school to university）教育において捉え直しが必要で，公的な就学前教育から高等教育にわたる（from pre-school to higher education institution）教育制度のなかでとぎれることなく取り入れられるべきとし，『国際実施計画』（2005）でも就学前教育から大学にいたる（from pre-school through university）あらゆる教育が捉え直される必要があるとして，幼児期が明確に意識されている[247]。

このように国際的な憲章や行動計画では，環境教育・ESDのいずれの場合も開始期として幼児期が，教育制度を語るときには就学前施設が必ず示されて幼児期の役割が認められてきたが，それは各国の動向に影響したのだろうか。まず，アメリカだが，国家的な環境教育の窓口といえるEPAは，幼児期からとは明示していない。EPAのホームページには4～10歳むけとある子ども対象サイトも提供されているが，幼児むけの内容ではない。[*248]アメリカの公的な環境教育は『環境教育法』(1990)を基礎とするとされるが，その定義でも幼児教育機関は対象として示されていなかった。[*249]これは，オーストラリアやスウェーデン，イギリスなども同様で，生涯にわたる実践やすべての人がかかわるもの，すべての教育の段階でとは記されているが，幼児期という言葉や保育機関での実践については示されていない。[*250]

　以上のように，環境教育の国際的な宣言や行動計画などのガイドラインにおいて，就学前からの環境教育の必要性は常に確認されてきたものの，どのような機関でどのように実践されるべきかは具体的に示されてこなかった。それは，各国の環境教育の指針においても同様であり，全体としてみれば，開始時期として幼児期が確認されているに過ぎない。

## 2）国内の動向

　日本の環境教育の歴史において，幼児期はどのように位置づけられてきたのだろうか。まず，環境教育前史の時期には公害教育があげられ，そこには公害反対運動に連動した社会教育としての実践と，意識の高い教師たちによる小学校から高等学校までの学校教育機関における実践があるが，幼稚園や保育所は対象としてあがっていなかった。公害教育とは公害に関する関心と理解を形成する教育であったのだから，幼児が対象とならなかったのは当然である。もう一つの流れである自然保護教育でも，実践として市民運動としての自然観察会や自然保護運動と連動した教育活動があげられるが，あくまでも観察や保護が目的であるから，そこにも対象として幼児はあがってこない。野外教育も同様である。YMCAやYWCAの野外活動，ボーイスカウトやガールスカウトの

活動は青少年教育として開始したため，それらの活動に幼児が参加することは近年までなかった。例えば，ボーイスカウトの低年齢グループは現在も6～8歳のビーバースカウトで，ごくわずかに就学前の期間を含んでいるが，もともとカナダで始まり，イギリスの本部連盟での開始が1986年で，日本での開始はそれより後になる。[251] 一方のガールスカウトは，現在の日本連盟では就学前の5歳児対象のテンダーフット部門があるが，その開始は2001年である。YMCAは1910年の活動初期から幼稚園や保育園を設立運営してきたが，それらはあくまでも保育事業であり，別途に実践されてきた青少年教育としての野外活動に幼児対象プログラムがみられるようになったのは最近のことである。以上のように，環境教育前史の時期には，幼児はその活動の対象となっていなかった。

次に，環境教育の登場期とされる1970年代以降が，旧文部省など公的な機関が施策としての環境教育研究を始めた時期である。その研究過程では国際的な動向を意識して国際的なガイドラインが引用されたが，幼児対象のプログラムや実践が示されるなどの具体的な提示にはいたらなかった。例えば，1983年に国立教育研究所が編集した『環境教育のあり方とその実践』でも幼稚園は対象としてあがっていない。[252] この時期の捉え方が，日本の環境教育が公的な教育機関で導入され始めた1990年代の実態にも反映されていく。まず旧文部省は，1989年の『学習指導要領』改訂に合わせて『幼稚園教育要領』を改訂したが，環境教育という言葉は要領本体にも解説書にも記されていない。この改訂の際に「領域」概念の再編成がなされ，「環境」という「領域」が新規に導入される。先に示したように，それをもって幼稚園教育でも環境教育が意識されたと判断されることもあるが，これは，保育の環境概念と環境教育の環境概念を同一視したもので，正確な捉え方ではない。とはいいながら，この改訂で環境教育的ニュアンスがまったく意識されなかったわけではなく，この読み取りには注意が必要である。

さらに，旧文部省は1991年に『環境教育指導資料（中学校・高等学校編）』，1992年に『環境教育指導資料（小学校編）』を作成配布した。ここでも生涯に

わたる実践について確認され，幼児教育の内容が小学校教育に連携すべきであること，幼児期の環境教育は自然体験が中心であることが記されている[*253]。しかしながら，学校教育機関の一つであるにもかかわらず幼稚園を対象とした資料は別途には作成されず，具体的な内容は示されないままであった。『環境教育指導資料』が各学校に配布されて，教師の啓発に役立てられるよう意図されたことは明白だが，幼稚園教育にかかわる教員は啓発の対象としても考えられなかったことになる。「幼児から」と明記しながらも，幼稚園編を作成しなかったのは，環境教育とは環境問題とその解決にむけた対策を知ることを目的とするという「古典的な環境教育」の捉え方があるからである。それを前提とすれば『環境教育指導資料』にも示されたように幼児期の環境教育の姿として自然体験以外に提示できるものがなく，その自然体験であれば『幼稚園教育要領』にはすでに十分に書き込まれているから，別途に作る必要がなかったのである。

　そして，2000年代の日本の環境教育に影響を持つと考えられた『環境の保全のための意欲の増進及び環境教育の推進に関する法律』(2003) と，「国連持続可能な開発のための教育の10年 (DESD)」においても，幼児期の位置づけは明確ではない。まず『環境の保全のための意欲の増進及び環境教育の推進に関する法律』には「幼児」や「就学前教育」「幼稚園」などの言葉はなく，「生涯にわたって」という表現すらない。この法律は環境教育の実践者のためという印象があり，環境教育は「社会を構成する多様な主体」が行うものと記されているだけである。この法律を施行するために示された『環境保全の意欲の増進及び環境教育の推進に関する基本的な方針（基本方針）』も同様である[*254]。法律を施策として実行していくための考え方や内容がより具体的に記載されているが，幼児や保育に関係する言葉は皆無である。学校教育における環境教育の説明部分でも，『学習指導要領』について述べるが，幼稚園が『学校教育法』で規定されている学校教育機関の一つであるにもかかわらず『幼稚園教育要領』には触れない。

　一方の「国連持続可能な開発のための教育の10年」に関しては，政府が『わが国における「国連持続可能な開発のための教育の10年」』(2006) を出

した。そこでは「幼稚園から大学まで，教育活動の全体を通じて，発達段階に応じて ESD に関する教育を実施する」必要性が明記され，幼児期が明確に意識されているが，この文言は UNESCO の計画に示されたものをそのまま使っただけのようにみえる。そして，この計画で具体的な提案事例のなかに幼児期に関係して示されているのは，「子育てのヒント集としての家庭教育手帳において，自然や環境を大事にする心を育てることなどを盛り込み，乳幼児等の子どもを持つ親に配布する」と，「海洋環境保全思想の普及を図るため，幼稚園，小中学校において，環境紙芝居の上演，講話，簡易水質検査等を行う」という 2 ヵ所のみで，親にむけての資料配付と幼稚園での紙芝居が，幼児期の ESD の実践例として提案されているのである。いずれも ESD の目指すところとはかなり遠い。

このように，日本の環境教育の歴史において，幼児期が明確に意識されたり，その必要性が具体的に示されたりしたことはないのである。

## 2 保育分野における環境教育の位置づけ

次に，保育側で環境教育がどのように捉えられてきたのかを，国外と国内に分けてみていく。

### 1) 国外の動向

保育は，前章でも確認したように，施設保育が始まったときからとすれば，2 世紀にわたる歴史がある。各国それぞれの社会的状況に合わせて実践されてきた分野であり，環境教育のように国際的な動向が各国の保育に影響したことはなく，国際的な牽引役があるわけではない。世界的にみれば，保育の質を検討できる状況にある先進諸国と，乳幼児の死亡率が高く生存の権利すら保障されず，保育の内容や質まで検討できる状況にない発展途上国というように，国家間格差が大きい。教育にかかわる国際機関でもあり「国連持続可能な開発の

ための教育の10年」も含め環境教育分野では常に主導機関であり続けたUNESCOの保育に関する報告に環境教育や持続可能な開発のための教育についての記載は長い間みあたらなかったが[257]，2008年にようやくESDにおける幼児期の役割をまとめたレポートを出した[258]。

それでは，各国の保育は，環境教育をどう捉えているのであろうか。後述するように国外の幼児期の環境教育の先行研究はアメリカとオーストラリアの文献が主だが，制度としての保育のガイドラインに環境教育が導入されているかどうかは別である。アメリカの場合は，教育制度が州ごとに規定されており，国家レベルの保育の統一ガイドラインもないため，保育施設は教育課題の対象となりにくいようである。

国家レベルでの保育のガイドラインが制定されている国の例として，まず，スウェーデンがあげられる。スウェーデンでは，保育は1996年に教育制度のなかに組み込まれ，1998年には就学前教育の教育課程"Läroplan för förskolan（Lpfö 98）"が示されている[259]。そこでは，環境教育という言葉も持続可能性のための教育という言葉も示されていないが，就学前教育の基本として私たちが共有する環境の尊重（respect for our shared environment）を求めている。さらに，環境問題や自然保護を重視すること，生態学的なアプローチと未来への信念が活動を位置づけていること，自然や環境に配慮する態度を育て，自分自身が自然の循環システムの一部であることを理解させること，よりよい環境の形成に貢献できることを日々の活動のなかで体験させることなどが，就学前教育の役割であると具体的に示す。すなわち，環境教育という表現を使用していないだけで，環境教育に相当する内容が明確に示されている。また，持続可能な開発のための教育（ESD）という表現も使用していないが，上のように環境に関する記述に加えて，伝統的なジェンダー観の否定や多文化理解の必要性が示され，全体としてESDの趣旨に一致する内容となっている。"Lpfö 98"は，幼児期の環境教育のガイドラインでも幼児期のESDのガイドラインでもなく，日本でいえば『幼稚園教育要領』に相当する保育の教育課程を記したものである。そこに，環境教育や持続可能性のための教育に相当する内容が

取り込まれているのである。

同じ北欧のノルウェーでも、保育は 2005 年に教育制度のなかに組み込まれて幼稚園教育に関する法律である "Lov om barnehager" が制定され、それを基礎としたガイドライン "Forskrift om rammeplan for barnehagens innhold og oppgaver" が 2006 年に開始している。"Lov om barnehager" では、第 2 条に「幼稚園での養護と教育は、人間の尊厳、平等、知的自由、寛容、健康、および持続可能な開発の理解を促進するものである」とあり、"Forskrift om rammeplan for barnehagens innhold og oppgaver" では、その条文説明に「自然と文化を管理する責任の感覚」を育てることや、「日常生活の中で持続可能な開発に対する理解を育む」ことがあげられ、持続可能な開発（SD）概念が明示されている。*260 また、保育内容は 7 分野に分類されて、その 4 番目が「自然、環境、技術」であり、そこでは「自然の多様性を経験する」「自然や自然保護、相互関係の基本を理解する」「動植物とその相互依存関係について学ぶ」など、環境教育で重視される自然界の多様性やつながりなどの特質を含む自然観が、スウェーデンと同様に保育のガイドラインに明確に示されている。

もう一つの例として、イギリスではサッチャー政権下のナショナル・カリキュラム導入以降、国家レベルでの教育改革が進んでいるが、義務教育は 5 歳から始まる。つまり、日本では保育の対象である 5 歳児がすでに初等教育の対象であり、ナショナル・カリキュラム下の教育を受ける。このナショナル・カリキュラムがクロス・カリキュラムの課題の一つとしてすでに環境教育を導入し、現在は ESD を導入していることから、制度上は、5 歳児も環境教育の対象として含まれる。しかし、5 歳未満の幼児期については、ナショナル・カリキュラムの始まりにあたるとされながらも、環境教育や ESD という概念は示されておらず、内容にも環境教育や ESD と読めるものはない。*261

そして、アメリカやドイツのように州制度をとるオーストラリアだが、2009 年に国家レベルの保育基準を定めている。*262 それに基づきドラフト段階の教育基準を出し、4 分類の教育目標をあげた。その 4 番目の目標群の一つに「環境を尊重することを学び、持続可能な未来を創出するためにどのように行動すれば

よいかを理解する」とあり、[*263]国家レベルの保育の指針に環境教育と読める内容が示されている。

　以上のように、国ごとにみていくと、教育制度のなかの環境教育の位置づけと保育の位置づけによって、環境教育の扱いに違いが生まれている。スウェーデンやノルウェーのように環境教育の先進国であると同時に、0歳からの保育を教育制度のなかに取り込み、国家レベルの共通ガイドラインを持つ国では、幼児期からの環境教育が、保育でも意識されている。また、州制度をとるオーストラリアだが、現在、同じ方向に進んでおり、国家レベルで保育の質の向上と環境教育の推進を目指している。一方、スウェーデン同様に国家レベルのカリキュラムを持つイギリスでは、保育が教育制度のなかに組み込まれていないことと、スウェーデンほど国家として環境教育が意識されていないことから、保育のガイドラインに幼児期の環境教育は読み取れない。国際的な環境教育の動向において就学前からの導入が必要と示されても、保育側では環境教育は意識されておらず、各国においても、それぞれの教育制度のなかで保育がどう位置づけられているのかや環境教育の捉え方によって、保育における環境教育の位置づけは多様である。

## 2）国内の動向

　日本の環境教育が公的に認知された1990年代以降、日本の公的な保育は環境教育をどう捉えてきたのだろうか。環境教育が公的に認知されたのと時期を同じくして、公的なガイドラインとしての『幼稚園教育要領』(1989)に「領域環境」が誕生した。この「領域環境」における環境が環境教育の環境と同義ではないことは、先に確認した通りである。

　ただし、この1989年要領で「領域環境」において環境教育ともいえる目的が一部に意識されたことは、事実としてある。『幼稚園教育要領』本文には環境教育が新たな課題として意識されたと読める表現はまったく表れず、それは現在も変わっていない。しかし、1989年の改訂当時の旧文部省が刊行した『幼稚園教育指導書』において、幼稚園教育の目標(3)の説明で、自然などの身

近な事象とかかわることは「豊かな心情や思考力の芽生えを培うばかりでなく，自分の身近な環境を大事にしようとする心を育てる」とされ，「領域環境」の「ねらい」が達成されれば「環境を大切にし，よりよい環境をつくり出そうとする力をも育てることになる」と記載されていた。[*264]環境の尊重につながるという目的が記され，ここで初めて日本の公的な保育のガイドラインにおいて環境教育がわずかに意識されたといってもよい。しかし，その後，これらの記述は削除されていく。まず，次の1998年要領の解説書『幼稚園教育要領解説』では，1989年要領の捉え方を踏襲し，目標の説明において同じ文面を使用している[*265]。しかし，後者の「領域環境」の説明部分「環境を大切にし，よりよい環境をつくり出そうとする力をも育てる」という文章は削除されてしまう。そして，前者の「自分の身近な環境を大事にしようとする心を育てる」という文章も，2008年の改訂時の解説書『幼稚園教育要領解説』で使用されなくなる[*266]。結果として，2008年改訂の『幼稚園教育要領』では，要領本文においても解説書においても環境教育を意識させるような記載は皆無になった。

　しかし，そもそも保育の環境は環境教育の環境とは異なるものであり，「領域環境」の環境も保育用語としての環境である。「領域環境」では，子どもを取り巻く身近な物，動植物，施設などとかかわる力を育てることが願いであり，環境教育を意識することは求められていない。「領域環境」に示された内容を指導したからといって，それがそのまま環境教育の望む育ちにつながるわけではない。なぜなら「領域環境」のねらいには環境教育という新たな課題に対応したものは示されていないからである。つまり，同じ環境という言葉を使用している，あるいは，被教育者を取り巻く外界という意味で同じという理由を持って，環境教育よりも長い歴史を持つ保育の環境概念に対し環境教育的な読み取りをしようとしても無理がある。日本の公的な保育において，環境教育という表現が使用されたことはなく，『幼稚園教育要領』上に環境教育と読める表現はない。1989年と1998年の解説書に示された「身近な環境を大事にしようとする」という文面だけが，唯一その現れであったのである。

　さらに「保育内容」レベルでも「身近な環境を大事にしようとする」ことに

つながるような内容が新たに加わったり，説明されたりすることはなかった。
「領域環境」の「保育内容」は 1964 年要領の「領域自然」と「領域社会」の内容が精選された 1989 年要領以降，新たな内容は加えられず，文面だけの比較をすれば何も変わっていない。これは「領域環境」が誕生した 1989 年要領下で出版された保育者養成教育の保育内容科目，あるいは，保育の指導法科目としての「領域環境」の教科書でも同様で，環境問題について記載があっても，環境問題を保育環境の問題としているのは半数で，環境教育に相当するような具体的な指導例や活動事例がほとんどあがっていなかった[*267]。その後の「領域環境」の教科書も同様である。なかには，環境問題への関心を示す教科書もあるが，少数派である[*268]。これは，これらの著者に環境問題や環境教育への関心がないのではなく，そもそも「領域環境」が環境教育を意識して設置されたものではないからであろう。

　ところで 2000 年代後半に，日本の教育には『教育基本法』及び『学校教育法』の戦後初めての改正という大きな動きがあった。そして，この改正で『教育基本法』(2006) には，教育の目標として第 2 条の 4 で「生命を尊び，自然を大切にし，環境の保全に寄与する態度を養うこと」が新たに明記され，環境教育の目標が教育全体の目標として組み入れられている。その翌年改正された『学校教育法』でも幼稚園教育が小学校教育より先に位置づけられて就学前教育の重要性が確認され，幼稚園教育の目標も旧法の「身辺の社会生活及び事象に対する正しい理解と態度の芽生えを養うこと」(第 78 条 3) が，「身近な社会生活，生命及び自然に対する興味を養い，それらに対する正しい理解と態度及び思考力の芽生えを養うこと」(第 23 条 3) と書き換えられた。いずれにおいても環境教育の観点から評価できる内容に改正されたのである。当然ながら『教育基本法』の目標をふまえれば，この「生命及び自然に対する興味」や「正しい理解と態度」は，明治時代と同じではなく，21 世紀の人類の未来を考えるのにふさわしい自然観に裏づけられていなければならない。本来『幼稚園教育要領』はこれらの上位法の改正に応えなければならないはずだが，2008 年の改訂でこれらの改正部分に対して具体的な反映はなされなかった。小学校から高等学

校を対象とする『学習指導要領』の 2008 年改訂では，環境教育の観点からみると上位法の改正内容がそれなりに意識されているが，『学校教育法』の幼稚園教育の目標において自然に関係する部分が書き換えられたにもかかわらず，それが『幼稚園教育要領』に具体的に反映されなかった理由は定かではない。

以上のように，日本の公的な保育では環境教育が明確に意識されたり，その必要性が示されたりしたことはなかったのである。

## 3 幼児期の環境教育の先行研究

前節まででみた通り，環境教育において，国外・国内ともに環境教育の生涯にわたる実践の必要性は常に述べられながらも，開始期として幼児期が示されるにとどまり，具体的な実践のあり方が示されるまでには至らなかった。また，保育でも環境教育という表現やそれに相当する内容が示されることは少なく，日本の公的なガイドラインにおいても 1989 年以降の一時期の解説書にわずかにそれと読み取れる文面が示されただけであった。しかし，幼児期の環境教育を対象とした研究分野では，より踏み込んだ提案がなされてきた。本節では，それを国外・国内に分けて整理する。

### 1) 国外の先行研究

国際的には 1970 年代から認知され，各国それぞれに実践されてきた環境教育は，同時期に西洋諸国で学会が設立され，研究が進められてきた。しかし，幼児期の環境教育にかかわる文献が出始めたのは 1990 年代に入ってからである。そのなかで，1990 年代に保育と環境教育の両分野の雑誌に多くの文献を継続して発表したのがアメリカのウィルソンで，ほとんどの後発文献で引用されている。ウィルソンはさまざまな場で発表したが，その考えは，著作 "Fostering a Sense of Wonder during the Early Childhood Years"（単著）と，同年に発表した論文に集約されている[269]。まず，ウィルソンは科学教育と環

境教育の目的が異なることを最初に確認する。そして，環境教育の目標として「センス・オブ・ワンダーの育ち」「自然界の美や神秘への感謝」「自然と親しむことを楽しむ」「他の生き物を尊重する」の四つをあげた。自由に活動できる雰囲気のなかで子どもは学ぶとして，幼児期の環境教育の目標を達成するためには「楽しい記憶に残る経験」「教えるよりは経験が重要」「五感を充分に使う」「関係に焦点をあてる」「自然への配慮をモデルとしてみせる」「多文化的な経験や視点を取り入れる」「できるだけ野外に出る」ことが必要だとした。具体的な活動例として，室内での動物飼育，絵本や歌などの教材の利用法，表現活動，食と関連した活動，園外での自然とかかわる活動，園庭での活動などが幅広い観点からくわしく紹介されている。目標・方法・具体的な活動事例が示されており，このような総合的な観点から網羅した文献は現在も他にはみあたらない。

またウィルソンは，"Environmental Education at the Early Childhood Level"（1994）を編集し，理論，倫理学や科学教育など関連領域からの知見，実践の3分野に分けて，幼児期の環境教育という共通テーマのもとに理論家や実践者の報告を集めている。[*270]上述の単著で提示したものの理論的裏付けを得，具体的な実践へと踏み出している実践家の事例を紹介することで，幼児期の環境教育が可能であることを示す内容となっている。また，1995～96年にかけては保育分野の，特に実践者むけの雑誌に寄稿している。[*271]環境教育分野ではアメリカで実践されている幼児対象の環境教育プログラムを比較し，ネイチャーセンターのような環境教育側から提供されるものと保育園などの保育側から提供されるものがあることを示し，環境教育側では自然の美や多様性に，保育側では多文化理解の観点に，より重点が置かれているとした。[*272]この比較研究によれば，1990年代のアメリカでも幼児期の環境教育は数少ない個々の実践を抽出して紹介できるような段階であった。

ところで，このウィルソンが寄稿した上述の保育の実践者むけ雑誌 "Day Care and Early Education" や "Young Children" は，その論説を掲載するカテゴリーとして環境教育という言葉を使用していた。また，他にも環境教育と

いう言葉を使って幼児期の自然体験を推奨する論説を載せたり，アースデイの保育実践を紹介したりするなど，ウィルソンという個人の研究者だけが環境教育を訴えていたのではなく，アメリカの保育界がすでに 1990 年代に環境教育という概念を肯定的に受けとめていたことがわかる[*273]。

　他に幼児期の環境教育の実践ガイドとして，単行本の"Earth Child 2000"（1991）と"Earthways"（1992）が優れている[*274]。前者は自然の循環に応じた戸外と室内の活動の考え方を紹介したものである。例えば「生き物を傷つけない」という章では，あらゆる生物には生活があることを説明する必要性や屋内に入ってきた生物を外へ逃がすことを子どもにみせること，飼育動物とのかかわり方，鳥を呼ぶ工夫などが説明されている。これは，命の大切さを知るというような豊かな人間性を育てる目的ではなく，あらゆる生物は生態系の一部をなすということ，自然界のなかでの役割があることに気づき，それゆえにあらゆる生物を尊重するという意味において行われる。各章とも，詩や歌，絵本などの教材が紹介されている。一方，後者は各季節に応じた室内の環境づくり・製作・調理と食育・栽培活動などの活動事例があげられている。特別な環境教育プログラムとして野外の自然体験活動が提示されているのではなく，保育室や家庭での日常生活のなかに，自然への気づきを持ち込んでいる。すなわち，特別な経験ではなく，日常的な活動が，子どものなかに自然観を形成するという捉え方が基本にある。この両者に共通するのは，環境教育という表現を使っていないことである。しかし，どちらもこの世界に環境問題が存在することを前提に，幼児期から環境への気づき（environmental awareness）を育てることが重要だとする。その方法として，自然とかかわることを日常生活のあらゆる側面に取り入れることを求めている。ただし，これらの文献は，幼児期の環境教育という表現を使用していないためか，研究論文などには引用されていない。いずれにせよ，1990 年代初めにこうした内容の実践ガイドが出版されたというところにアメリカの先進性が認められる。

　次に，1990 年代後半から幼児期の環境教育の文献が出始めたのがオーストラリアである。まず，エリオット＆エメットが，副題に"Environmental

Education for the Early Years" とつけて "Snails Live in Houses Too" (1997) を出版した。[*275]そこでは，環境教育とは何かを整理し，次に保育実践の目標とそれを達成するための戦略を「時間」「空間」「人」「教材や教具」の4観点から分けてリストアップし，観点ごとに環境教育を実践する場合の具体的な内容を提案している。このエリオットらの著書の特徴は，良質の保育実践が幼児期の環境教育の前提として必要であるとして，保育実践の目標を提示し，そこから環境教育としての実践を検討しているところである。環境教育の導入は，子どもの活動と保育現場の管理運営の2側面から考えている。管理運営の例としてゴミとエネルギーの2観点からチェック票が示されるなど，他の文献ではみられない具体的なものとなっている。ただし，子どもの活動に関する提案事例は，具体的な保育者の働きかけなどが示されているものの，知識や技能，態度をどう育てるかという観点から示されているためか，保育者主導の働きかけが目立ち，幼児の主体性を重視して保育者は援助者であることが求められる現在の日本の保育とはやや異なる印象がある。

　オーストラリアのデイヴィスも，地球環境の現況と環境教育の必要性を提示した上で，「社会的正義を育てる」「戸外での活動」「地域とつながる」ことを重要とし，具体的には「戸外活動の内容や目的を捉え直す」「自然体験活動の実践者と協働する」「保育者養成教育を見直す」「関心のある教師のネットワークを作る」ことを提案している。[*276]そして，保育分野の実践者や親むけの雑誌である"Every Child"に，子どもと自然を結ぶことが持続可能な未来を作ることに意味があることを寄稿したり，自然環境の改善により生物多様性を増すこと，コンポストを利用して食と農を循環させること，ゴミを減らすことなど通して教師の持続可能性にむけた意識改革が組織を変えられること，また，幼児でさえ教師の援助によっては環境改善にむけた行動選択が可能であることを示した幼稚園の実践事例を報告したりしている。[*277]さらにデイヴィスは，2009年に幼児期の環境教育分野の総説を発表し，この後の展望について提案した。[*278]これを読めば，幼児期の環境教育に関する海外動向を知ることができる。残念ながら，日本も含め英語圏以外の文献が対象となっていないため，英語文化圏の

動向に限定されている。

　幼児期の環境教育に関する先行研究の概要とオーストラリアの実態をまとめたのが，オーストラリアのニューサウスウェールズ州環境保護局（The Environment Protection Authority：EPA）が出版した"Patches of Green"（2003）である。[*279] 環境保護にかかわる公的な機関が，幼児期に焦点をあてたモノグラフを出すこと自体が，オーストラリアの自然体験型環境教育分野での先進性を示している。これは上述の"Snails Live in Houses Too"の著者であるエリオットがまとめたもので，秀逸でわかりやすい。ここでも，幼児期の環境教育はまだ新興段階にあり，先行研究も少なく，ウィルソンの研究がその3分の1を占めているとする。そして，幼児期の環境教育の研究が貧しい理由として，どのように幼児が環境の価値への気づきを発達させていくのかという問いに対する答えがみつかっておらず，保育者がどのように発達を援助したらよいのかが分かっていないからだとする。その上で，現在までの研究実践報告から幼児期の環境教育にかかわる重要なキーワードを抽出している。「直接体験」「感性を使った経験」「大人の役割」「問題解決型」「全体的アプローチ」「批判的カリキュラム」「子どもと自然」「遊び」の8つである。そして，オーストラリアの幼児期の環境教育の実態を報告するが，実践事例数としては少ないようで，それがまだパッチ状であるというタイトルにもつながっている。しかし，州政府が幼児期のカリキュラムへの導入を示し，環境教育団体や環境教育関連施設が幼児期への関心を示し，クィーンズランド州とビクトリア州にはそれぞれ幼児期の環境教育に限定したネットワークがあるなど,評価できる点もあるとする。また，ウィルソンなどアメリカの幼児期の環境教育研究は，自然体験が強調されているとして，その重要性を認めながらも環境教育の経験としてはそれだけでは視野が狭いとし，オーストラリアではもっと全体的な方法がとられているとする。この「自然体験を中心とするか」「生活全体でするか」という立場の違いは，後述する日本の先行研究でもみられる。

　他には，幼児期の科学教育を研究する立場から，ルッソーが環境教育も幼児期から実践する価値があるとして幼児期に導入可能な具体的な活動例をリスト

アップしたが，新たな提案は特にみられず，幼児期の環境教育について継続的に発表している上述のエリオットやデイヴィスに比べると，表層的な提案に終わっている。[*280]

　上記のようなオーストラリアにおける関心の高さは，オーストラリアの保育学会にあたる組織（Early Childhood Australia）が，発展途上，あるいは，再検討されるべき政策領域として「ジェンダー」や「IT」と並べて「環境教育」をあげて，保育学として環境教育を教育課題の一つとして認めていたことからもわかる。[*281] その後，こうした課題のリストアップはなくなり，"Sustainability, Global Warming and Climate Change" というカテゴリーが設けられ，Early Childhood Australia 発の環境教育に関連するニュースや出版物などへのリンクが張られ，情報が入手できるようにしてある。また，Early Childhood Australia は学術誌だけではなく，一般むけの "Every Child" という雑誌を発刊し，それとは別に保育にかかわるさまざまなテーマを取り上げるブックレットも出版している。上述のデイヴィスが寄稿していたものが前者であり，後者では幼児期の環境教育の普及啓発を目指した 34 ページからなるデイヴィスとエリオットの共著が出ている。[*282] これは，この 2 人が上の文献ですでに示してきたものを，コンパクトにわかりやすくまとめたもので，新しい内容は示されていない。

　以上のように，国外の英語圏の先行研究はアメリカのウィルソンとオーストラリアのエリオットとデイヴィスの文献が中心で，彼らは多角的な側面から研究を継続しているが，その他には幼児期の環境教育を主題にしたものはほとんどみられない。

　ヨーロッパでは，環境教育の先進国と捉えられることが多い北欧を中心に実践面での動きが進んでいる。ただし，各国のなかでの研究成果は蓄積されているかもしれないが，英語の研究報告としてはみあたらない。日本でも幼児期の環境教育の実践例として，スウェーデンの野外生活推進協会の幼児対象自然体験プログラムやデンマーク・ドイツを中心に広がりをみせている森の幼稚園が紹介されることが多い。[*283] そのなかで，スウェーデンの野外生活推進協会の幼児

むけプログラム考案者が作成したガイドブックを，日本野外生活推進協会が訳出している。[284]『自然のなかに出かけよう』と名付けられたこのガイドブックでは，環境教育という言葉が使用されており，自然体験プログラムでありながら，環境教育を明確に意識している。ここでのキーワードを抽出すると，五感・直接体験・遊び・循環・多様性・自然のなかのマナーである。本国スウェーデンの野外生活推進協会は100年以上の歴史を持つNGOで，自然のなかで生活を楽しむことを目的として，子どもから成人までを対象としたさまざまなプログラムを提供しているので，自然保護の観点や環境教育の観点が明確に導入されている。一方の森の幼稚園は，園舎のない森で保育を行うという点で自然に重点をあてた保育ではあるが，環境教育を目的として始まった活動ではない。他のヨーロッパの研究報告としてはギリシャの実態報告があるが，日本と同様，幼児期の環境教育としての公的な指針がなく，個々の教員の意識に依存している状況だという。[285]実際に，環境教育を意識している教員の割合は高くはなく，自然体験，リサイクルなどの生活体験，健康教育という三つの側面での実践が中心であり，環境教育の概念も古いタイプのものがみられたという。国外の先行研究は以上の通りである。世界的にみても，幼児期の環境教育はごく一部の研究者の関心しか引いていないことがわかるが，実践分野では北欧諸国が，研究分野ではアメリカとオーストラリアの先進性が際立つ。

## 2）国内の先行研究

　日本で幼児期の環境教育を主題にあげた論文として検索可能なデータベースにあがってくる最も古い論文は，1977年発行の恩藤・山根の論文だが，次に出始めるのは1990年代である。[286]したがって，幼児期の環境教育研究のスタートとして他国に遅れているわけではない。ここでは，日本の幼児期の環境教育に関する先行研究に複数の立場があったことを明らかにしていく。

　はじめに，初期に書かれた文献で，基本的な論点が示されたものを2本取り上げる。まず，沼田の『環境教育論』(1982)である。[287]これは，環境教育の文献が稀少だった1980年代に出された環境教育の先駆的文献で，よく引用され

る。生態学者でもあった沼田は，環境教育を生涯にわたってなされるべきものと提示した上で，「幼児や小学生の段階での環境教育では，人間環境などをいう必要は毛頭なく，前に例をあげたような基礎的な自然観察，自然誌教育こそ最も重要である」とした。環境教育のあり方として自然誌教育・自然保護教育・環境保全教育・環境科学教育の4種をあげ，幼児や小学生は自然誌教育を受ける段階とする。もう一つは，さらに年代を遡るが，先述した恩藤・山根の論文（1977）である。彼らは「直接経験を母体とする再認活動」が重要とし，「幼児期の環境教育は知識や技能の保育ではない」ことを確認した。そして「生物としての人類の生活，また別に人間存在としての人としての生活という二面性」や「環境と不可分の関係」にあることを理解した上で幼児期の環境教育は「最も基本的な教育」だとした。抽象的だが，子どもの生活としての遊び，直接体験，環境と切り離せないヒトと人間という二面性の意識化の3点が指摘されている。以上の二つの文献には，幼児期の環境教育のあり方における基本的な立場がすでにみられる。すなわち「自然体験が重要だとする立場」と「幼児の生活全体を環境教育と捉える立場」である。

　2004年に筆者は1990年以降の幼児期の環境教育を扱った文献をこれらの二つの立場に分けて概観してみた。[288] はじめに，幼児期の環境教育は「自然体験が重要だとする立場」である。

　河崎は，理科教育専攻学生と幼児教育専攻学生の自然観に違いがあると報告し，幼児期の環境教育は「遊びを通して自然に触れる」経験が重要とし，次いで，保育所での飼育活動実態を報告した。[289] いずれにおいても河崎は，幼児期の環境教育は小学校とは異なる内容が必要だとしたが，その内容について深くは言及していない。

　大島は，幼児期を「健康な身体と感覚機能が育つ時期」で「感覚体験によって世界を感じ取る時期」だとし，「身体や五感を使って感じ取る体験を重視するとよい」とした。[290] ここでいう体験とは自然体験である。また「心や体で人間や自然を感じることは，誰にでもできる環境教育の第一歩」とし，「特に幼児期には，この段階が必要」だとした。これは，沼田の立場を感性に焦点をおい

て発展させたものといえる。

　幼児期の自然教育に関して豊かな実績のあった山内は,「乳幼児にとっては,いわゆる環境教育ではなしに,根本的には豊かな自然環境のなかで遊び生活することが必須」とし,幼児が「環境を生活の中に取り入れて大切にするということは,いわゆる今日の環境教育へ発展すべき芽を包含している」とした[*291]。環境教育は小学校から高等学校までの教育機関で扱うもので,幼児期はその前段階としたようである。

　幼児の自然への感性形成には親の環境意識や自然観が関連すると報告した田尻は,幼児期の環境教育研究を継続している数少ない一人である[*292]。幼児期の環境教育に重要なのは保育者とし,保育者養成短期大学での環境教育の実態,保育者志望学生の環境問題への関心の実態,保育士養成の環境教育の課題などを精力的に報告してきた。また,保育現場における環境教育の実践実態を調査し,"保育内容環境の指導における環境教育的視点"を取り上げた。これらのなかで田尻は,幼児期の環境教育では「できるだけ自然に親しんだり,生き物に触れ,その不思議さや美しさを五感によって体験し,そのなかで,自然を大切にする心や,生命の尊さを知ることができるようにする」「自然教育が幼児教育課程に位置づけ確立することが必要」「知識の伝達よりも五感を十分に使った直接体験が重要であり,とりわけ,自然に触れて遊ぶような自然体験が重要で,幼児期の環境教育とはこのような自然体験を中心にした保育内容において実施されることが望ましい」とし,幼児期の環境教育のあり方として感性面を重視した自然教育を強く意識しており,その観点からの研究を継続している[*293]。

　以上の自然体験を重視する立場は,沼田の提案した自然誌教育をそのまま踏襲しているのではなく,当然ながら幼児期の発達の特性に合わせた提案となっている。そのなかで繰り返し現れたキーワードが「体験」と「感性」である。また,山内や田尻は自然以外の環境要素とのかかわりを認めていないのではなく,自然体験が中心になるという主張である。感性を使って自然体験をして自然の美しさや不思議さに触れれば,自然を大切にすることにつながり,それが環境教育になるとする。ただし,感性を使って自然体験し,自然の美しさや不

思議さに触れることは，前章でも示した通り，日本の保育のガイドラインが子どもに求めてきた自然とのかかわりの姿そのものである。

そして二つめが，幼児期の環境教育は「幼児の生活全体でなされるものとする立場」である。まず腰山が，幼児期の環境教育の目標として「両親や保育者と共に身近な環境に親しみ，環境の価値や大切さに気付かせる」「身近な環境から刺激を受けつつも，幼児自身が主体的に環境へ働き掛ける機会を与え，主体的に環境にかかわり慈しむ体験を意図的に蓄積していく」「日常生活を通して，一人でまたは他人と連帯して環境への望ましい行動がとれるようにする」をあげ，自然だけではなく環境保全も視野に入れ，日常生活での経験の蓄積が必要だと提案した。その立場に基づき，環境教育を意図した保育実践事例を紹介したり，スウェーデンの「ムッレ教室」を自然保育と位置づけて日本の従来の保育実践にはないと評価し，「身近な場面において，体験を経た環境関連の知識・技能・意識・態度が絡み合って，総合能力として定着していくこと」が必要とした。[294]すなわち，これらを通して腰山は①従来とは異なる新たな自然とのかかわり方の可能性があり，②環境配慮の生活についても幼児期なりの体験があるとした。

筆者も1992年から継続して幼児期の環境教育について報告し続けてきた。[295]まず，教科に分かれず生活と密着し，自然とのかかわりを重視する保育の場に環境教育は導入可能と判断し，保育の生活全体が環境教育の場になりうると提案した。そして，保育者養成という側面で保育者志望短大生の実態調査やカリキュラム分析，実践報告から保育者養成に環境教育を導入する際の問題点を洗い出した。並行して理論的基盤を確認するために「領域環境」の教科書における環境教育的視点の導入度調査，生活教育という視点も含めた幼児期の環境教育の目標の提示などを行い，これらを通して，幼児期の環境教育は，①自然だけではなく生活体験も含めた保育の生活全体で広くなされるべき，②自然とのかかわりにも環境教育的視点からの捉え直しや新たな内容の検討が必要，③保育への導入には保育者の意識改革が最重要だとしてきた。

以上では，幼児期の環境教育として生活全体での環境教育と新たな自然との

かかわり方の可能性が示された。これら以外にも，生活全体を意識することを認めた文献として，関口らが幼児に経験させたい環境教育の内容として「環境を大切にしたり，汚さないようにしたりする態度」や「環境そのものの実態や変化に関心を持ったり，気づいたりする」など4点をあげ，自然体験だけではなく，保育の生活全体における環境とのかかわりから環境問題やその対応としての生活行動の育ちまで含めて意識化できるとし，そのためには「保育者の姿勢」が重要とした[296]。近藤は，生活も含めた視点や感性を重要とし，幼児期の環境教育の課題は発達段階に相関した具体的内容を明確にすることだとした[297]。白石は「自然体験と生活体験などの積み重ねが重要」で，「問題解決のための課題や方法を見出す能力」や「環境の改善や保全，創造に主体的に働きかける態度や参加のための行動力」を育て，「幼稚園での幼児の自発的な遊びから，環境教育的な要素に保育者が気づき意図的にその場その場で援助していく」こと，すなわち，保育者の意識が重要だとした[298]。以上の保育の生活全体が環境教育とする立場の文献からは「自然との新たなかかわり」「生活」「保育者の意識」「感性」というキーワードを抽出できる。

　1990年代後半には，以上の二つに大別された立場を超える提案がなされた。まず，三つめとして環境教育の変遷に応えた今村が，環境教育と保育を結ぶ際の視点には自然体験・生活体験・共生体験があるとした[299]。そこでは，自然体験を基本的な軸にし生活体験のなかに消費者教育や道徳教育の側面を盛り込み，「仲間みんなと一緒に何かをすることに喜びを感じることに価値をおく」共生体験を加えるとした。また，この考えに基づいた保育者養成校での環境教育実践を報告した[300]。岩田は環境教育を明言した保育実践を報告したが，「環境教育は他のものへの気付きを促すところから出発する」としている[301]。他のものとは物だけではなく，他の生物・自然・人である。また，教師の変容が重要なことや平和教育・人権教育ともつながるとされている。活動は自然とのかかわりから出発しているが，エコロジカルな自然観を意識したり，生活や共生という要素も取り込むなど環境教育の変遷にも応えようとしている。

　四つめが，保育学の立場から環境認識の発達という視点で幼児期の環境教育

を捉えるべきと議論を展開した小川の提案である。すなわち，幼児自身の「体験への気づき」，あるいは「周囲の世界へのかかわりへの気づき」を環境教育の起点，環境認識の成立と捉えて，結果として幼児期の環境教育は保育の基本「環境を通して行う教育」そのものであるといってもさしつかえないとした。[302]そして，幼児を主体にして考えるべき保育で，環境教育的内容を幼児に経験させるという発想法に疑問を呈し，生活教育や自然教育というような分類法を批判した。伊藤・井上・小川の幼稚園の環境教育の実践事例でも同様の考え方が示されている。[303]

　以上のほかにも，幼児・保育と環境教育という言葉を併用した文献はあるが，それらは幼児期の環境教育がどうあるべきかに踏み込んでいない。しかし，上で洗い出した立場やキーワードを支持する内容はみられるので以下にあげておく。まず，幼児期の環境教育として自然体験が重要という立場からは，大澤が幼稚園園庭の樹木の現状を調査し，環境教育の視点から園庭に植栽したい樹種を提案した。[304]また，上久保・西村は鎮守の森の自然環境の豊かさを保育環境に加える有用性を，清水・高見・足立・荻野・田中は地域における「ムッレ教室」の意義を述べた。[305]

　幼児期の環境教育は自然とのかかわりだけではないという立場として，子どもが生活する地域での「野外」にこだわった共同保育所での野外教育実践を報告した石田が，自然だけではなく子どもの暮らす地域に密着したさまざまな場面での直接体験が環境教育の基盤として重要とした。[306]徳本は，幼児教育専攻学生が環境問題を研究した上で創作劇を作るという授業の実践報告で，幼児期の「環境教育の実践は身近な動植物への興味や関心を高めることといった次元に留まっている」と評し，遠藤・金崎は，園庭の自然環境の調査報告で幼児期の環境教育は「保育全体を通して総合的に行うことが望まし」く「自然体験と生活体験の両者が重要」とした。[307]生涯家政教育という視点から幼児期の環境教育を考えたいとする香川・西野・佳田らは，リチャーズの思想を高く評価し，環境に与える影響に配慮した生活教育は環境教育そのものだとした。[308]

　幼児期の環境教育のあり方には言及していないが，保育者養成の重要性を述

べたのが，養成校の授業によって保育者志望学生の環境認識が変化すると報告した松永と，養成教育に直接的な自然体験と公害問題やリサイクル問題などの学習が求められるとして環境教育への意識の高い保育者養成が重要だとした西谷である。[*309]他に，井頭が養成校の学生の環境問題に対する関心について報告し，石川は ISO14001 を取得した養成校の学生の方が身近な生活レベルでの環境意識が高いと報告した。[*310]

　2004 年段階で 1990 年代からの幼児期の環境教育を扱った国内の文献は以上であった。こうして概観すると，幼児期の環境教育を取り上げている文献数は決して少ないとはいえない。しかし，幼児期の環境教育とは何か，そのあり方はどうあるべきかについて述べたり議論を展開した文献は意外に少なく，公表されているとはいえ目に触れにくい大学紀要などに掲載されたものが多い。また，不思議なことに 1990 年頃から以上のように先行文献がそれなりに蓄積されてきたにもかかわらず，それらに言及せず，自らの主張を展開するだけの文献が多い。これは先行研究で提示されたことに対する発展的議論が欠けてきたことを意味している。さらに，さまざまな視点から研究を継続して発展させた例も少なく，幼児期の環境教育という課題が上述の研究者の多くにとって一過性の関心対象でしかなかったことを示している。加えて，幼児期の環境教育の必要性やあり方を語る際に，それを支持する背景的な知見への言及もほとんどなく，説得力に欠ける。そして，著者のほとんどが保育者養成にかかわる大学などの研究者で保育の実践者ではなく，現場保育者と共同での実践的研究もほとんどない。小川の理論的論文と伊藤・井上・小川の実践的論文が呼応しているのが唯一の例である。[*311]これらのことから，幼児期の環境教育についての理論的言説は，個別に自説が主張されるだけで，発展的議論がなされず，結果として現場に影響力を持つにはいたらなかったといえるだろう。2004～10 年の期間で幼児・保育・環境教育を組み合わせて国立情報学研究所論文情報ナビゲータ（CiNii）を使って検索すると 36～42 編が表示されるが，筆者の総説論文（2009）を除けば，ほとんどが単発的な実践報告や提案論文で，残念ながら上記の状況はその後もほとんど変わっていない。[*312]

それでは，論文以外の，保育者を想定読者とした一般書はどうだろうか。まず，1990年代には幼児期の自然教育について豊かな実績のあった山内が『幼児からの環境教育』(1994)を出版し，「私たちをとりまく身近な自然とふれあって，自然のふしぎさ，美しさを直接経験することによって心の中に刻み込むことから出発」するべきとした。この著書では，自然教育のヒントが豊かに示され，幼児期の環境教育は自然教育だと捉えられている。続いて井上・小林が，『幼稚園で進める環境教育』(1996)で，環境教育は幼児期から可能として，「環境教育という視点で保育をとらえ直したり，意味を考えなおしたり」する必要性を述べた。幼児期の環境教育は基本的には「領域環境」の「ねらい」があてはまるが，環境教育的視点で活かせるかは保育者にかかっているとする。具体的には自然の循環性を意識したり，水環境やゴミ問題など生活面で環境問題や保全のあり方を無理なく幼児に伝えることもできるとした。すなわち，①環境教育的視点で従来の保育を見直すことが必要で，②幼児の生活全体のなかで環境教育が可能とした。竹内・森による『地球となかよし　はじめの一歩──幼児のための環境あそび・自然体験編』(1998)は，その名前の通り自然遊びのハウツー集である。内容には，従来の保育が実践してきた自然遊びとは趣向が異なる，いわゆる自然体験型環境教育が開発してきた手法が盛り込まれている。しかし，事例だけがあげられていて，環境教育としての考え方や今までの保育との違いが説明されているわけではない。その後しばらく一般書の出版はみあたらないが，2000年代後半に複数の一般書が出版された。2007年には岡部が『幼児のための環境教育』を出版するが，これは幼児期の環境教育とは何かを説明したものではなく，スウェーデンの野外生活推進協会によるプログラムのムッレ教室を紹介したものである。2008年には有賀が『環境保育』を出版し，2007年から2009年にかけてはフレーベル館による幼児期の環境教育のシリーズ全3巻も出版される。両者とも保育者むけに作られたものであり，具体的な保育現場の実践事例が豊かに盛り込まれている。また，いずれも豊かな自然体験と豊かな生活体験が共通するキーワードとしてあげられ，保育実践としてはすばらしい事例があげられている。しかし，ここでも，今までの保育実

践との違いがどこにあるのかが明確ではない。つまり，豊かな自然体験，豊かな生活体験，リサイクルをすれば環境教育なのかという疑問は残ったままである。また，有賀の使用する「環境保育」という言葉は，西宮市の保育所など，他にも使われている実態があり，環境「教育」を保育で行うから環境「保育」と呼び変えているが，本書のこれまでの分析をふまえれば，環境や環境教育という言葉自体が曖昧な概念で，それゆえに実践のあり方を考える場合に混乱するのであるから，そうした新たな名称を導入することが環境教育実践にとって本当に意義があるのかどうか疑問が残る。環境教育に40年間の歴史があり，幼児期の環境教育研究に20年間の歴史があるにもかかわらず，今まで保育に受け入れられてこなかった実態を考えれば，名称を変えただけでは普及は進まないだろう。また，環境教育という枠組み自体が曖昧なものであり，それゆえに，環境教育として独自性のある実践ができなかったとしてきたが，そうした曖昧な枠組みの上に新たな言葉を別途に創出することに，どのような学問的，また実践的意味があるのか検討すべきであろう。また，上述した書籍も一般書としてのスタイルをとるため，先行研究で提案されてきた20年の蓄積がふまえられているわけではない。

　以上の通り，日本における幼児期の環境教育研究も，国外と同様，幼児期の環境教育そのものに焦点を絞った研究は多くはない。とはいえ，多面的な継続的な研究や実践的な著書もあり，また，保育者養成にかかわる大学などの研究者の一部が環境教育への関心を持ち続けてきたことも確かである。

## 4　幼児期の環境教育研究にみる環境・自然・環境教育

### 1）幼児期の環境教育動向の背景にあるもの

　第1節と第2節で，環境教育の40年の歴史において幼児期が，また，保育において環境教育が，ほとんど関心の対象にならなかったことを確認した。そして，第3節では幼児期の環境教育を主題とした先行研究の動向を整理し，研

究分野でも幼児期の環境教育を研究する層は薄いことを示した。まず，これらの動向の背景にあるものを考えてみよう。

　環境教育分野の幼児期の位置づけは，開始期が幼児期であることについて共通理解があるものの，具体的な内容や方法が提案されたことはなかった。この理由としていくつか考えられる。一つは，すでに確立している公的な制度下の教育から環境教育を考えることが容易で取り組みやすいからではないだろうか。初等教育や中等教育は，誰もがその存在価値を認めるところである。しかし，保育は教育という側面も含みながらも，その評価は多様で，経済協力開発機構（OECD）の報告でも「幼児の『保育』と『教育』にかかわる政策はしばしば個別に発展を遂げてきた」とされて，国ごとの差異が大きい教育分野だと指摘されている。[*318]保育という営みのなかには教育が含まれているにもかかわらず「子守」活動とみなされ，教育実践とは捉えられていないのではないだろうか。保育は，先進諸国にあってさえ，制度が国によって異なり，学校教育制度のなかに完全に組み込まれていない。国際的には保育自体の価値を認めさせることが，国レベルではそれぞれの制度のなかでの保育の質の向上が重要な課題となっている。保育に環境教育が入り込むには，国単位で保育が制度として確立していることが前提で，次に国として環境教育を教育制度のなかにどう位置づけているかが影響するようである。例えば，国レベルの保育制度が確立しているスウェーデンでは，別途に国家レベルで環境教育の評価も高く，結果として保育にも環境教育が意識されている。上記のOECDの報告でも，スウェーデンは「教育」と「保育」が統合されていること，質の高い保育者養成をしていること，多額の公的資金が供与されていることなどから，その先進性を高く評価されており，保育制度の成熟度が高い。[*319]スウェーデンのように保育が教育制度のなかに組み込まれ，また，国レベルで持続可能な社会の形成が意識され，教育も含めてあらゆる分野でそれに取り組もうとする恵まれた状況下においてのみ，幼児期からの環境教育に関心がむけられると考えてもよい。ノルウェーも同様であり，州制度をとるオーストラリアも国家レベルでのガイドラインをさまざまな分野で考えるようになっており，そうした動きのなかで幼児期から

の環境教育が教育施策として明確に意識され始めている。一方，イギリスや日本では，保育制度は確立していても，国としての環境教育の評価が低く，保育内容にまで環境教育が意識されていない。

　そして，保育ではどうかという観点からみても，日本の保育は実践現場も研究領域としての保育学も，環境教育や持続可能な開発のための教育（ESD）を重要な課題と受けとめていない。アメリカやオーストラリアでは，保育関係団体が1990年代から幼児期の環境教育を保育の課題の一つと認め，ブックレットを発行したり，一般むけの雑誌に環境教育という名称で分類枠を作るなどの動きがあった。また，ヨーロッパでは保育関係者と自然保護団体の関係者による実践レベルでの共同作業がみられる。すなわち，欧米では国家レベルでの動きとは無関係に，保育の研究者や実践者の団体が幼児期の環境教育の存在を受け入れてきている。しかし，日本では日本保育学会や保育関連団体などをみても，そのような動きはみられない。日本保育学会は，大会の研究発表の申し込み時点で発表区分を選択することになっているが，学会から提示された発表区分に1994年度から「教育課題」が新たに設けられ，その注釈として括弧つきで「生涯教育，国際理解教育，環境教育等」と示されていた。ところが，2004年度以降，そこから「環境教育」が省かれてしまう。かわりに時代背景を受けて「持続可能な開発のための教育」があげられたかというとそうではなく，すでに環境教育の実践が普及したために特別な課題ではなくなったという実態でもないので，保育学会の主要な運営者にとって環境教育は保育課題として認められなくなったのであろう。学会誌である『保育学研究』誌は毎年テーマをあげて特集を組むが，1991年度に「国際化と保育」，1999年度に「幼児の多文化教育」をあげ，国際化にかかわる教育課題に高い関心を示しているが，環境や自然がテーマとして取り上げられたことは一度もない。つまり，欧米諸国とは違って日本の保育学研究者は環境教育への関心が低い。先行研究にみたように，環境教育への関心を持つ層が薄かったわけでも，文献数が少なかったわけでもない。それにもかかわらず，日本の保育学はそうした研究に関心を寄せなかったのである。この点は，日本独自の課題として別途に検討が必要であろう。

以上のように環境教育は幼児期への関心が薄く，保育は環境教育への関心が薄い。その間隙は広いのが現状であり，幼児期の環境教育の先行研究でも，幼児期の環境教育は看過されている，研究も進んでいないと指摘されてきた。ところで，国際的にも国内的にも1990年代から幼児期の環境教育についての研究報告や実践ガイドなどの保育者むけの文献が出始めたが，これらの著者たちのほとんどが保育にかかわる研究者や実践者である。つまり，教育研究や実践の軸足が環境教育ではなく，保育にある。その上に環境教育への関心もあるという層が，幼児期の環境教育の研究を牽引してきた。研究者や実践者の出身分野による関心の違いが，その研究分野の研究対象に影響するのは当然であり，環境教育研究に携わる層は，自然科学や環境科学，理科教育，科学教育分野の研究者が多い。さらに，環境教育の展開過程からもわかるように，日本の場合は公害教育系や市民運動系の出自で社会教育への関心が高い層もいる。これは，環境教育にかかわる研究者や実践者に保育にかかわる層が薄いことを意味する。したがって，環境教育研究者は保育への関心や理解が浅く，保育や幼児期が研究対象になりにくい。一方の保育分野では，心理学系や教育学系を出自とする研究者が多く，子どもの発達や教育学用語としての環境への関心は高いが，自然科学や環境科学への関心が低く，知識も少ない。結果として環境教育に関心を示す層が薄いと考えられる。

　アメリカのウィルソンは自らの論文の目的を「教育の二つの分野」である環境教育と保育を組み合わせることであるとし，オーストラリアのデイヴィスも「保育と環境教育をつなぎ，そのつながりを強くするための方策を提案する」としている[*320]。互いに相手に対して関心が低い環境教育と保育の両分野をどうつなぐのか，これは国外・国内を問わず，幼児期の環境教育にかかわる研究者が一様に課題と捉えてきたことである。

　さらに日本の場合は，政府が示してきたガイドラインにおける環境教育が，1980年代から常に「環境保全」を前面に打ち出した環境教育であり続けたことも関係するだろう。「持続可能な社会の構築」という語句を付け加えても，環境問題の解決を目指した「古典的な環境教育」から抜け出さないのが，日本

の公的な環境教育像である。環境教育を環境問題の解決を前面に打ち出した環境保全のためのものと捉えるなら，環境問題の理解が難しい段階にある幼児期にはその前段階としての感性を使った自然体験という提案しかできず，新たな提案を具体的に示すことができないのである。

## 2）幼児期の環境教育研究の環境教育観・環境観・自然観

第1章から第3章の分析において，環境教育・環境・自然という概念に多義性があることから，環境教育について検討する際には，それらをどのように捉えるのかを定める必要があるとした。ここでは，1990年代から少しずつ蓄積されてきた国外・国内の幼児期の環境教育の研究分野で，これらの環境教育や環境，自然という概念がどのように理解されてきたのかを整理しておく。

**国　外**

まず，国外の先行研究の中心的存在であるアメリカのウィルソンの文献は1990年代前半から中盤にかけて集中しているが，世界的な環境教育の動向は，まだ，持続可能性のための教育へ完全にシフトしていない段階「SD概念にむかう環境教育」の時代であった。そして，1990年代のウィルソンの文献には持続可能性のための教育のニュアンスはまだ出ておらず，「あらゆる発達段階の環境教育は自然界の理解を促し，態度や価値観，行動に効果的な影響を与えるようにしなければならない。環境教育の究極的な目的は環境リテラシーと自然界に対して責任をもって配慮できる市民性を育てることである」というように，自然を保全するというニュアンスが前面に出ている「古典的な環境教育」の捉え方である[321]。しかし，1990年代後半以降にオーストラリアで蓄積されてきた文献では変化がみられる。1997年のエリオット＆エメットによる"Snails Live in Houses Too"には「古典的な環境教育」の捉え方のニュアンスが感じられるものの，2003年のデイヴィス＆エリオットによる"Early Childhood Environmental Education：Making It Mainstream"になると「持続可能性」という言葉が使用されている[322]。また，同じくオーストラリアで2003年に出版

されたエリオットによる"Patches of Green"では環境教育が何かという説明はないものの，発行者のニューサウスウェールズ州環境保護局（EPA）は環境教育を「環境に対して責任ある実践・行動のとれる気づき，知識，技能，態度を育てることであり，持続可能性のための教育とは持続可能な社会を形成するための包括的かつ総合的な」ものとしている。[323]第 1 章に示したように，オーストラリアの環境教育は自然に重点を置いた持続可能性のための環境教育である。環境保護局（EPA）自体が環境保全を目的とした組織で，環境保全のための環境教育というスタンスをとっているのは確かだが，環境問題と環境保全を前面に打ち出した「古典的な環境教育」にとどまらず，持続可能性のための教育が意識されている。しかも，ESD（Education for Sustainable Development）ではなく，持続可能性のための教育（Education for Sustainability）という表現を使用して，UNESCO の ESD の定義をそのまま使っていない。

　それでは，環境という概念はどうだろう。日本では「環境を通して行うもの」が保育であり，子どもの発達をみる視点としての領域の一つが「領域環境」であるなど，教育学用語としての「環境」を最重要概念として打ち出している。しかし，海外の文献やガイドラインには，こうした教育学用語としての「環境」概念の重視はみられない。日本同様に国家単位の教育課程を持つイギリスとスウェーデンで比較してみよう。イギリスの教育課程であげられているのは発達の目標であり，「自己，社会性，感情の発達」「コミュニケーション，言語，リテラシーの発達」「数学的能力の発達」「世界についての知識と理解」「創造性の発達」の 5 つである。[324]スウェーデンも，16 目標が分類されずに並べられているが，それらに「環境」という言葉は出てこない。[325]もちろん，子どもを取り巻く外界という文脈に教育学用語としての「環境」を使うことはあるが，「社会環境」や「家庭環境」「地域環境」「教育環境」「学習環境」というように具体的に修飾語をつけて表現したり，環境という表現を使わずに「素材」や「空間」「道具」など保育環境を形成する具体的な要素をあげることも多い。日本のように教育学用語としての「環境」という言葉が，修飾語なしにさまざまな文脈で広義にも狭義にも繰り返し使用されることはない。いずれの国も子ども

の遊びや主体性を重視し，発達理解や保育の方法において日本と大きな違いはない。強いていえば，「環境を通して行うもの」を保育方法の理想として前面に打ち出す日本の保育は，保育者の教育的意図→環境→子どもの発達という筋道になるが，上述の両国のガイドラインでは，保育者の教育的意図→子どもの発達と直接的であり，（保育）環境はその筋道を考える際の要素に過ぎない。海外の保育のガイドラインや文献では教育学用語としての環境は単独で多用されないので，環境教育という課題を取り上げても「現代用語」としての環境との区別を特に意識する必要はなく，環境教育という概念を使いやすい。したがって，環境という言葉をめぐって想定される混乱は，環境という概念を最重要とし，多用する日本の保育独自の問題といえる。

　次に，自然の捉え方である。海外にも子どもと自然とのかかわりを評価する文献はある。例えば，科学教育の立場からリプキンは，自然が子どもの発達に重要であることを論じているし[326]，フォルトフは，戸外での遊びが運動能力の発達に影響することを示して幼児の遊び場としての自然環境を評価する[327]。しかし，そこに子どもの発達にとって自然がよいという記述はみられるが，その際に触れ合ってもらいたい，気づいてもらいたい自然の性質についての記述はない。これらの文献には環境教育という言葉は使用されておらず，子どもの発達にとって有用な自然という捉え方である。一方，幼児期の環境教育の文献に現れる自然とのかかわりは，子どもの発達に寄与するだけではなく，環境教育が目指すところにつながると捉えられる。例えばウィルソンは，幼児期の環境教育の目標として6項目をあげているが，そのうちの二つが「自然の循環，多様性，相互関連性に気づく」と「人間が自然の一部であり，自然なしでは生きられないことを知る」である[328]。またデイヴィスも，自然とのかかわりが子どもの発達のさまざまな側面に寄与することを評価しながらも，それだけではなく「意味のある環境学習とは他種と自然を共有していることに気づき，野生生物の生息地の維持と保護に責任を持つこと」とする[329]。ここでも人間が他の生物と自然を分かちあっていると捉えている。このように生態学的な視点を明確に持って自然を捉え，自然と人間の関係のあり方を重視するのは，環境教育における自

然の捉え方である。

### 国　内

　日本では，幼児期の環境教育を取り上げる文献は蓄積されてきたものの，環境とは何かを分析したり，環境教育とは何かを定義づける試みをしたりしたものは，筆者，今村，小川以外にほとんどない[*330]。あたかも，環境や環境教育という言葉が誰からも共通理解される概念としてすでに存在しているかのように扱う文献が大半である。しかし，環境教育や環境という概念に多義性があることはすでに示した通りで，その多義性が幼児期の環境教育のあるべき姿に違いをもたらしている。先述したように日本の先行研究で提案されてきた立場は，①自然体験が重要，②自然体験だけでなく生活体験も含めた生活全体での取り組みが必要，③自然体験・生活体験に加えて共生体験も必要，④「環境を通して行うもの」という保育の基本そのものの四つに大別できた。1990年代の日本における環境教育の公的な指針であった『環境教育指導資料』に示された環境教育の目的は，「環境問題に関心をもち，環境に対する人間の責任と役割を理解し，環境保全に参加する態度および環境問題解決のための能力を育成すること」であり，これは「古典的な環境教育」の考え方である。この資料で，幼稚園教育では「自然との触れ合いなどから自分たちを取り巻く環境を大切にする力が育っていくようにする」として自然体験が前面に出されているのは，環境問題の解決のための環境保全を目的とした環境教育のなかでは幼児期の役割はそれ以外に捉えようがないからであり，上の①の立場はこれに近い捉え方である[*331]。

　一方，現在，国際的には環境教育は持続可能な開発のための教育（ESD）の一端を担うものと捉えられることが多い。持続可能な社会の形成が社会的公正に基づかなくては意味がないことから，貧困や平和，人権などの課題とも無関係ではおられず，ESDが環境だけではなく社会や経済という柱を掲げるのはそのためである。自然だけではなく，社会や経済という姿になって表れる人間活動との関係を常に意識しながら持続可能な社会を形成することを目指すな

ら，環境とかかわりながら発達し，そのかかわりの総体によって環境の捉え方の基盤が形成される幼児期の環境教育も，自然とのかかわりだけではなく生活全体を環境教育に絡めていくべきと考えざるをえない。上述の②～④の立場は，こうした環境教育の展開に応じた捉え方にあたる。ただし，幼児期の環境教育について述べる際に，環境教育とは何かを示すことがほとんどなされないのと同様，ESD についての立場を示すものもほとんどない。これらの関係を不問にしたまま，ESD という概念を環境教育と並べて使うこともみられる。

　ところで，上述の②と③は，いずれも保育者側からの保育をみる視点の分類であって，大きな違いはない。筆者は 1996 年に幼児期の環境教育の姿として自然とかかわるだけではなく生活教育の観点が必要だと提案した[*332]。これは複数の文献で賛同されて一つの役割を果たし，今村の共生体験という視点も上述の環境教育の変容に応えて加えられた提案だった[*333]。しかし，こうした分類法に対して，④の立場に立つ小川は，保育の場における子どもの活動は主体的なものであるから，自然教育と生活教育という分類自体が大人が環境教育を与えるとする思考法に立つと批判した[*334]。確かに，保育者が自分の実践に対して自然教育をする，生活教育をすると分けて考えたり，あるいは，子どもの活動内容を自然体験や生活体験と分類し，それぞれの活動をさせようと画策したり，目の前の子どもの活動を分類しようとするなら，その行為が子どもの主体的な活動を分断することになるであろう。そう考えると，自然教育（自然体験），生活教育（生活体験），今村の提案を加えれば共生教育（共生体験）と分類する手法は，実践には効力を持たない。特に，子どもの主体的な活動を重視し，環境を通して行うものを理想とする日本の保育では，そのように読み取られる可能性があり，実際に保育の実践者による環境教育の受けとめ方からもそれがわかる。例えば，幼稚園教諭が語る環境教育として，幼稚園の活動そのものが環境教育であって，自然とのかかわりの背景としての生活や保育者の質に目をむけることが重要とされる[*335]。これらは保育全体で環境認識を育てることが幼児期の環境教育という小川の捉え方に通じるものだが，この方が現場の実感に合致するようで，実践者や現場に近い研究者からもよく聞かれる主張である。

それでは幼児期の環境教育は、小川のいう「環境を通して行うもの」そのもの、つまり保育そのものとして、本当によいのだろうか。確かに、幼児期は環境認識の基盤形成の時期である。そして、保育の営みのなかで子どもの環境認識は育つのだから、理想的な保育環境で理想的な保育者が「環境を通して」保育すれば、それ自体が幼児期の環境教育になるというのは間違いではない。保育は常に理想的な保育の営みを追求しているはずであるから、「環境を通して行うもの」である保育はそのまま環境教育にならなければならない。そして「環境を通して行うもの」である保育が環境教育そのものなら、幼児期の環境教育を課題として立てる必要はない。しかし、環境問題は現実に存在し、それが環境教育の存在する理由である。本来、学問や教育は人間が環境を知り、その認識を深めるものとしても機能するべきで、それが理想的に機能しているなら環境教育という課題そのものが生まれない世界になっていたはずである。ところが、現実には環境問題は他の問題と同様に常に人類史とともに局所的に存在し続け、前世紀には地球規模の環境問題が生まれた。先進国を中心に学問や教育が大衆化した前世紀にあっても、それらの先進国を起点に新たな様態の環境問題を生み出した事実は、人間の環境認識とそれに基づくかかわり方に問題がある。また、そのような環境認識を育てた学問や教育の枠組みに誤りがあったことを示している。人権教育などの教育課題が存在するのも同じ理由からである。保育実践も含めた現在までの学問や教育が、環境問題を生まない世界を作ることに「失敗した」現実を認めるべきである。つまり、今まで通りの環境観・自然観・保育観に基づいて環境を通して今まで同様の保育・教育を行っても、それはそのまま環境教育にはならない。保育者が（保育）環境を通して保育実践を行っても、そこで育てる環境認識は保育者の環境認識に基づくものである。自然を利用する対象とみて、無限であるかのように資源を捉え、自然を子どもを発達させるための道具に過ぎないと捉える保育者が、いくら子どもの主体性を重視し、環境を通して子どもを保育しても、保育実践として評価できたとしても、子どもに育てる自然観・環境観は環境教育からみて望ましいものとはなりえない。今までの章で取り上げてきたのも、同じ「環境」という言葉を

使いながらも，保育と環境教育では，その意味が同義ではないということであった。保育も含めたあらゆる教育がこの点を自覚しないかぎり，今までの実践の踏襲から抜け出ることは不可能であり，今まで同様の自然観・環境観を持つ人を再生産するだけである。

　それでは，自然という概念についてはどうであろう。日本の先行研究においても，自然とのかかわりの必要性は誰もが語るが，自然の捉え方の転換が必要であることを示した文献は少ない。例えば「身体や五感を使って（自然を）感じ取る体験を重視するとよい」や「心や体で人間や自然を感じることは，誰にでもできる環境教育の第一歩」，「身近な自然とふれあって，自然のふしぎさ，美しさを直接経験することによって心の中に刻み込むことから出発」，「できるだけ自然に親しんだり，生き物に触れ，その不思議さや美しさを五感によって体験し，そのなかで，自然を大切にする心や，生命の尊さを知ることができるようにする」，「五感を十分に使った直接体験が重要であり，とりわけ，自然に触れて遊ぶような自然体験が重要で，幼児期の環境教育とはこのような自然体験を中心にした保育内容において実施されることが望ましい」というような言説は，従来の保育が幼児の発達段階から重視してきた自然体験の姿と変わらない。[336] 日本の保育の過去のガイドラインや実践事例集，教科書を丁寧に読み込めば，上記のような提案は提示され続けてきた。もっとも，保育の場は幼稚園・保育所，公立・私立の違い，各地域が抱える保育の歴史的背景の違いがあり，また，小学校以上の教育の場と違って教育内容が詳細に記されているわけではないために現場ごとに実践内容の違いが大きい。したがって，ガイドラインや事例集に提示されていても，上記のような提案内容が実践されていない現場が多数あることも現実であり，その意味でこれらの提案に意義があることは確かである。しかし，身近な自然と触れ合い，感性の育ちを重視するというこれらの文献には，環境教育が求める自然観は読み取れず，従来の保育が提案してきた自然とかかわる実践との違いは読めない。これらの提案は，幼児期の環境教育は自然体験が重要とする立場のものだが，他の先行研究や出版物においても，自然体験の必要性や具体的な自然との遊び方を示したものはあるが，自然

の捉え方を具体的に提示したものはほとんどない。

　このようにみていくと，幼児期の環境教育のあり方として異なる立場が示されるのは，環境教育をどう捉えているかだけではなく，環境や自然をどう捉えているか，また，保育という営みをどう捉えるかの違いがあるためである。幼児期の環境教育を検討する場合には，これらの点を先に定める必要がある。特に，環境はもともと多義性のある概念である。環境という概念は，先に確認したように，環境教育で使用する「現代用語」としての環境としても，教育学用語としての保育環境という意味で使用されることもある。国外では日本の保育のように環境概念が多用されないため，保育環境について示す場合には環境という言葉に修飾語がつけられることが多く，文脈から容易に識別できる。しかし，日本では，保育環境を環境と表すことが通常で，それが非常に重視される一方で，環境教育という概念にはまったく関心が払われていない。環境教育を意識しようとすると，環境という言葉の捉え方に混乱が生じる可能性がある。これは，日本の保育独自の問題である。

　そして，自然の捉え方については，環境教育分野では自然の循環性や多様性，人間とのつながりなど生態学的な捉え方が重視されているが，環境教育の観点が意識されない保育の分野では子どもの発達にとっての自然の価値は評価されても，生態学的な自然観は重視されない。自然は子どもを取り巻く環境のただの一要素に過ぎない。子どもの発達にとって自然が重要であることは保育学の研究者からも示されるが，それは子どもに科学性や人間性を育てるためであって，持続可能な社会を形成するためではない。幼児期の環境教育に関する先行研究でも自然体験が重要と指摘され続けているが，保育は子どもと自然とのかかわりを重視してきたので，それらは新たに意識するべき課題とみなされないのである。幼児期の環境教育の必要性を語るためには，今までの保育実践とどこが違うのかを明確に示さなければ，その課題性は認知されない。その場合に，違いとして明確に提示できるのが環境教育と保育における自然の捉え方の違いである。環境教育で重視される自然の循環性や多様性，人間と自然とのつながりなど生態学的な観点からの自然の捉え方は，今までの保育が関心を示さな

かった自然の姿である。

　そして，幼児期の環境教育を検討する際に前提としなくてはならないのは，以上のような概念の捉え方の違いだけではない。保育と環境教育という異なる教育分野の目的における射程の違い，子どもの発達をどこまで見据えるかという違いである。環境教育では，幼児期の自然とかかわる価値を，その子ども自身の発達という観点ではなく，その子どもが将来の社会を形成する大人になることを意識し，長い射程から捉える。一方の保育は，幼児期を人間形成の基盤づくりの時期だとしながらも，保育自体は就学前までの子どもの育ちを考える営みである。保育は幼児期のよりよい育ちを求めるが，環境教育は生涯発達においてそれぞれの時点での目標を持つ。幼児期の環境教育では，幼児期という期間を区切ったなかでの目標はあるものの，その先に持続可能な社会を形成する大人になることが最終的な目標としてある。しかし，保育はその射程が幼児期だけに限定されており，その期間の子どもの発達だけに主な関心がむけられる。とはいいながら，過去の保育の理論家たちは子どもたちが将来どのような大人になるのかを常に意識しながら，幼児期の重要性を語ってきた。コメニウスやルソー，ペスタロッチ，フレーベルらは幼児期の教育だけを対象としたのではなく，人間の教育について語り，そのなかの幼児期の重要性に注目したのである。ところが，現在の保育が理論や保育内容を語る場合には幼児期という時期の育ちが検討され，そうした長期的な射程を意識することはほとんどない。もちろん，幼児期が生涯にわたる人間形成の基盤を作る時期であることは，前提として必ず語られる。しかし，そうであるならば，次世代が将来どのような社会を形成しなくてはならないのかという観点から保育を振り返ることも重要となるはずである。こうした保育と社会との関係から，先述したスウェーデンやノルウェーなどの北欧諸国のガイドラインと比較すると，教育にむかう基本的なスタンスに違いがあることがわかる。日本では，保育はあくまでも幼児期の個人の育ちに焦点が当てられるが，北欧諸国ではその社会の有する価値を伝えるのが教育の役割であるとして，幼児期の教育にも明確にそれが示されているのである。

# 第 5 章 ❖ 幼児期環境教育論の再構築

## *1* 再構築の前提

　環境教育は，一貫した定義を持つ概念ではなく，自然観・環境観・環境思想の変遷に合わせて変容し，時代・国・論者によって意味するものが異なっている。したがって，環境教育について論じる場合，それを既存の規定されたものとして扱わず，環境教育とは何かという立ち位置を定めてから検討を始めなければならない。環境教育を検討する際に基本概念となる環境と自然も時代とともに捉え方が変遷し，多義性を持つ概念であるから，環境教育とは何かを定める際には，環境と自然についても同時に定める必要がある。その前に，環境・自然・人間が複雑な関係にあることを自覚しておかねばならない。

## 1）環境・自然・人間の関係

　第 2 章で自然観の変容を追跡した際，自然を客観視し対象化してみるようになった近代の自然観が，結果として自然を資源とみなし，破壊や保全の対象としてみることにつながったとされていると確認した。この時代に，市民や自己という概念が誕生し，時を同じくして環境という概念が誕生する。それは，まず生物学分野で受け入れられ，その後，一般用語としても受け入れられていく。そして，環境は本来何が主体であるかを明示しなければ把握できない概念だったが，次第にそれぞれの分野で主体を確認しないまま使用されていくことになる。生物学では対象となる生物種を取り巻く外界であり，人間の心理を扱う心理学では人間あるいは自己を取り巻く外界であり，教育学では被教育者を取り巻く外界である。そして，1970 年代以降には，環境問題や地球環境などに使う「現代用語」としての用法が，環境問題を認知し，対策を考えようとする過程で一般化する。「現代用語」としての環境の主体は人間であり，具体的な要素は大気や海洋，オゾン層，森林など自然要素を意味する。環境＝自然であるかのように扱われるのは，環境という概念が誕生した 19 世紀初めには環境＝自然であったからであり，20 世紀後半に自然要素に起こっている問題を環境問題と名付けたからでもある。自然要素に起こっている問題を自然問題ではなく環境問題と呼んだ理由は，それまで利用する対象としてみてきた自然に変化が生じ，その変化が人間（自己）にとって問題があり，人間（自己）のために解決しなくてはならないとみなされたからである。つまり，自然に起こっている事象だが，人間にとっての問題なのである。また，その問題を起こしているのも，自然それ自体ではなく，環境の主体である人間（自己）だと自覚しており，さらに，質的にも量的にも今までとは異なる側面を持つために，新しい名前で呼ぶ必要があった。そうして「現代用語」としての「環境」は，誰が，どこの国が主張したからということもなく世界に受け入れられ，広まっていったのである。

　その概念の出自から考えて，本来は主体を明確にしなければ捉えられず，人

間（自己）と密接な関係にあるはずの「環境」だったが，実際には人間（自己）と無関係なものであるかのように扱われる。環境問題の対策を考える場合に「地球を守ろう」や「環境のために」「地球のために」などの表現が使われるのは，その現れである。守らなくてはならないのは，また，守ろうとしているのは地球でも他の生物にとっての環境でもなく，人間（自己）にとっての環境に過ぎない。それは，地球や環境のためではなく，人間（自己）のためである。それにもかかわらず「地球」という対象を「地球」のために守ろうと呼びかける。自分を取り巻く環境を「自己」とは無関係なものとして対象化するこの捉え方は，環境問題を生み出したとされる近代の自然観の踏襲であり，自然を環境という言葉で置き換え，利用する対象から守る対象へとすりかえたに過ぎない。そして，これら自然と環境という二つの概念の関係を解きほぐす作業もなされていない。環境思想においてもこの二つの概念は時には別物として，時には同一視されて使われ，これら二つの概念を明確に区別し，それら自体とその関係性を定義した上で，環境思想が語られることはほとんどない。そして，あたかもそれらの外にいるかのように，自然や環境について語るのである。

　それでは，環境教育ではこれらの概念の関係はどのように捉えられているのだろうか。環境教育の環境は，1970年代頃から定着した「現代用語」としての環境であるから，人間を主体とし，要素は主体である人間を取り巻くすべてではなく，自然環境を中心として，環境問題をその背後にイメージさせるものであった（図3）。特に「古典的な環境教育」では環境問題が常に意識され，その解決のために人間が「環境について」，あるいは「環境のために」考えることが求められていた。これも，主体としての人間（＝自己）を取り巻く外界である環境を，自己とは別のところにあるかのように客体視し，対象化してみる構え方である。これは，持続可能な開発のための教育（ESD）でも同様で，三つの主領域である社会・環境・経済のいずれもが対象化された自己の外にあるもののように扱われる。

　世界にあるものを自己とは無関係な対象化したものとして分析し，その結果をもって世界を捉えようとする手法は，近代の自然観を生み出した西洋史のな

かで発展してきた型の自然科学の手法として評価され，洗練されてきた。西洋の自然科学に立脚することで始まった科学教育や理科教育はそうした手法で自然を捉えることを是とする営みである。科学教育や理科教育の内部にも多様な立場があるが，制度的な教育のなかでは現在もその手法を重視する。しかし，近代の自然観が生み出したとされる環境問題の解決のために誕生した環境教育は，その出自から考えても既存の科学教育や理科教育の実践とは目的の異なる教育実践である。自然や環境を対象化し，分析してみる力を育てることを目的とするなら，既存の科学教育や理科教育との違いを見出せない。

　そして，環境教育では，興味や関心があっても行動や実践につながらないことが問題視されてきた[*337]。興味・関心と行動との関係が教育学のなかで詳細に分析されているかというとそうではなく，行動する人を育てる教育実践は容易ではない。しかし，環境教育実践のなかで主体的な行動へとつながったと評価される事例には，公害教育や自然保護教育のなかでの社会運動と連動した活動，子どもの参画を基礎としたアクションリサーチなどがあり，自分の生活，あるいは，利害に直接関係する場の活動という共通点がある。つまり，自己にとっての問題，自己と関係の深い問題と捉えることが行動につながる動因になるようである。ということは，自然，あるいは，環境を，自己とは無関係な対象化された存在として捉える構え方は，科学教育や理科教育では成立してもかまわない，というより，それを育てることを目的にしなければならないが，環境教育では自然と環境と自己との「関係」という観点を抜きにしてはならない。

　人間は地球という自然の上で生き，誕生の経緯も，存在自体も自然である。自然という概念は，人間の認識の対象・分析の対象としてはこの宇宙全体，あるいは，宇宙論におけるマルチバース仮説に基づいて存在しうる宇宙のすべてさえ含みうるが（広義の自然），人間にとって生存にかかわる自然はあくまでも地球という限定された場所の自然である（狭義の自然）。環境教育でいう自然や一般に使われる自然は狭義の自然を意味している。そして，人間は地球がなければ生存できず，太陽や系内の他の惑星とともに有限な存在である地球の上に生きる以上，永続的に存在することもありえない。持続可能性を追い求めても，

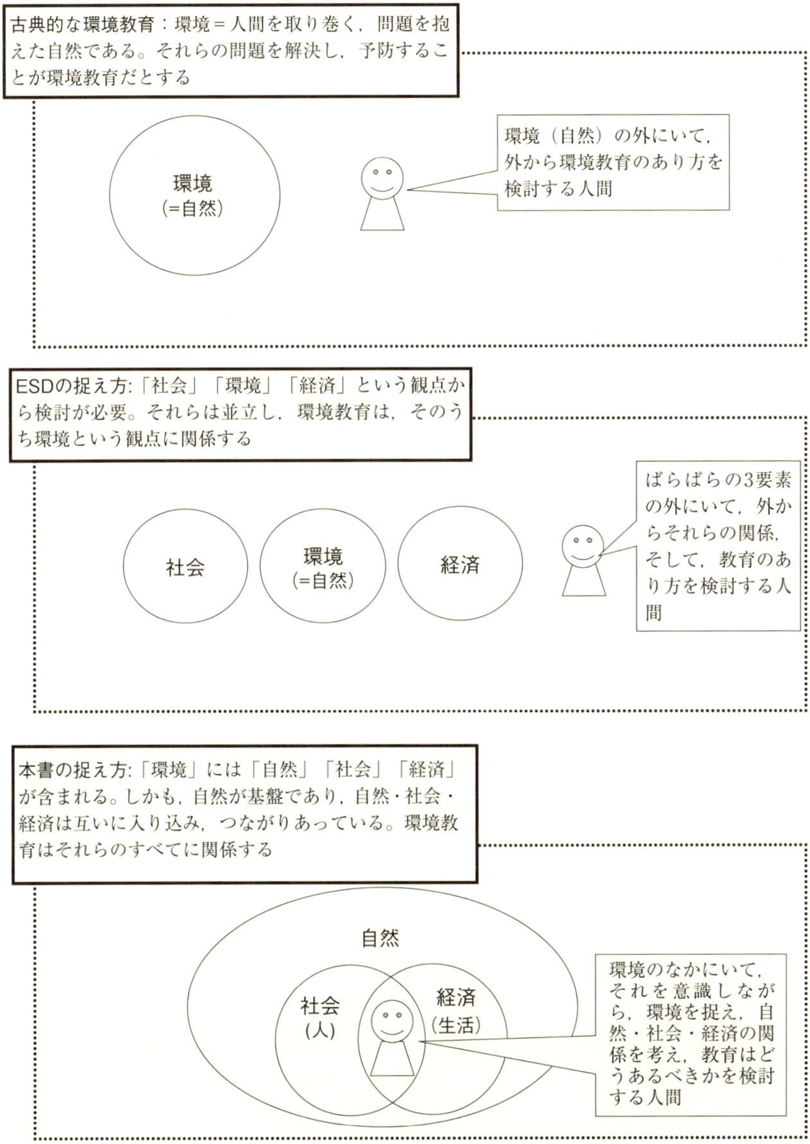

**古典的な環境教育**：環境＝人間を取り巻く，問題を抱えた自然である。それらの問題を解決し，予防することが環境教育だとする

環境（＝自然）

環境（自然）の外にいて，外から環境教育のあり方を検討する人間

**ESDの捉え方**：「社会」「環境」「経済」という観点から検討が必要。それらは並立し，環境教育は，そのうち環境という観点に関係する

社会　環境（＝自然）　経済

ばらばらの3要素の外にいて，外からそれらの関係，そして，教育のあり方を検討する人間

**本書の捉え方**：「環境」には「自然」「社会」「経済」が含まれる。しかも，自然が基盤であり，自然・社会・経済は互いに入り込み，つながりあっている。環境教育はそれらのすべてに関係する

自然
社会（人）　経済（生活）

環境のなかにいて，それを意識しながら，環境を捉え，自然・社会・経済の関係を考え，教育はどうあるべきかを検討する人間

図3　環境と環境教育の関係概念図

その「持続」とは地球の状態が現状のまま持続する有限な時間のなかでの有限な持続に過ぎない。しかも，それは地球それ自体が持つ有限な時間よりも短いと予想されている。その意味でも，人間は，その存在自体が自然のありようにすでに規定されてしまっており，永遠の持続可能性など求められない。そして，この人間という存在の基盤としての環境を考えるとき，人間を取り巻く環境＝自然であるように思えてしまうが，そうではない。まず，人間（自己）も自然なのだから，環境には人間（自己）という自然は含まれず，環境＝自然にはなりえない。また，人間が，それ自身自然の存在であり，自然のなかで生きながら，同時に，人間社会の成員として生き，それが生み出した社会や経済を担う存在であることも，有史以来，変わらない現実だった。持続可能な開発のための教育（ESD）が社会や経済という柱を立てるのはそれゆえである。環境には，人間が社会や経済の営みを行うことで生み出した事物や事象も存在する。その意味でも環境＝自然ではない。ただし，その社会や経済はヒトという自然が生み出した営みであり，それらも自然の存在を前提として成立している。自然のないところに人間は生まれず，生きられず，自然を利用することなく社会や経済は成立しない。人間存在の基盤は自然なのである。教育学のように人間を取り巻く環境を構成する一要素として自然を捉えることは人間の実感には近いが，人間存在の基盤に自然があることをみえなくしてしまう。自然は環境の一要素などではなく，環境全体に覆い被さり，環境と人間（自己）の全体に重なり合う。

　環境は主体を取り巻く外界で，そこに主体は含まれず，主体によって，その実態は異なる。自然は主体を生み出す場であり，どの生物が主体になろうと，その主体自体も自然である。したがって「環境＝自然」と捉えてしまうと，その捉え方が自然を自己と切り離した存在とみなす基盤として働いてしまう。人間にとっての環境は自己を取り巻く外界であるが，自分自身も自然であるのだから，環境のなかに自然が含まれてしまうことはないのである。「環境＋自己＝自然」である。もちろん，知覚し，認識するという行動を手に入れた人間は，自分という個体の身体の内部すら環境とみなしてしまう。ということは，人間

にとって「環境（自己以外，外環境）＋環境（自己の身体，内環境）＋自己（認識する）＝自然」となるのかもしれない。また，認識する自己がいないところには，環境どころか自然も存在しないとするのも一つの考え方である。しかし，ここではその立場には立たないので「環境＋自己＝自然」であり，環境とは自然から自己を取り除いたもの，自己以外の自然とする。そして，主体がないところに環境はない。ヒトの絶滅後も自然は存在するが，ヒトを取り巻く環境は存在しない。そのとき生存している生物にとっての環境は存在し，個々の生物はそれぞれの環境との関係のなかで生存する。もちろん，それを環境と認識して名付ける生物はいないであろうから，誰かに認識される概念としての環境は存在しない。

　そして，環境は主体が関係する要素を規定しなければ把握できない概念でもあった。環境とは自己以外の自然と規定できるが，現実には，ユクスキュルが示したように生物が自分を取り巻く環境のなかで関係する要素は限定されている。人間にとっても，生活に必要，かつ，その存在を実感できる要素だけであり，しかも，それは時代とともに変わっていく。人間は有史以来そのほとんどを自然に密着せざるをえない第一次産業を中心に暮らしてきたが，19世紀以降，経済活動がグローバル化し，人工物の量は激増し，都市化が進む。産業構造は変化し，社会や経済が依然として自然を利用し，基盤にして成立している事実は隠れてみえなくなり，それに気づかずとも生活は成り立つようになった。生存に欠かせない大気や太陽光，食物が依然として自然であり，また，社会や経済も人間という自然が営み自然のなかでしか成立しえないにもかかわらず，現代の人間にとって自分を取り巻く環境としてその存在を実感できるのは，自然要素ではない。具体的には人工物，抽象的には社会と経済だけとなり，自然は環境の一要素として，環境の端に追いやられ，利用する対象，楽しむ対象，守る対象として時々意識にのぼるに過ぎなくなっている。これが現在の私たちの環境と自然の関係の捉え方の現実である。

　ところが「現代用語」としての環境は，大気や森林，砂漠など自然要素に起こっている問題をイメージさせるものとして誕生したから，環境＝自然という

第5章 ❖ 幼児期環境教育論の再構築　143

捉え方のままである。環境問題や地球環境，環境教育などの語句に使われる「現代用語」の「環境」は，社会と経済によって生み出される無数の人工物に取り囲まれる人間を取り巻く現実的な環境ではなく，環境の一要素として追いやられてしまった自然という要素を主として意味する。環境教育や ESD の環境も同様である。人間の現実的な実感としての環境（＝社会活動と経済活動の産物に満ちあふれた環境）と，環境問題や環境教育で使う環境（＝自然）は異なる。

　このように自然と環境，人間（自己）との関係を考えていくと，「自然は環境の一要素」という教育学の捉え方，環境教育が基盤とする「現代用語」の「環境＝自然」という捉え方，そして，ESD が基盤とする社会・環境（＝自然）・経済を並列させる捉え方のどれもが奇妙な前提に立っていることがわかる。社会も経済も人間の営みである。それらは人間を取り巻く環境と無関係なものでも，並立するものでもなく，人間と環境とのかかわりのありよう，あるいはその結果であり，環境のなかに，そして，自然のなかにしか成立しえない。社会や経済という人間の営みは自然を基盤にして成立しているが，その自然が（人間を取り巻く）環境の全範囲と重なることは認識上は可能でも，自然＝環境ではないし，環境の一要素などでもない。

　環境について考える際に環境・自然・人間の関係の捉え方が鍵になるという同様のことは，実践的自然哲学を提案するドイツのマイヤー‐アービッヒによっても提案されている[*338]。マイヤー‐アービッヒは，自然を単なる Umwelt（環境）でも単なる資源でもないとし，"Mitwelt"（訳書では「自然的共世界」と訳されているが，意味がわかりにくく，といって他に適語がみあたらないので，そのまま使用する）と捉えようと提案する。"Mitwelt" が人間の環境に回復されないかぎり，持続可能な社会はありえないとするのである。この "Mitwelt" は哲学，社会学，臨床心理学などの分野で使用されて「共同世界」や「同時世界」と訳され，その各分野で意味する内容が異なるが，ここではマイヤー‐アービッヒの使用している意味に従う。

　環境という概念は主体を取り巻く外界を意味するから，「現代用語」の環境の主体は人間（自己）である。したがって，環境という概念の出発点がそもそ

も人間中心的，ホモセントリズムであり，環境という概念を扱うかぎり，そこにエコセントリズムはありえない。自然中心主義といわれるエコセントリズムも，あくまでも環境思想という人間中心的な思想の枠組みのなかでの捉え方に過ぎない。自然は環境と同じではない。この世界のすべてであり，人間存在の有無にかかわらず存在する。人間が存在しないところに環境はないが，自然はある。人間が自然をホモセントリックに捉える，あるいは，上から目線でエコセントリックに捉えることは可能だが，自然は人間中心には存在していない。それどころか，人間それ自体が自然であり，人間存在の方こそ自然の存在のありように規定されてしまっている。人間にとっての自然は，環境要素の一つなどではなく，また，自然が中心となるべきだと人間によって自然中心主義の対象とされるものでもない。"Mitwelt"は，そうした捉え方を超えようとする表現の一つといえる。

　近代以降，自然は対象化され，自己とは別の存在として認識され，そうした立ち位置が自然を利用する対象とみなし，環境問題を生み出したとされてきた。とはいいながら，それは近代以降に加速，あるいは，重視されるようになったという意味であって，対象化して自己とは別の存在として認識する行為は近代に始まったわけではない。人間は自分の外にある世界を対象化し認識する行動を獲得したことによってヒトという動物から人間になったのであり，自然は"Mitwelt"でありながらも，有史以来，人間にとっては認識の対象でもあり続けた。環境と自然の関係や環境問題の捉えにくさの源はそこにある。確かに，20世紀以降「関係」や「生物としての自己」「歴史」などの概念に影響されて自然観は変容し，それは人間にとっての環境の問題性を認める基盤として有効に働いた。さらに，20世紀後半に自然は環境と呼び換えられ，利用する対象から守る対象へと変わるが，近代の自然観を生み出したとされる対象化してみる手法を使っている。一方で，現実の生活実感としての環境と自然の間隙は拡大する。人間を取り巻く環境のうちで自然はごく一部を占めるに過ぎず，自らが自然であることを意識しなくても生存できる生活は，ますます自然を"Mitwelt"として捉えられなくしている。その結果，自然に起こっている問

題としての環境問題はいつまでたっても自己の問題と捉えられない。

　自然を対象化することに問題があるとしながら，特に近代以降の人間にとって，対象化してみるという方法は価値の高い方法であり，対象化せずに自然を捉えることなど不可能である。一方で，そのように捉えるかぎり，いつまでたっても環境問題は「自分とは無関係な対象化された自然」「どこか遠くにあって時々楽しむ対象である自然」に起こっている問題に過ぎず，自分の問題にはならない。環境，そして自然は，自分の生活とは無関係で，余裕のあるときに利用するか，守るかを考えればよい対象に過ぎない。自然を客体として対象化してみる捉え方を続けている上に，現実の環境が自然と乖離しているために，人間にとって自然はますます自分とは無関係なものとなっているのが現代である。とすると，人間はいったい，どのようにすれば自然を"Mitwelt"として捉え直すことができるのだろう。この答えを得ようとしないかぎり，環境と自然の関係を解きほぐし，持続可能な社会を形成することはできないのではないだろうか。

　第2章で取り上げた社会学者のエーダーも同様の主張をしている。人間の自然の捉え方は，人間が自然を社会化してきた結果と捉えるエーダーは，エコロジー的理性が自然を人間の欲求を満たす客体と認識して体験するものである以上は，自然を破壊し続ける功利的理性に反対する実効力を持たないと批判する。[*339] つまり，自然を単なる対象としてみるかぎり，それを保護する対象としてみるか，利用する対象としてみるかという立場の違いが生まれるに過ぎず，人間と自然とのかかわり方の変容を生み出さないとするのである。

　人間は自己をも対象化してみる。自己の内部，すなわち，身体や心，精神までもが認識の対象である。ならば，"Mitwelt"という新たな概念を生み出しても，結果としてそれは再び客体として対象化されて認識されるしかなく，そして，対象化されてしまえば，もはや"Mitwelt"とはなりえないのだろうか。これは認知科学から哲学までも巻き込む大きな問いであり，ここでその答えを提示することはできない。しかし，可能性を探る一つのキーワードとして「共感性」があげられるのではないだろうか。もともと共感性は対人間に使われる

心理学的性質である。他者への共感性を意味し、その他者とは通常人間であるが、そこから他の動物に対して使われ、さらに拡大して自然や環境、世界との共感性という表現が使われることもある。世界を対象化してみるというのが人間の世界をみる方法の基本であったとしても、一方で、人間は外界に対し共感的な捉え方もしてきた。例えば、世界の先住民の世界観が自然への共感を基本にしたものであることはよく報告される。また、多くの宗教も他者への共感だけではなく、宇宙や世界、自然への共感について語ってきた。もちろん、そこには自然にむかい合うことでしか成立しなかった過酷な生活や共同体の規範を成立させることで存続してきた人間社会への現実的な対応があり、先に共感ありきではなかったはずである。また、近代以前の社会への単なるノスタルジーは、生存にとって過酷な社会への逆行でしかない。しかし、これを、対象化して世界をみながらも、同時に、世界を共感的に捉えることが人間にとって可能であったという歴史的事実として捉えることはできる。文化的な基盤がほとんど破壊され、マイノリティとして社会のなかで苦しい立場にある先住民にどのような教育が可能かを探り、アメリカ先住民の教育について提案するカヘーテは、先住民の教育文化の継承と再生が先住民自身だけではなく、環境問題や限界を目の前にした21世紀の教育全体にコミットできるのではないかと考えている[*340]。カヘーテのあげる世界の先住民が実践してきた制度化されていない教育に共通する特徴には、「聖なる自然という観点が教授と学習の基本的なプロセスを貫いている」、教育の「プロセスは、人間とその他すべてのものとの相互依存関係という原則に従っている」、「真の学習とは人間のコミュニティと自然のコミュニティの両方に参加し、そのなかの関係性を尊重することを通して行われる」などが含まれている。すなわち、同じ仲間である人間だけではなく自然との関係性を作っていくことが人間としての成長に深くかかわるとし、自然や人間を「頭で理解する」という対象化して世界をみる方法だけではなく、「心で理解する」という方法を重視する。その具体的な姿にみる自然の捉え方は"Mitwelt"と呼べるのではないかと思わせるものがあり、それを可能にしている基盤が共感性である。

共感性は，心理学的性質であるが，社会的な動物であるヒトが進化的に獲得してきたものでもあり，ヒトは共感性を発達させるように生物学的に生まれついている。その基盤的な部分は，他の多くの社会的なほ乳類と共有しているのであろう。そして，他の多くの行動同様に，個体差も大きく，発達しなければならず，その発達は誕生後の経験に影響を受ける。共感性の発達には，認識的な側面と情動的な側面の相互作用が重要だとされている[341]。つまり，共感という行為には，認識という対象化してみる方法だけではなく，感性や情動がかかわる。というより，そもそも私たちが客観的な行為と信じきっている認識という営みすらも，実は情動と深くかかわっていたり，あるいは，生物種として生まれ持った認識の枠組みを持つことが，近年の脳科学や認知発達の素朴理論などの知見から明らかになってきている[342]。とすると，対象として自己と完全に切り離して客観的に認識できるとすること自体が幻想ということになる。これは「身体性」というキーワードにもつながっていく。そもそも，対象として切り離して認識する主体そのものも，その主体が知覚や認識に使用する身体そのものも，自然である。客観的自然を超える自然概念を哲学的に追求したのがメルロ＝ポンティである[343]。教育哲学の立場からボネットや洪はベイトソンやメルロ＝ポンティを援用しながら，その視点を基礎に自然とかかわる教育を捉え直すことが，環境問題を未だに解決できていない現代の教育に必要だとする[344]。

　私たち人間は自分の外にあるものを自分とは無関係なものであるかのように対象化して認識するという方法で世界を知り，自然をそのように扱うことで環境問題を生み出す活動をしてきたとされ，環境問題の対策としても同じ方法で認識した自然を守ろうしている。しかし，その手法は"Mitwelt"とのかかわり方としては問題がある。また，突き詰めて考えると，その手法で評価されている客観性も揺らぐ。その存在自体が自然である私たちの認識自体が，生物種として規定されたものであり，情動や感情，感性と切り離すこともできず，私たちが信じ込んでいるほど客観的で，対外視できるものではないというのが真の姿なのかもしれない。自然科学はその実態を超えて客観性を強く追求していく営みといえるが，"Mitwelt"とのかかわりはそれとは異なるものでなければ

ならないだろう。それは自然科学を否定するという意味ではなく，両立するものでなければならない。世界の先住民が過ごしてきたような自然と密着した生活は過去のものであり，そこに戻ることはできない。後戻りもできず，自然とともに生きるという実感を持てない現代社会で，どのように"Mitwelt"にむかうことができるのか。感性・情動を混合した方法，共感性・身体性を意識した方法で"Mitwelt"を認識する可能性，認識という行為をより豊かにする，あるいは，より豊かに捉える方法はあるのか。これは過去に戻るのではなく，新たな手法を生み出すということであり，この答えを探そうとしないかぎり，環境の抱える問題を超えて先に進むことはできないのではないだろうか。

## 2）持続可能な社会とは

環境と自然は，自己という概念を間において複雑な関係にある。しかし，同じではない。前節では，環境や自然とは何か，その関係はどうなっているのかを考えることなく，持続可能な社会の形成にむかえないこと，また，今までとは異なる新たなかかわり方を模索する必要性があることを確認した。ところで，現在の環境教育やESDは持続可能な社会を作ることを目指すという点で共通の目標にむかっているといえ，本書のここまでの分析でも持続可能な社会の形成が重要だという立場をとってきた。「古典的な環境教育」は環境問題の解決を目指して出発したが，個々の環境問題の解決は必ずしも持続可能な社会の形成にはつながらず，既存の問題の単なる解決が新たな問題の防止につながるとは限らない。そのために，環境教育も持続可能な社会の形成を目指すようになったといえるだろう。しかし，第1章で確認した通り，この持続可能性（sustainability）という言葉も背景のある複雑な言葉であり，立場によってどのようにも捉えることができる都合のいい言葉でもある。この言葉をどう定義するかで何をどのように目指すかも変わってくることは，誕生直後の1980年代にすでに指摘されていた。[345]「持続可能な」という形容詞は，単なる持続・継続を意味して政治活動やファッションのような「環境」とはまったく無関係な文脈においても使われ，現在ではすでに「流行語」あるいは「現代用語」と呼

べる言葉となっている。例えば，環境教育に関心を示してこなかった日本の保育学会でさえ，2009年の保育所最低基準の廃止提案について緊急アピールを出した際，そのタイトルに「保育環境の質保障の責任は，持続可能な社会実現のために必要な，私たち大人すべての責任」とあげた。[346]しかし，内容は環境教育ともESDともまったく無関係で，「持続可能な」という表現が流行語になりつつある政治分野にアッピール性があると判断したのであろう。

　この概念は，もともとは経済学分野で自然資本の持続的利用として使用され始め，1960年代の「持続可能な成長（sustainable growth）」，すなわち経済成長の持続を意味する表現に使われ，それが，1980年以降の自然資源の持続可能な利用（sustainable utilization）という捉え方につながっている。国連人間環境会議に先立ち，1972年，ローマ・クラブに委任されて出版されたメドウズらの『成長の限界（The Limits to Growth）』でも，「持続可能な（sustainable）」という言葉は「成長」に関する文脈で使われていた。[347]持続可能な開発（Sustainable Development：SD）概念も，持続可能な方法で自然資源を利用しながら開発を持続可能にするという意味で始まっている。もちろんこの30年で，SD概念も，自然を利用した開発を主にするのではなく，社会や経済，社会的公正，価値などのキーワードを加えて変容し，経済開発・社会開発・人間開発という説明を掲げて，従来の自然破壊型開発のイメージを払拭しようとして現在にいたっているが，前節で述べたように社会や経済と並列させて自然を人間が利用する対象とみなす立ち位置であることに変わりはない。環境思想が多様化し自然中心主義（エコセントリズム）が登場する時代に誕生した「持続可能な開発」という概念だが，経済発展を基盤に人間が自然資源を利用し続けるという近代以降そのままの自然の捉え方に立っている。これは，生物多様性を扱う分野で近年使用される「生態系サービス」という概念にもみてとれる立ち位置である。

　持続可能性概念の出発点とされる1980年の『世界環境保全戦略』では，持続可能にしなければならないのは「自然資源の利用」だった。そして，1987年に世界に認知されたSDでは，持続可能（sustainable）にしたいものは，その言葉の通り「開発・発展（development）」であり，その底流には経済成長・

経済発展という意味が含まれている。社会的公正などのトッピングがふりかけられ、人間開発といいかえられても、同じ表現を使うかぎり、その底流にあるものがなくなるわけではない。それゆえに、SDやESDはさまざまな分野で批判的にみられてきたのである。*348

　それでは、人間にとっての問題である環境問題の解決を目指して開始した教育であり、人間中心的な教育である環境教育にとって、持続可能な（sustainable）ものにしなければならないのは何なのか。環境教育をめぐる言説で、環境教育が何の持続可能性を求めるのかという問いが立てられることはなく、一致する答えもない。しかし環境教育の環境とは、人間が主体の、人間中心的なものであるから、人間の活動、つまり人間社会の持続可能性を意味しているとするのが、最も論理的整合性を持つはずである。環境の持続可能性という言葉も存在するが、環境は主体が存在する間は必ず存在するものであり、人間を取り巻く環境は人間が存在する間はそれがどのような質のものであろうとも持続する。また、人間の絶滅後も生き、進化し続けるはずの細菌にとっての環境が持続しても、それは人間にとっては無意味である。だから、環境の持続可能性という表現は人間を取り巻く環境の質を問う環境教育では適切ではない。持続可能性をめぐる言説においては、自然資源は有限で、開発（発展）は自然資源の有限を前提にしなければ持続できず、結果として経済開発（発展）する社会にはならず、それがなければ社会開発・人間開発はないという解釈をして、自然資源の利用・開発・社会は互いに関係があるから、あえて何の持続可能性を求めるかにこだわる必要はないのかもしれない。しかし、開発・発展という言葉を掲げるESDはあくまでも「開発・発展の持続」を求めなければならない。「非開発」や「非発展」、「維持」、「後退」ではない。一方、ESDと同じく人間中心的なものとして出発した環境教育が目指すのは、自分たち人間の活動の持続、（人間）社会の持続である。環境教育が人間社会の持続可能性を求めるものなら、環境教育はESDと同じ、あるいは、ESDに含まれるものとはなりえない。環境教育が「開発・発展の持続」を求めるものなら、それはESDそのものであり、環境教育はESDに取って代わられ、その存在意義はなくなる。

それでは，環境教育が持続可能な人間社会を求めるとすれば，それはどのような社会になるのだろう。先述したメドウズらの『成長の限界』では，世界の将来についていくつかのシナリオが示された。その後メドウズらは実態に合わせてモデルの修正をしながら，1993年と2004年にも修正版を報告している。2004年版では10種類のシナリオが提示されているが，このうち環境教育が目指すのは，落ち着いた人口，過剰ではないそこそこの物質的豊かさ，ある程度の安全，生活の質のゆるやかな向上，社会関係の質的な成熟，多様性が維持される生態系などであり，それは，発展ではなく維持，成熟，あるいは，メドウズらの平衡（equilibrium）という言葉で表されるだろう。それはラトゥーシュらポスト開発論者たちのいう「脱成長」社会である[*349]。つまり，限界に達する前に持続可能な維持，あるいは，平衡を目指すという意味で，無限に持続可能な開発・発展を目指すのではない。
　ところで，モデルに基づくシナリオが提示された場合，常に問題になるのがモデルの整合性だが，地球温暖化問題で焦点が当てられている気温・気候の変動や社会変動，あるいは，経済のような複雑系が対象の場合，現実に一致するモデルはありえない。これらの人間社会にかかわる複雑な事象についてのモデルは，ハードサイエンスのモデルとは意味が違う。物理学の理論モデルは，その整合性が厳密に検証されることが重要であり，また，検証に時間がかかってもかまわない。しかし，社会のあり方にかかわるモデルは科学的整合性の検証が目的ではなく，どのような選択をするのかという政策決定などの材料として提示される。メドウズらのモデルもそのために出されたものであり，その科学性整合性を明らかにすることが目的ではない。それを前提にシナリオを扱わなくてはならないが，2008年にターナーはメドウズらのモデルに関して，この30年間の実態が1972年に提示されたモデルのうち経済的社会的崩壊をもたらすパターン，すなわち，右肩上がりの開発・発展どころか，維持・平衡すら不可能な方向にむかっているという判断をしている[*350]。この30年間とは，環境教育やSD概念が育ってきた時代でもあった。

## 3）環境教育か，ESDか

　出発点に立ち戻れば，環境教育は，人間を取り巻く環境に起きている問題を人間のために解決することを目的に誕生した教育課題であった。その後，開発・発展の持続可能性，あるいは，人間の活動の持続可能性を求めて実践されるものとなった。環境教育とは何か，環境教育はどう実践されるものかを考えるためには，ここまでみてきたように環境と自然という概念が鍵となるが，それらの概念，及び人間との関係は複雑で多様である。その捉え方によっては，環境教育の存在意義すらなくなる。環境教育とは何かを定めるためには，環境・自然・人間の関係をどう捉えるかを示さなければ，前に進めない。

　環境と自然の関係は複雑で，時代によって変化してきた。特に，現代は世界人口の半数が都市生活者であり，人間を取り巻く環境という言葉が意味するものと都市生活者の実感としての自分を取り巻く世界の姿は乖離している。環境教育の目的は「環境＝自然」を守ることではなく（そうであるなら，自然保護教育と呼べばよい），無限の発展を求めるのではなく（そうであるなら，環境教育を捨てESDに乗り換えればよい），持続可能な社会を形成するために，その乖離を埋め，環境・自然・人間の関係を意図的に捉え直すことにある。あらゆる生物にとって，環境への対応は生きることそのものである。しかし，人間は行動する際に経験によって形成された環境の捉え方＝環境観の影響を受け，自己の内部でさえ環境の範疇に含めてしまう。人間の行動は環境への単なる反応ではないし，また，表層的な知識や規範も行動には影響しない。ゴミを捨ててはいけないという規範的知識や，ゴミが廃棄物問題や化学物質汚染に関係するという知識を持っていても，ゴミも含めた自分を取り巻く環境を「自分との関係」においてどう捉えているかによって，実際の行動は異なる。自分を取り巻く環境が自分の出したゴミを知らない間に無限に処理してくれるものと捉えていれば，それを捨てることに抵抗はない。自分の眼前にある場所だけが自分に影響する環境だと捉えていれば，自分のかかわらない場所に捨てるゴミは自分には影響しないから，捨ててもかまわない。自分の部屋ではたばこの吸い殻を床に

捨てない人が道路に捨てるのは，道路が自分には無関係の場所であり，自分を取り巻く環境の一部などではないという生活実感の下に暮らしているからである。その人にとって，自分の部屋の床に吸い殻を捨てることは自分の生活に直接影響するから自分にとっての環境問題だが，道路に捨てた吸い殻は道路を通るだけの自分の生活には影響しないし，その行く末も自分とは無関係なことである。そのような捉え方をしている人にとっては，廃棄物問題も化学物質汚染も，それらによって引き起こされる生物多様性の損失も自分とは無関係な問題であり，学校やメディアから学ぶ表層的な知識に過ぎない。与えられた規範や知識だけでは，どこまでいっても生活実感を超えられない。環境教育は，ゴミを捨ててはいけないという共同体の規範を伝達することでも，廃棄物問題についての表層的知識を得ることでもなく，自分と環境とのかかわりのありようとしてゴミを捨てられない理由を実感として持つことを育てなければならない。つまり「自己」との関係が意識されなければならない。

　そして，持続可能な社会を形成するためには，社会・経済という人間の営みと，自然との関係を捉え直さなくてはならない。持続可能な開発のための教育（ESD）は，社会や経済を環境（＝自然）と別要素であるかのように並列して並べ，そこが出発点となる。したがって，持続可能な開発を目指すESDは環境教育について「持続可能な開発のための教育は，環境教育に同一視されるべきものではない。後者は，人類の自然環境との関係や自然環境を保全しその資源を守る方法について焦点をあてた，よく整備された科目である。このため，持続可能な開発のための教育は環境教育を包含し，環境教育を公平性，貧困，民主主義，生活の質といった社会・文化的要素と社会・政治的課題の文脈において幅を広げたもの」とする。[351]この環境教育の捉え方は，環境＝自然であることが常に見え隠れする環境教育の現実の姿を確かによく捉えている。ESDは社会・環境・経済と柱を立てるが，環境以外の分野も同様で，社会や経済のもとであげられる教育の姿は人権教育や開発教育，平和教育といいかえられる。そして，それらが互いに理解し合い，交流し，一つの流れとなることが，ESDだとするのである。日本でも環境教育の研究者・実践者のSDやESDに対す

る立ち位置は個々に異なる。環境教育は ESD と認知されたとする立場，環境教育は ESD に含まれるとして区別することなく説明する立場，ESD の存在を語りながらも環境教育という言い方にこだわる立場，ESD という用語を用いざるをえない社会的状況，頼らざるをえない社会心理が高まっているから，ESD が存在するとみて，環境教育の未来を展望する上で重要とする立場もある。[*352]

しかし，環境教育が持続可能な開発を目指す ESD の枠組みのなかでの役割を探すなら，環境教育は社会・環境（＝自然）・経済を並立させて捉え，対象化された環境（＝自然）についての教育という従来の枠組みを出ることができない。本来は並列すべきものではない社会や経済を環境と並列させる枠組みに，そして，何の持続可能性を求めるのかについて開発・発展を掲げるところに SD 概念の限界がある。しかし，環境教育が持続可能な社会形成を目指すのであれば，自然を主軸にして環境を捉え直さなければならない。経済の成長・開発・発展という捉え方を底流に抱えつつ誕生した持続可能な開発・発展を，環境教育が目指す必要はない。そこで，ここでは，環境教育は ESD と異なるものであり，ESD のなかに包含されるものではないという立場を選択する。

### 4）教　　育

環境教育を定義する際には，もう一つ前提が必要になる。それは，教育の定義である。環境教育が誕生した当初は環境問題の解決を目的として個人が環境問題の解決につながる行動をすることが求められていたし，現在の ESD でも個人が社会変革の必要性に気づき，それを実行することが求められている。そこには，教育が人を変え，その人が社会を変えることが暗黙の前提としてある。しかし，日本の保育や学校教育，生涯教育では，教育を受ける者が個人としてよりよく変わることは期待されるが，社会変革まで意識されていない。同じ教育という言葉を使いながらも，射程にしている範囲が異なっている。

環境教育の研究者のなかにも同様の観点を示す者がいる。例えば，朝岡は「社会変革に対する教育の役割について，より深い考察が必要になる」とする。[*353]そ

して，フレイレとイリイチをあげて，教育は社会変革の手段ではなく「教育は社会によって生み出されたものであり，その本質的な機能は社会（もしくは権力）の維持にあるとする」二人の立場を援用し，環境教育は「社会が環境問題を解決しようと動き出すときに，それらの動きを維持・発展させるもの」と捉える。ただし，結果として教育が新しい世代の可能性を開花させ，社会変革に寄与するという「教育の自律性の原理」もあるとする。また，別の例では，今村が，教育（education）という言葉は「ラテン語の『栽培する』『育てる』『導く』あるいは『外へ引き出す』という意味に遡る」とし，「教育学は，語源的には『子どもを導く術』であり，教育の営みの方向性とその技術に関する学」とする。[*354] そして，教育の基本的要素として教育者・被教育者・学習内容の三つをあげ，近代教育モデルは教育者が被教育者を変化させていくものだったが，持続可能性にむけての教育として，相互変容モデルを提案し，教育者も被教育者も変わる方向で考えていく必要があるとしている。さらに，今村は教育学の立場から，教育が再生産と社会変革という二つの相反するあり方を持つ営みであることを環境教育の「壁」，つまり，環境教育がうまく進まない理由になっているとする。[*355]

　このように教育の捉え方によって環境教育を定めると，そこにもさまざまな立場が生まれる。オーストラリアのフィエンは，教育と環境保護主義の二つの座標軸内に示される複数の立場から多様な環境教育が生まれていることを整理し，環境のための批判的教育としてどの立場が適切であるかを分析した。教育のイデオロギーとして「職業／新古典主義的教育的志向」「自由／進歩主義的志向」「社会批判的志向」の３分類を，環境保護主義の分類として環境思想の分類の際にテクノセントリズムからエコセントリズムの程度による分類を紹介し，環境のための教育としては，教育の社会批判的志向性と生態社会主義的な環境イデオロギーを統合して理解することが最適だとした。[*356] 環境教育を考える際には，環境・自然・環境と自然の関係，そして，教育についての捉え方を示さなくてはならないとした，これまでの議論に近接した座標軸である。

　しかし，ここでは，イデオロギーの分類には立たず，より汎用性の高い捉え

方に立つことにする。保育とイデオロギーに基づく教育との間には大きな間隙がある。もちろん，教育がイデオロギーに影響されるのは事実で，保育もその影響を受けないわけではない。例えば，日本の保育史を振り返っても，特に保育所の前身である託児所はイデオロギーと深く結びついて社会運動として始まり，現在もその文化的風土が残っている。また，社会の持つ価値観を伝えたいという思いを持つことがイデオロギーとされるなら，保育もその営みであることには違いない。しかし，一方で保育は，生物的な発達とそれに応じた子育てという側面，そして，人間教育という側面がより多く含まれる。幼児を対象とするかぎり，保育所であろうと幼稚園であろうと変わりない保育の姿が存在し，小学校から高等学校までの制度化された学校教育と同様に扱えない側面がある。フィエンの議論では「学校」「教師」「生徒」という言葉が頻出し，小学校以上の制度化された学校教育に強い関心がむけられているが，人間は生まれた瞬間から養育者による教育を受けて成長を開始し，学校に入る前の経験も影響力を持つ。近年の発達研究ではジェンダーやエスニシティのアイデンティティ，偏見，後に社会的正義感へと発展していく共感性の基盤も幼児期に形成されるとされており[357]，そうした時期の教育を含まずに，小学校から高等学校までの制度化された学校教育だけを対象として教育を語るのは不十分だろう。環境教育が生涯にわたって実施されるべきとされるのも，学校教育によって教育が始まるわけではないからである。初等教育・中等教育という制度化された学校教育だけで実践される環境教育を語るのであれば，イデオロギーによる分類が自らの立ち位置の確認や既存の実践批判に有効に働くのかもしれない。しかし，ここでは，保育も含めた生涯にわたる教育のさまざまな場面で適用できる汎用性の高い環境教育を考えたい。

　そこで，本書としての環境教育を定義するにあたっては，フランケナの教育の定義に従う。倫理学分野の著作で知られる哲学者フランケナは「教育という観念は，ある人が，一定の種類の活動によって，ある人の中に，いろいろな性向を育成するという観念である」と定義する。そして「X（教育者）が，方法Zによって，Y（被教育者）の中に，性向Wを育成するときにのみ，XはYを[358]

教育する」と展開できると単純化した。そして，プラトンやカント，デューイ，儒家などをあげ，「さまざまな教育の観念（学説，理論）のすべてに共通するもの」として「望ましい方法で望ましい性向を形成する，X（教育者）とY（被教育者）とを含み込んだ過程のことを言い表そうとしている」とする。教育は常に思想家たちの思考の対象になってきた営みで，長い歴史を持ち，このように共通した性質を持つとする。そして「望ましい」という表現が，教育が常に価値から切り離して考えられるものではないこと，つまり，価値中立的ではないことを示している。教育における社会変革という目的の扱いにも多様な立場があるが，フランケナに従えば，社会変革することを「望ましい性向」と捉えるなら，その社会変革がどのような方向にむこうと，それも「教育という観念」から逸脱しない。その「望ましい性向」が社会批判的である場合も独裁社会を目指す変革でも教育と呼べる。教育学者や社会科学者による教育の定義と異なり，哲学者フランケナの定義は価値中立的で，汎用性が高い。

### 5）環境教育

　フランケナの教育の定義「望ましい方法（Z）で望ましい性向（W）を形成する，X（教育者）とY（被教育者）とを含み込んだ過程」に従って環境教育を定義すると，「X（教育者）」とは「人間社会」であり「Y（被教育者）」とは「社会の構成員全員」となる。環境教育は生涯にわたってなされるべきで，公式・非公式のあらゆる場で導入されなくてはならないことは，環境教育が必要だと考える者たちに共通理解されている。今村は持続可能性にむけての教育のモデルとして「相互変容モデル」を提案したが，そこで「X」は大人（教師もしくは市民），「Y」は子どもと想定している[359]。しかし，環境教育の場面は社会のなかのさまざまな場面に存在しうることを前提に，ここでは大人と子どもという捉え方は採用しない。どちらかというと「社会が環境問題を解決しようと動き出すときに，それらの動きを維持・発展させるもの」と捉えた朝岡に近いかもしれない[360]。

　次に「望ましいZ（方法）」は「被教育者の発達・所属する文化・地域の状

況に応じた方法」とする。教育の方法は発達に基づかなければならない。特に，生涯発達のなかで幼児期は，身体・心・知性など，どの側面をとってもその発達が劇的で，それらが分化しておらず，それに応じた特別な教育方法が求められる時期で，小学校から高等学校までの教育と同じ方法は採用できない。また，子どもの発達についても，文化的な差異が存在し，すでに幼児期においてさまざまな文化的な違いが生まれていることがわかってきている。発達心理学分野では日中米の比較研究ですでに11ヵ月児で情動の発達や制御に違いがあること，日米で母子のコミュニケーションスタイルが違うことや愛着のタイプが異なること，社会によって養育者と子どもの社会的相互行為に違いがあることなどが，社会心理学分野では成人においても西洋人と東洋人，そして，東洋人のなかでも日本人と中国人という東洋のなかの文化圏の違いによっても，ものごととの関係性の捉え方に差異があることが報告されている。[*361]こうした発達における文化的な差異や成人における心理学的な差異が社会的側面で報告されていることを考えると，社会的集団内で行われる教育について西洋の研究者が述べる教育方法がそのまま適用できるとするのは無理がある。例えば，社会批判的な教育方法として提示されたものが，東洋の社会心理学的性質を無視して導入されても効果は見込めないであろう。もちろん，文化の影響を超えたヒトという種に共通の発達の道筋があることも確かで，文化依存的な部分とそうではない部分の区別は容易ではない。そして，教育制度そのものも，また，学校教育と保育の関係も，教育という文化のありようであり，所属する文化によって違いがある。特に，小学校から大学にいたる教育制度は国による違いは比較的小さいが，保育が社会のなかでどのような制度として規定されているかは，国によって異なる様相を示す。

　地域の状況は，被教育者の暮らす地域の実態を意味する。発展途上国と呼ばれる国々の貧困層の厚い地域で行う教育と先進国の都市に暮らす裕福層の多い地域で行う教育が同じ方法で行われても効力はない。教育を受ける権利すらない地域で求められるのは基礎教育であり，それを理解せずに先進国で実施されている環境教育の方法を持ち込もうとしても受け入れられないだろう。一方

で，発展途上国において，過去に先進国がとったような環境の質の低下を招く開発手段を採用しないことや持続可能な方法の検討は必要で，そのような政策決定ができる人材育成は必要である。また，文化そのものが都市化やグローバリゼーションのなかで急速に変容していっている一方で，人間の自然観や環境観が文化的な背景に未だ影響されていることも事実であり，地域の自然に密着して育まれていた過去の自然にむかう文化から学ぶこともある。被教育者を取り巻く背景を多様な観点から分析し，個々の地域・場面に根ざした実践法を検討しなくてはならないということである。

そして「W（性向）」は「持続可能な社会を主体的に形成することにつながる環境観を持つ」とする。現在の環境教育は，環境問題の解決という誕生時の狭い枠組みではなく持続可能性を求めるという広い枠組みで捉えることは共有されているが，先に取り上げたように何の持続可能性を求めるのかに関して統一見解はない。ESDと同一視する立場もあれば，ESDの一部とする立場もあり，その場合の環境教育は，ESDとともに持続可能な開発（SD）を求めることになる。しかし，先述した通り，環境を経済や社会と並立させる捉え方には立たず，また，成長・発展・開発の持続可能性と人間社会の持続可能性が両立するとは限らないので，ここでは人間社会の持続可能性を求めるという意味で持続可能な社会の形成という表現を使う。持続可能な社会は公正で質の豊かな社会であることが理想であり，人類の未来に対するビジョンである。そうすると，本来はあらゆる教育・あらゆる活動が同じビジョンの下で動かねばならない。これからの「教育」は持続可能な社会形成のための教育と同義でなければならず，環境教育は「教育」のなかの一つの営みとして環境観の形成にかかわる部分を担う。

望ましい「W（性向）」として「行動する」や「社会を変革する」ではなく「環境観を持つ」とした理由は，環境に対する行動選択の基盤は個人が持つ環境観だと考えるからである。そして「行動する」や「社会を変革する」ではなく「環境観を持つ」であれば，多様な教育場面と被教育者に対応でき，具体的な実践場面での目的を設定しやすい。20世紀の人間の活動は，無限な自然資源，人

間の経済や社会とは無関係な自然，自然・社会・経済という要素が自己の外側に対象化されて並立する世界という環境観に基づくものだった。教育も，そのような環境観形成を手伝ってきたのである。しかし，有限な自然資源，それ自体が自然である人間，人間の営みに過ぎない経済や社会は自然の存在を前提としてしか存在しえないという環境観に基づかなければ持続可能な社会は成立しない。自分を取り巻く環境を無限に資源を与えてくれるものと捉えるのか，あるいは，有限なものと捉えるのかによって，また，環境を自分に関係があると捉えるのか，誰か知らない他者にとってのものと捉えるのかによっても行動選択は変わる。その人の環境観が変容しないかぎり，環境に関する第三者的な表層的な知識だけが増えても，環境に対する行動は変化しない。そして，個人の環境観は，個人の生活行動の選択だけではなく，所属する集団の成員としての判断基準にも間接的に影響する。企業や自治体も，社会や個々の集団の価値に基づいて行動するが，それでも個々の場面での判断は個人によってなされるのであり，環境に対する行動の判断基準は個人の環境観の影響下にある。環境にかかわる政治的な選択においても判断基盤にあるのは，個々人が持つ環境観である。集団でなされるどのような決定もその成員の平均値に影響される。個人は既存の社会に生まれ出て，その社会の持つ価値観に影響されて育つ。教育も社会によってなされるものゆえに再生産機能を持つが，再生産は学校だけでなされるわけではない。所属する社会の持つ価値観のもとで個人の環境観はそれまでの経験や獲得してきた知識などの総体から形作られ，長い時間をかけて形成されるから，変容は容易ではない。環境観が大きく異なる人を同じ行動にむかうよう変容させることは不可能で，どのようなすばらしい社会像を目標に掲げようと，主体性に基づかない行動や社会変革の強制はファシズムと呼ばれる。一方，社会や教育が再生産だけではなく，よりよい価値を求める動きを有する実態もあり，環境教育は既存の環境観の再生産ではなく，持続可能な社会を形成するための環境観を育てる方策を模索しなければならない。

　これからの教育は持続可能な社会の形成のための教育と同義でなければならず，環境教育はそのなかで環境観の形成にかかわる部分を担うとした。一方で，

環境観は個人のそれまでの経験や獲得してきた知識などの総体から形作られるものであるから，制度的な教育だけではなく，それ以外の経験の総体が環境観形成に影響する。とすると，持続可能な社会を目指すための環境観は，環境教育だけではなく，フォーマル・インフォーマルを問わない教育全体，そして，社会における経験すべてを通して形成されなければならないことになる。そうなれば，環境教育というカテゴリーを維持する必要性，環境教育の独自性はなくなるのではないかという疑問が生じる。それに対して，ここでは，どのような環境観を形成するかを監視する装置としての環境教育を提案する。あらゆる教育・社会のなかのあらゆる経験が持続可能な社会形成を目指すことにつながるべきだが，現実にはそうではないし，また，それは容易ではない。持続可能な社会を目指すことが教育にとって通常の営みになるまで，捉え直しの視点を提供するのが環境教育である。

　以上にあげた要素をつないで，フランケナにしたがって環境教育を定義すると，「社会が，社会の構成員に対し，発達・所属する文化・地域の状況に応じた方法で，持続可能な社会を主体的に形成することにつながる環境観を育てる営み」となる。

### 6) 環境教育と幼児期

　環境教育を持続可能な社会を形成することにつながる環境観を育てることとすると，幼児期からの開始の重要性が明確になり，生涯にわたって実践されるべきという言い古されたことが真に意味を持つ。環境観形成は，誕生直後から始まるからである。もちろん，乳児期に子どもが認知できる環境の姿は大人のそれとは異なり，自らかかわる環境の範囲も狭い。しかし，乳児期なりの認知があり，記憶に残り，個々に環境の捉え方を形成していく。幼児期になると，認知のありようはまた変化し，捉える環境の範囲も広がる。しかし，まだ，環境のありようを言語化して説明したり，対象化してみることができない段階にある。身体を使った直接的な体験を通して世界を知っていく時期だとされるが，これは，自己と環境との関係が未分化で，言語を介してではなく身体とい

う自然を活用して世界とかかわる時期だということを意味する。人間は生涯を通して環境とかかわり続け，経験を継続する。その間に環境観は常に修正され更新されていくので，幼児期だけが環境観形成に重要だというわけではない。しかし，自己と環境との関係が未分化で混沌とし，ものごとを対象化してみない，発達的にそれがかなわない時期は幼児期だけである。この時期に身体ごと環境とかかわって蓄積した経験の総体が，その人の環境観の核となり，環境との共感的関係の基盤となるのではないだろうか。そうした幼少期の経験が原体験や原風景と呼ばれるのは，幼少期にしかできない質の経験があるからである。第1節で「感性・情動を混合した方法，共感性・身体性を意識した方法で"Mitwelt"を認識する可能性」を探る必要性があるとしたが，幼児期の世界とのかかわり方は未熟で未分化ではあるけれども，まさしく感性・情動・共感性・身体性などが混沌として機能する時期なのである。

　とはいいながら，子どもが環境全体をどう捉えるか，自分との関係をどう捉えるか，幼少期の体験が成長後にどのように影響するのかは，実証的な研究対象になりがたく，そのような研究はほとんどなされていない。というより，それらの問い自体が漠然とし過ぎて，答えを得るための具体的な道筋を与えない。また，環境観の育ちを目指す環境教育を幼児期から始めるべきだとしても，その必要性を支持する背景的な知見が積み上げられているわけではない。ただし，幼児期の認知や概念形成の過程や質が成長後のそれらと異なることは発達心理学や認知科学領域で数多く報告されている。例えば，心や生物，物理的要素など，子どもがかかわる対象としての概念ごとにどのようにそれが形成されていくのかの研究は，ここ30年ほど多数蓄積されてきている。それらの報告によれば，ヒトが生物として持っている環境に対する素朴な認知のありようも存在し，誕生後の経験によってそれらがより豊かになり，また，時に修正され，洗練されていくようである。子どもの経験によって認知発達や保持する知識，知識の適用力なども変化する。例えば，動物の飼育経験が幼児の生物学的知識の内容に影響することや，共感性の発達には親のかかわり方が影響するとされるなど，経験と獲得するものについての関係は個々に数多く報告されており，

環境教育を意識した経験がその子どもが獲得していくものに影響することは十分にありえる。子どもが自分を取り巻く環境のなかにある要素や法則，性質を感性や情動とともに認知したことを身体の奥深くにとどめていくものの総体が環境観となるのであろう。

　環境教育を「環境の保全についての理解を深めるために行われる環境の保全に関する教育及び学習」とするなら，幼児期に環境保全についての理解を求めるのは難しい[362]。また「環境や環境問題に関心・知識をもち，人間活動と環境とのかかわりについての総合的な理解と認識の上に立って，環境の保全に配慮した望ましい働き掛けのできる技能や思考力，判断力を身に付け，持続可能な社会の構築を目指してよりよい環境の創造活動に主体的に参加し，環境への責任ある行動をとることができる態度を育成すること」としても，幼児期には対応できないことばかりである[363]。これらの環境教育像は，ある程度自己が確立し，対象化して世界をみることができる発達段階，小学校の中学年以降になってからなしえるものである。したがって，具体的な実践を考えた場合，これらの環境教育像はすでに定義の段階から幼児期を排除している。しかし，実際には，生後10年もたてば，それまでの自分を取り巻く環境とのかかわりから子どもはその子なりの環境観をすでに形成してしまっている。しかも，その環境観は自分の身体という自然を使って獲得した感覚的・身体的ともいえる実感を伴ったものであり，個人の生活に密着したものである。そこに環境や環境問題，環境保全に関する知識を提供されても，その定着は，指導技術や指導内容だけではなく，子どもがすでに持っている環境観にも影響される。与えられた知識が実感と離れていればいるほど，単なる知識の獲得に終わって，知識だけが豊かになっていくだろう。

　さらに，自然を主軸に自分を取り巻く環境との関係を捉え直すことが，持続可能な社会につながる環境観形成の鍵だとしたが，この点からも幼児期は特別な時期だといえる。環境と自己が未分化な幼児期という時期に，身体という自然を使って，自らの自然性と自らの外にある自然を融合させるような経験を積み重ねることが，自分という自然・自分の外にある自然とその関係を実感とし

て理解する基礎になるのではないか。これは，自然を対象化してみる以前の未分化な感覚的・共感的な世界の捉え方といえる。これこそが，カーソンのセンス・オブ・ワンダー，あるいは，コップのいう詩的共感ではないか。彼らが幼少期という時期の重要性を語ったのは偶然ではない。環境教育で高く評価されるセンス・オブ・ワンダーは感性の重視という狭い意味で捉えられることが多いが，それだけにとどまらないもっと深い意味を持つ。確かに，成長に従い，人間にとって対象化してみることが世界の捉え方の主たる手法となっていく。しかし，大人であっても，対象化し，分析し，言語化してみる捉え方をしながら，一方で，どこか未分化で，感覚的で，身体的な捉え方で世界をみている部分は混在し，美しい・不思議だ・どきどきする・わくわくするなどの感覚的・感性的・情動的な捉え方から逃れられないのも現実である。芸術や自然科学，やりがいのある仕事などにはそうした感覚的・感性的・情動的な動きが必ず存在する。それらは，対象化してみる行為とは異質のものとされることが通常だが，切り離すことはできない。そうした世界の捉え方をするためには，幼児期という特殊な時期にその基礎を十分に耕しておくことが重要なのかもしれない。

　それでは，幼児期に育てられる環境観とはどのようなものだろう。環境観は個人的な歴史を背負うものであり，また，多くの点で未分化な発達段階にある幼児期の環境観を幼児自身が言語化することも，保育者がそれを評価することもできない。その意味で，幼児期に育てておくべき環境観を示したとしても，その評価は容易ではない。しかし，ここで問題としているのは，個人の環境観のなかに環境教育の観点から評価できる環境・自然・自己との関係の捉え方を含ませておく重要性であり，その観点に限定すれば幼児期であっても目標を考えたり，評価したりすることは可能である。具体的な目標や評価に反映させる場合は，環境・自然・自己というキーワードが絡んだものでなければならない。そして，そこでいう自然，あるいは，環境は環境教育の観点からみて望ましい捉え方を基礎としておかねばならない。繰り返してきたように同じ自然という概念にむかっても，それを「人間のためにあって人間が利用するものに過ぎな

いもの」と捉えることも,「人間がその一部であって,人間の生存の基盤であるもの」と捉えることも可能であるから,どのような自然であるのかを明確にしておかねばならない。また,その場合には,自然への共感性が重要である。環境教育は,科学教育や理科教育とは異なる目標を持つ教育である。自然を主軸にして環境及び環境と自己の関係を捉え直すということは,自然科学的思考法や洗練された自然科学的知識の獲得を目指すことと同じではない。近年,日本の子どもの科学離れが問題視され,保育学でも「科学性」の育ちが再び注目を集めるようになり,保育学会などでも「科学」をタイトルにあげる発表が増加傾向にある。しかし,科学教育と環境教育は異なる教育課題であり,目的が異なる。したがって,それらを同一視したり,混同したりすることは,歴史が短く,成熟度の低い環境教育によい結果をもたらさないだろう。

### 7) 環境

環境教育とは「社会が,社会の構成員に対し,発達・所属する文化・地域の状況に応じた方法で,持続可能な社会を主体的に形成することにつながる環境観を育てる営み」だとした。そして,環境観は教育を受けようと受けまいと,どのような教育を受けようと形成されるものであるから,環境教育は持続可能な社会形成につながる環境観形成につながっているかどうかを監視する装置として働くものだとした。環境教育は,どのような環境観を育てるべきかについて,すなわち,環境や自然の捉え方について,常に自覚的でなければならない。

そこで,環境を「自己(人間)を取り巻く外界＝自然～人～生活」と定義する。ここでは,環境＝自然ではない。「～」という表現を用いたのは,三つの要素が分断されるのではなく,互いにつながっていることを示すためである。個人の暮らしのなかでは,社会とは人にかかわることであり,経済とは生活の営みに密着するものである。社会や経済という表現よりも,子どもと人,子どもと生活というように,保育にもイメージとして受け入れられやすい。自己としたのは,人間を取り巻く環境とは自分とは無関係の対象化された世界のことではなく,自分がそこで生き,常に関係を持ち続ける環境,自分を取り巻く環境で

あることを意識するためである。ただし，ここでいう環境とはあくまでも地球型生物が誕生し，生存できる場としての地球上という限定した場を意味する。地球は太陽系や宇宙という大きな構造のなかに存在し，それら全体も自然であり，環境と呼ぶことが可能である。人間が認識できる環境の範囲は，さらに広い。しかし，私たちが環境問題や環境教育を考えるときには，人間が生存できる限定された場を前提とする。

環境＝自然でないことは，この定義で示されている。しかし「自己（人間）を取り巻く外界＝自然〜人（社会）〜生活（経済）」という定義では，自己（人間）も自然であることが示されず，この定義だけでは自然は自己の外にある対象化された一部となってしまう。そこで，自然についての定義が別途必要となる。

### 8）自然

自然観は歴史のなかで変遷してきたが，現在の人間にとっての自然は，自分とはどこか離れたところにあるイメージだけのヴァーチャルな自然であり，再び変容し始めている。人間が日頃意識する環境にあるものは社会や経済によって生み出されたものばかりであるから，実感として環境と自然の間隙は拡大している（図4）。しかし，人間を取り巻く環境について考えるとき，自然が重要な存在であることに変わりはない。また，間隙の拡大は，現実に関係がなくなった，あるいは，薄まったのではなく，ただ単にみえなくなっているだけで，人間側の捉え方の変容に過ぎない。例えば，人間の身体は，飾る対象であったり美醜を評価されるものであり，日常生活のなかでは文化的，社会的な意味を持って，社会や経済と切り離せないものである。しかし，同時に，生物種としてのヒトの身体でもあり，生物としての営みがなされる場所であり，それ自体が自然である。食べず，あるいは，排泄せずに生きられる人はおらず，誰一人として身体という自然から逃れることはできない。老化や死から逃れられる者もいない。私たちが人間らしいと信じきっている認知・思考・感情なども身体という自然が生み出しているもので，身体という自然が壊れれば存在しなくなる。また，暮らしている場所が高層ビルであろうと森のなかであろうと，誰もが等

しくこの宇宙のなかの地球という空間に暮らしている。スーパーで買った冷凍食品を電子レンジで調理して食べるときに自然に依存しているとは想像しにくいが，個々の材料はほとんどがもとは命のある生物由来で，誰かが加工したものである。人間は他の生物の存在なしに生きていけず，否応なく生物種としてのヒトであり続けなくてはならず，自らの自然性から逃れられない。これが，人間にとって自然が生存の基盤である理由であり，自然が重要とされる理由である。存在自体が自然である以上，自然は環境の一要素という教育学者が語るような見方はありえない。

　ここでは，自然を「人間自身がその一部であると同時に，人間の生存の基盤をなす存在，多様性・循環性・有限性を持つ存在」と捉える。環境は自己以外のものであるから，人間（自己）も自然であるということを，環境の定義のなかに示すことはできない。しかし，人間自身も自然であることは環境教育の起点として最重要である。それ自体が自然であると同時に自然を対象化してみる存在であることを自覚しておかねばならない。また，定義の後半部分は，環境教育研究のなかでも繰り返し現れてきた自然観である。自然観は捉える人間によって異なる。自然は多様な性質を持っているし，どれをどのように取り上げるかは，どこの分野で語るかによって異なる。経済学で語られる自然はあくまでも自然資本であり，人間のために永遠に存在し，サービスを提供し続ける自然である。ディープエコロジストにとっての自然は，人間のためではなく，それ自体の存在に意味がある自然である。同じ自然という言葉を用いても，自然の性質をどう捉えるかで，人間の自然へのむかい方は異なる。自然は有限とも無限とも捉えられる。自然を無限のものと捉えれば，化石資源や鉱物資源，野生生物は無限に入手でき，化学物質も廃棄物も無限に排出できる。しかし，私たちが現在知りうる科学的事実からは，地球は宇宙空間の一角を占める小さな天体に過ぎず，閉じた系であり，そこにあるものは有限である。人口が少なければ有限性は問題にはならないが，生物種として異常な個体数増加をなしえてしまった人間にとって，有限性はすでに注視しなければならない性質になってしまっている。

【自然】

【全体論・有機体論】有機体的な自然・人間も含めた自然・宇宙や世界全体を意味する自然・精神と同義の自然・共存しつつもむかい合わざるを得ない自然。

↓

【二元論・機械論】科学的認識の対象としての自然・分析対象としての自然・機械としての自然・精神と異なるものとしての自然・利用する対象としての自然。

↓

【関係】人間とかかわるものとしての自然・人間を取り巻くものとしての自然。

↓

【価値】人間とは無関係に存在自体に価値のある自然・生態系の一部としての人間の生存を支える自然。

↓

【乖離】内在的価値・生態学的価値が認められながらも、都市化の中で人間の生活と離れていく自然。ヴァーチャルな自然。

【環境】

【19世紀初め】環境の誕生。自己を取り巻く世界。自然礼賛のロマン主義思潮のなかで

↓

【20世紀前半】環境＝人間を取り巻くものという意味で、一般用語として定着。自然とほとんど同義

↓

【1970〜80年代】環境＝人間を取り巻くものとしての環境だが、自然との間隙は広がった。環境問題を抱える環境。現代用語としての環境（人間を取り巻くもの，問題を抱えたもの）が定着

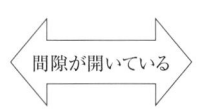

↓

【90年代以降】環境＝人間を取り巻くものとしての環境だが、社会や経済と切り離せないもの。人工要素の存在だけが意識される環境。グローバルなもの

⇔ 間隙が開いている

今後の環境教育に求められる自然の捉え方
・人間それ自体が自然
・人間がそのなかにいる自然
・「生態系の一部としての人間」の生存を支える自然
・身近な存在としての自然
・多様性・循環性・有限性という特質を持つ自然

⇔ 狭める

今後の環境教育に求められる環境の捉え方
・自己（人間）を取り巻く外界
・自然〜人（社会）〜生活（経済）が互いにつながっているもの
・自分がそこで生き、常に関係を持ち続けるもの

図4　自然と環境の捉え方の概念図

多様性は人間にとって審美的な要素だが，それだけではない。生命は遺伝子を持って複製するだけではなく，その過程が多様性を生み出す性質を持っていたがために40億年の歴史を紡ぐことができたのであり，生命圏が持つシステムとしての強靱性は多様性に依存してきた。生命史が示すのは，大きな環境変化が多様性の減少をもたらしながらも，減少後も多様性があるために生き残る種があり，その残存種から新たな多様性が生み出されてきたという事実である。環境変化の影響は種によって異なるが，食物網経由で他種に影響し，結果として時間をかけて多様性が減少すると考えられている。環境変化は時間をかけて，ある時代の生命システム全体の脆弱性につながる。しかし，これも生命という観点だけからみれば，ある時点の生命圏の衰退自体は問題ではない。人間の活動がいかに過激になろうと，野生生物種が減少しようと，すべての種が絶滅するほど生命圏は脆弱ではなく，過去にも大量絶滅は新たな生物相の進化を生み出してきた。しかし，ホモセントリックに考えた場合には，人間は現時点での生命圏の一部として存在しているから，そのシステムの劣化は長い目でみた場合に人間の活動の持続可能性を脅かす。人間にとっての多様性の意義とは，現世代にとっての価値は何かというような短期間の有用性ではなく，人間が生存している生命圏の維持，すなわち，ヒトという種の生存にかかわる長期的な有用性である。

　そして，循環性は，地球にあるものは生物であろうと非生物であろうとミクロレベルからマクロレベルまで相互に関係し，物質循環を通してつながりあっているという性質を意味する。物質レベルでは地球という閉じた系がもともと持っていた物質を使い回しているに過ぎず，個体レベルでみると生産者・消費者・分解者と生態系内の役割は異なるが，物質循環，あるいは，食物網を通して他の無生物・生物と関係し合っている。こうした循環性を前提にしなければ，ある生物種やある限定された地域の生態系の喪失が，他の生物種や近隣の地域の生態系に影響するということや化学物質の環境リスクについて理解できない。また，性のある生物は個体レベルの老化と死を免れないが，子孫を残すことで生命の伝達をなしえており，これも循環性と呼べるだろう。時間を経る変

化も自然の循環性と呼ぶことができるが,人間の目に触れやすい例としては季節変化がある。

　これらの有限性・多様性・循環性という自然の性質は,西洋の自然観のなかでも有機体論として古くから脈々と受け継がれてきた捉え方にもみられ,ロマン主義的な自然観にもつながる。また,西洋に限らず世界の先住民が共通して持つ,あるいは,持っていた全体論的な自然観にもみられる。つまり,それ自体は新しい捉え方ではない。狭い地域社会で,自然にむかい,有限性・循環性・多様性などの自然の性質を基盤にしながらでしか自然を利用できなかった過酷な時代だからこそ意味のあった自然観でもある。

　では,そのような過去に意義のあった自然観をあえて現代人が意識的に身につけなければならない理由は何だろうか。一つは,地球が有限な空間だからである。人間の活動が地球規模化してしまった現在では,過去の人間の生活単位だった「狭い地域社会」が「狭い地球」に入れ替わったようなものである。自然にむかい,有限性や循環性,多様性などの自然の性質を基盤にしながらでしか自然を利用できなかった時代が地球規模で再び到来しつつあると考えなければならない。過去の局所的な事例が示すように,有限な対象物に対して収奪的な活動を続けると限界が訪れ,同質の活動を持続できなくなるときがいずれ訪れる。そして,過去には新たな場所をみつけることで解決できたが,現代人に「新たな地球」は未だ用意されておらず,持続可能な活動を望むなら,否応なく有限な自然を前提にせざるをえない。未知の自然領域に対して予測は不可能で,その限界がいつ来るかはわからない。もう一つは,現代の先進国に生まれて都市生活をしていれば,自分と無関係なところにあって利用する対象でしかないという自然観は容易に身につくが,有機体論的・全体論的,あるいはシステム論的な自然観を身につけることが難しいという現実である。環境思想では環境問題の成因はそうした機械論的な対象化してみる自然観にあるとされてきたが,現代社会に生まれ育てばそうした自然観が形成される。これは,破壊する対象としての自然であれ,遠くにあって守る対象としての自然であれ同じである。破壊と保護のいずれの対象になるにせよ,自分とは無関係な自然なので

ある。

　過去に意義があった自然観を再評価するにしても，有限性や多様性，循環性という自然の性質は 19 世紀以前のロマン主義的・有機体論的・全体論的な捉え方と同じレベルにとどまっているわけではない。20 世紀以降は自然科学分野の研究対象となり，実証的に示された部分が多く，機械論的でも生気論的でもない，システム論的な捉え方である。対象化して自然を突き放してみるのではない共感的な自然の捉え方が必要だとしたが，それは単なる心情面での共感ではなく，共感という感性と情動を混合した方法と併せて"Mitwelt"を認識する可能性，認識という行為をより豊かにするという意味であった。新たな科学的知識に裏付けられた自然の捉え方と併せて共感的な捉え方をするという意味であり，過去の捉え方と同質ではない。20 世紀以降の生態学や地球科学，宇宙科学が明らかにしてきた知見がその基盤として有効に働くはずである。

　ところで，本書では，自然という概念の捉え方の変遷を分析する際に西洋思想史における自然概念について扱ってきた。もともと環境や環境教育という概念自体が西洋出自で，日本はそれらを輸入したに過ぎない。その意味で，環境や環境教育を語るときに欠かせない自然という概念について，西洋思想史のなかで検討することは誤りではないだろう。しかし，西洋と東洋では自然観が異なるとされることが多い。環境史ではそうした二元論は乗り越えられつつあるとされるが，自然を利用する対象としてみる自然観を西洋的とし，環境問題の解決に東洋的な自然観が有効とする言説は今でもある。[*366]こうした自然観の差異を，翻訳という過程を通して示したのが柳父で，明治期の文化人が nature あるいは Natur という西洋語に対し自然という訳語をあてていった経緯を分析している。[*367]さまざまな文化人が日本古来の用法としての自然と，西洋の nature の翻訳語としてあてた自然を混同したり，区別しながら，法・政治・文学・芸術の多様な分野で論争を繰り返したことを詳述する。明治より前にすでに日本語として使われていた自然という言葉は，もともとは中国からの輸入語だが「自ずから然り」の意で，『枕草子』などの平安時代の文献にすでにみられる。この用法は現在の日本語でも存在しているが，nature の翻訳語の自

然も明治以降使われるようになり，結果として自然という言葉には，西洋で使われてきた nature 概念と共有する部分と異なる部分が共存するという。宗教学の観点から日本人の自然観と宗教意識との関係を分析した西脇も，キリスト教文化と比較して異質ともいえる現代日本の宗教文化に，西洋とは異なる自然観が影響していることを示唆している[368]。

しかし，同じ自然という言葉に対し異なる分析もある。例えば，第2章で取り上げた寺尾は，日本語の自然という概念の持つ二つの意味を，日本独自のものと捉えない。西洋ではキリスト教の，日本では仏教や儒教の影響があるものの，西洋・東洋を問わず自然の捉え方は「自ずからあるもの」から「対象的な外界」へと変わってきたとする[369]。実際に，現代英語の nature も，「対象化された外界」という意味だけではなく，「自ずからあるもの」としての本質的なもの・性質という意味で使われることも多い。自然観と文化の関係は複雑で，自然観は文化を越えて普遍である，あるいは，違いがあると容易に判断できるものはないといえるようである。

そして，環境と自然の間隙が拡大しているのは世界の都市生活に共通する現実である。例えば，矢内は環日本海地域の漁村をフィールドに風をめぐる呼称を収集し，矢内のいう「風土的環境観」を分析したが，1970年代以降漁村コミュニティの衰退に伴って自然現象を共有する固有の地域文化がなくなりつつあり，韓国との比較研究から日本で失われつつある環境観が未だに韓国では残っていると報告する[370]。つまり，日本の都市生活者は，自然とむかい合って生きざるをえなかった時代の自然観の基盤となっていた経験を，すでにしていない。20世紀後半の急速な社会の変化によって，その文化固有の自然観もすでに変質してしまっている。明治期の日本人の自然観と現代の日本人の自然観は，西洋・東洋という枠組みを超えるほどの違いになっており，戦後の3世代を比較しただけでも生育期に経験した自然はまったく異なるといってよい。同様の指摘を村杉もするが，古くからの自然観も失われておらず，結果として現在の日本人には東西の自然観の二層構造があると捉える[371]。しかし，別の観点だが，亀山は環境倫理学・宗教学の立場から，日本の仏教思想が西洋近代の引き起こし

た戦争・環境破壊・精神の崩壊を救うとする考え方を批判する。[*372]その理由として，日本の伝統的な仏教的自然観が単なる建前に過ぎず，自然破壊に無力であった事実をあげる。確かに，古来自然との共生を重視する自然観を持ち続けているはずの近代日本が，ためらうことなく自然を破壊して開発にのめり込んでいった歴史的事実も，亀山の捉え方を支持している。

　同様に，害虫の誕生について科学史と社会史との関係から分析した瀬戸口も，日本が明治時代に害虫という概念を受け入れていった過程を詳細に示しながら，江戸時代の人々はエコロジカルな自然観を持っており，西洋近代の自然破壊的な自然観の導入によって変容したという単純な二分法を採用しない。[*373]自然と人間の関係は常に社会的状況に影響されるとみるのである。1970年頃までの自然破壊や環境問題という現象への反動として誕生したエコロジーブームを受け生物多様性という概念のもとに，現代社会では害虫という概念も再び変容し始めているという。また第1章で分析したように，同じ西洋のキリスト教文化圏でも，アメリカは持続可能な開発概念に対して積極的な対応を示していないが，ヨーロッパ諸国は各国とも積極的に政策に反映させている。オーストラリアは持続可能な開発ではなく，生態学的持続可能性という概念を採用している。これらの持続可能な開発概念への対応の違いも，単に西洋という枠組みでは捉えられないものがあるということであろう。

　このようにみると，文化固有の自然観というのは意外に曖昧で，現代では文化固有の自然観は失われつつある。というより，文化固有の自然観にとらわれるのではなく，社会の動きによって自然観は変容し，変容した自然観は社会の動きに影響するという実態を前提とするべきであろう。自然を捉えるのも，行動し社会の動きを生み出すのも人間である。相互に絡まり合いながら自然観が形成され，行動が決まっていく。西洋近代の自然観が環境問題を生み出していったとされることが多いが，それは単純過ぎる読み方であり，異なる自然観を持っていた文化圏が環境問題を生み出さなかったわけではない。この点は，世界の先住民のエコロジカルな自然観に学ぶ際にも注意が必要である。現在からみるとエコロジカルな自然観と読み取れるが，それは自然保護が目的で醸成された

ものではない。そのような構え方をしなければ生活が成り立たなかった時代の知恵だったのである。そうしなくても生活が成立するようになれば，人間はそうした既存の知恵を手放し，迷うことなく自然の収奪にむかっていったのであり，それは世界の歴史が示している事実である。

　上で確認した通り，20世紀後半に誕生した環境教育が基盤とする自然は，同じ20世紀に学問として成立した生態学の裏付けがあり，それ以前の東洋の自然観とも西洋の自然観とも同じではない。人類の歴史において脈々と流れてきた自然観と異なるわけではないが，現代社会の影響下にありながらも，今後の人間のあり方を見据えて考えなければならない。その意味で過去の人間が持たなかった新たな自然観である。また，生物種としては異常なヒトの個体数（＝人口）増加とその活動の地球規模化が，化石資源や生物資源の地球レベルでの限界を予見させていることも，今まで経験しなかった新たな様相である。さらに，同じ限界問題でも再生不可能な化石資源と再生可能な生物資源ではむかい方も異なり，それぞれ自然の有限性と循環性の理解が基礎になる課題である。グローバリゼーションや都市化が進行し，すでに自然との間隙が拡大してしまった現代社会に生きる私たちが自然や持続可能な社会のありようについて考えるとき，過去から学ぶことはあっても，西洋・東洋という枠組みや日本の伝統的な自然観，先住民の全体論的な自然観にこだわる，あるいは，それらのノスタルジックな再現で解決を夢想することは有効な方法ではない。後戻りはできないのであり，新たな社会は今までとは異なる新たな自然観に基づいてむかい方を考えていかねばならない。

### 9）保育

　環境教育と違い保育の歴史は長く，多くの理論家が保育論を展開してきた。そのなかで共通して提示されてきたのが，幼児期の発達理解に基づく保育だった。ここでは，新たな保育の定義を提示せず，現在までの保育論のなかで海外ではフレーベル，国内では倉橋に代表される子どもの発達特性と主体性を重視する保育論に従う。ロマン主義の影響下にあり，キリスト教的な世界観のもと

で生きる西洋人だったフレーベルは，幼稚園を子どもの園とし，保育者は園丁であるとした。生まれ育った時代も文化も異なる倉橋も，フレーベルに類似した保育観を持っていた。子どもの発達理解をもとに幼児期の重要性や保育のあり方を語った理論家はコメニウス以降，彼ら以外にもいたが，この二人が未だに高く評価されるのは，子どものいる場で現実に保育にかかわり，それを理論にフィードバックさせたからであろう。現在の日本の保育も彼らの保育思想の上にあるとされ，子ども理解を基礎に，子どもの主体的な活動を重視し，子どもの発達の自然な筋道を支えるのが保育者という捉え方である。また，この二人は子どもの自然性と子どもにとっての自然の存在意義を高く評価した理論家でもあった。

　ただし，ここでは，社会が変われば子どもを取り巻く環境も変わり，将来のビジョンも変わり，保育や教育もそれに対応しなければならないという点を加える。フレーベルは19世紀，倉橋は20世紀初頭という過去の理論家である。環境という言葉が誕生し，身近な自然が豊かに存在し，現在と異なる生活をしていた時代である。それにもかかわらず彼らの子ども観や保育観が未だに評価されるのは，子どもに普遍の発達の筋道があり，時代を経ても変わらない発達課題があるからである。一方，社会は変動し，特に20世紀後半の変化はめまぐるしい。環境問題は人間の急激かつ過度な活動量増大の結果である。19世紀・20世紀初頭と現在の先進国では，同じ言葉で生活経験や自然体験といっても内容は大きく異なる。したがって，子どもを取り巻く環境が子どもの発達にどう影響するのかは，時代ごとに検証されなければならない。昭和初期の教育学者が検討した教育学用語としての環境と現在の教育学者の考えるそれはかなり異なる。倉橋に対立したとされる城戸の子ども観や保育観は現代の保育にそぐわない印象を与えるが，城戸は当時の社会状況のなかで子どもの置かれている社会的環境を憂慮し，また，子どもの育て方が未来の社会に影響すると捉えていた。倉橋が子どもの発達課題にむき合う保育を考えていたとすれば，城戸は当時の保育課題にむき合う保育を考えていた。どのような子どもを育てたいのかは，社会や時代の要請に応じて変化する。テレビ・パソコン・携帯電話の影

響は現代の教育・保育にとって課題となりうるが，明治期にはそうではなかった。そうした物自体がなかったからである。本田も不変の発達課題と可変の保育課題を区別し，保育課題は時代に応じたものでなければならないとし，都市化や情報化などの幼児をめぐる環境の変化への新たな対応を保育に求めている。[*374] 保育課題の追求は単に子どもの個人としてのよりよい育ちを求めているだけでは不十分である。人権教育も環境教育も子ども個人の育ちだけではなく，その先に，どのような社会であるべきかを見据えている。

そこで，保育とは，不変の発達課題と社会の変化に応じた保育課題に応じたものとして「社会の変化に応じた課題にもむかいながら，幼児期の発達理解をもとに子どもの主体的な遊びを重視した，子どもを養護し教育する営み」と捉えることにする。

### 10）幼児期の環境教育

ここまでで，環境教育は「社会が，社会の構成員に対し，発達・所属する文化・地域の状況に応じた方法で，持続可能な社会を主体的に形成することにつながる環境観を持つように育成する営み」と定義した。そして，そこでいう環境とは「自己（人間）を取り巻く外界（自然～人～生活）」であり，自然は「人間自身がその一部であると同時に，人間の生存の基盤をなす存在，多様性・循環性・有限性を持つ存在」である。保育は「社会の変化に応じた課題を意識しながら，幼児期の発達理解をもとに子どもの主体的な遊びを重視した，子どもを養護し教育する営み」であり，幼児期の環境教育は，環境教育と保育を結びつけるものである。とすると，幼児期の環境教育とは「幼児期の発達理解をもとに，子どもの主体的な遊びを重視しながら，持続可能な社会を主体的に形成する大人へと育つ基盤となるような環境観を持つよう育成する営み」となる。

これを保育の場で適用するために簡略化すると，幼児期の環境教育とは「保育の生活全体で子どもの主体的な遊びを重視しながら，持続可能な社会形成につながる環境観を育てること」になる。ここでいう環境観とは，環境を「自己（人間）を取り巻く外界（自然～人～生活）」と捉え，その場合の自然を「人間

の生存の基盤をなす存在であり，多様性・循環性・有限性を持つ存在」と捉えることである。

## 2　幼児期の環境教育実践にむけての具体的提案

### 1）定義から実践のあり方を考える

　前節で，幼児期の環境教育を「保育の生活全体で子どもの主体的な遊びを重視しながら，持続可能な社会形成につながる環境観を育てること」と定義した。この定義に従って保育における実践を考えた場合，どのようなものになるのだろうか。保育の方法は，保育の生活全体で，子どもの発達に応じたもの，かつ，主体的な遊びを重視する方法としたが，これは，現在の日本の保育の基本として提示されている「環境を通して行うもの」という保育方法と一致する。例えば，幼児にわかりやすい言語に修正してあっても小学校から高等学校までの学校教育で行われている形式で環境問題の存在やその対策行動について教えることは，適した方法にはならない。また，現在の保育が子どもの主体性を重視し，遊びのなかで環境とかかわることを尊重しているからといって，環境とかかわること＝環境教育になるのかというとそうではない。幼児期の環境教育は，現在の保育の方法のもとで「持続可能な社会形成につながる環境観を育てる」ものであり，その点が意識されていなければ，先に定義した環境教育にはならない。

　環境観は，生まれてからの環境とかかわる経験の総体から作られる。経験は生涯持続するから，生涯にわたって環境観は変化する。誰もが自分なりの経験を通して環境観を更新し続ける。幼児でも誕生してからその時点までの自分の経験の総体からその子どもなりの環境観を形成している。教育学者が分類するように子どもの生活には物的環境・人的環境・社会・自然と多様な要素とのかかわりがあり，それらが複雑に絡み込んで経験となる。したがって，環境観は日々の生活における子どもの経験の総体によってゆっくりと形成される。保育

の場の経験は子どもの経験の一部しか占めないが，保育者が教育的意図を持って影響を与えることが可能である。ただし，それはあくまでも環境を通して行うという方法によるから「持続可能な社会形成につながる環境観を育てる」とは，日々の保育のあらゆる場面で保育者が持続可能性を意識することを意味する。子どもが環境とかかわることが，子どもの発達にとって意義があると捉えるだけでなく，同時に，その経験がその子どもに環境観を育てる基盤となることを意識するのである。保育実践を考えるときに，子どもの発達課題だけにむかうのではなく，同時に保育課題にもむかうことになる。

　それでは，日々の保育のあらゆる場面で保育者が持続可能性を意識するとは，どう具体化できるのだろうか。鍵となるのが，環境と自然の定義である。これらの概念は多様に解釈されるが，持続可能な社会を形成するという目的をあげる場合は，それに合致した捉え方をしなければならない。定義に従えば，保育者が持続可能性を意識しながら構成する保育環境やそこで子どもが行う活動は，自然と人と生活のつながりが常に自分を起点に意識され，その自然は多様性・循環性・有限性を意識したものでなければならない。

　環境教育を保育実践に具体化するには，まず，指導計画の立案段階から考える。指導計画は各園の教育課程や保育課程を基礎に立てられるから，先に環境教育も含む多様な保育課題への対応が教育課程や保育課程に盛り込まれる必要がある。環境教育に限らず，保育課題は実践の歴史も短く具体化が容易ではない。短期の指導計画に利用できるような個々のハウツーだけが提示されても意味がなく，教育課程や保育課程のような実践の根幹となるところに記載されていなければ，保育実践で具体化につながらない。しかし，現実には幼稚園の教育課程をみても，環境教育に限らず保育課題への関心は低いのが現実である。

　次に，指導計画では「ねらい」にあげられるかどうかが，環境構成や子どもの活動の読み取りに影響する。例えば，保育者が自然とかかわる活動を指導計画に盛り込む場合，明治期から自然とのかかわりの意義として認められてきた科学性の芽生えや豊かな人間性の育ちを示す文章がねらいとしてあげられることが多い。短期の指導計画の場合は「気づく」や「発見する」というような科

学性の芽生えにつながるものが重視され，長期の指導計画では「命を大切にする」というような豊かな人間性の育ちにつながるものがあげられている[*375]。いずれも子どもの発達課題に応じたねらいである。しかし，環境教育を保育課題と捉えるなら，自然の循環性や多様性という特質への気づきや自然と人の生活との関係への気づきに関する内容を具体的なねらいとしてあげる必要がある。同様に，保育環境の構成では，園庭を自然の循環性や多様性という特質を持つように整備・管理し，保育室で使われる教材や素材を環境配慮の観点から選択する。散歩や地域での園外保育も自然とかかわる場としてだけではなく，自分の暮らす環境と自分との関係に気づき，愛着心を育てる場と考え，場所の選択や活動内容，活動頻度を考える。また，持続可能性を求めるときには社会的公正が前提であるから，人とかかわる場面や絵本などの教材選択，行事，地域での社会体験のなかでもジェンダーやエスニシティなどの公正さに問題がないかどうかも視野に入れる。実践は単発的な活動が個々に埋め込まれていくようにみえるが，活動ごとに完結するものではなく，学期や年間，保育期間全体を通して，あらゆる活動が相互に関連を持つ。これらを子どもの体験という方向からみると，園内でかかわる素材・教材のすべては，環境配慮や社会的公正が意識されたものであり，子どもはそれらにかかわる経験を繰り返し，それらに慣れ親しむ。ゴミを捨てたり水を使ったりなどの生活習慣にかかわる経験をする場面でも，そのように保育環境が作られているなかで経験を蓄積し，保育者の援助を受ける。地域での活動も同じ場所を継続して利用することを通して，子どもはその場に愛着を持つ。そこで多様な自然の要素や社会の成員と出会うことで，自分が異なる他者とともに同じ環境のなかにいることを実感として身につける機会を重ねていく。

　こうした子どもの経験は，無藤の取り上げる「生態学的気づき」に通じるであろう[*376]。これは，生態学の視点から自然を捉えるという意味ではなく，生態学的アプローチ，すなわち，場における要素の関係性に視点を置いた世界の捉え方のことで，ある場に存在するさまざまな要素間の関係への気づきを指す。幼児期の場合，体験のなかで生じたさまざまな気づきは既得の知識と照合されて

自分のなかで消化され，対象化された知識として体系的に定着するわけではない。まだ，そうした発達段階にないからである。しかし，気づきや幼児期なりの知識は対象化されない，体系化されないからといって，残らないわけではない。未消化で体系化されないまま身体のなかに残る，形にならないものを溜め込むということである。ただし，環境教育の観点からは，幼児期の気づきが成立する場の質が重要である。例えば，ある生物とその生息場所という関係に気づくためには，その生物のいる場所の生態系が豊かで，かつ，そこで遊ぶ経験が蓄積されなければならない。そのような条件が用意されれば，その生物と生息場所だけではなく，その生物と他の生物との関係に出会ったり，同じ生息場所を他の生物が利用していることにも気づいたりするかもしれない。関係についての気づきが重層化していく。生態系の構成要素が少なければ，経験を継続してもその関係の気づきは単調なもので終わってしまう。子どもは自然のなかだけで育つわけではないから，発達課題，すなわち，子どもの育ちという観点だけからみれば，子どもの気づきの成立する場の生物多様性が劣っていても，その子どもの育ちに影響することはない。しかし，環境教育の観点からは子どもの気づきが成立する場の豊かさが必要になる。同じ生態学的気づきであっても，発達課題からみるか，保育課題からみるかで，評価は異なる。

　人間は他者への共感性や生物への関心を生まれながらに持つとされているが，それらは他者や他の生物とのかかわりという経験がないと育たない。[*377]命を大切にすることは指導計画のねらいに常にあげられるが，他の生物の生活に気づき，共感的に受けとめて初めて他の生物の命を大切に思えるはずで，単に生物を飼育栽培するだけで育つものではない。こうした経験の蓄積が，将来，生態系という概念や自然保護の必要性を体系化された知識として学んだときに，実感としての理解につながるはずである。また，別の例としては，生活場面での気づきもある。保育の生活のなかで，水や食べ物，紙などの素材，用具などの要素と出会う場面は無数にあるが，それらを保育のなかでどう扱うのかは個々の保育者の環境観によって異なるだろう。保育者がそれらの要素を有限な資源として捉えているのか，無限にある消費財と捉えているのかを，子どもは

保育の生活のなかで繰り返しみせられ，生活のなかにあるさまざまな要素とのかかわり方を模倣する。これは，子どもの直接体験を通した気づきではなく，他者と世界とのかかわりを経た間接的な気づきであり，それを模倣という手段で自分の世界とのかかわりのありようとして取り入れていくのである。

こうした気づきにつながる体験はすべて今までの保育のなかにあり，環境教育体験という新しいカテゴリーができるわけではない。すでに確認した通り，自然とのかかわりは明治時代から常に保育の項目や内容，経験の一つとして意義を評価されてきたもので，現在も保育の重要な活動として実践され続けている。さらに，1998年の『幼稚園教育要領』改訂の方針の一つとして「自然体験や社会体験などの，直接的，具体的生活体験」の重視があげられて以降，自然体験や生活体験の評価はいっそう高まっている[*378]。つまり，保育は現在にいたるまで自然体験や生活体験を子どもの活動として高く評価し，実践に取り入れてきた実績がある。しかしながら，自然の捉え方が環境教育の観点からは不十分であること，自然とのかかわりが人や生活と結びつけられることが少ないこと，持続可能な社会の形成という将来的な視野が意識されていないことから，今まで実践してきた活動をそのまま幼児期の環境教育として評価することはできないのである。

幼児期の環境教育は，自然体験や生活体験と別途の新たな経験のカテゴリーを生み出すのではなく，従来実践されてきた自然体験や生活体験と呼べる活動に環境教育の観点を新たに加えたり，子どもの活動や保育者の援助のあり方を環境教育の観点から読み直す作業を行う，環境教育の視点から今までの保育を捉え直すことである。既存の実践と同じ内容を提案しても意味がなく，また，今までになかった新たな実践を提案するのでもない。

## 2) 自然観・環境観から保育を見直す

今までの実践内容を読み直し，持続可能な社会形成という観点からより豊かな内容にするための具体的な提案をする際の基準となるのが「自然」と「環境」の捉え方である。先に，自然を「人間自身がその一部であると同時に，人間の

生存の基盤をなす存在であり，多様性・循環性・有限性を持つ存在」とした。保育において自然は「経験」や「領域」の一つとして子どもがかかわる対象として常に重視され，1998年の『幼稚園教育要領』改訂以降，「領域環境」だけではなく「健康」「人間関係」「表現」など他領域にもかかわり，子どもの総合的な発達に寄与するものとして意義が再確認された[379]。しかし，ここで定義したような自然観がそこに読めるかというと，そうではない。要領に記載されている自然を表す言葉は「自然」「季節」「動植物」「生命」である。解説では「どんぐり」や「アメンボ」「動植物」「土」「砂」「水」「光」，それらを含めた「野外の自然」などと具体化される[380]。これらは，個別に存在する要素か，あるいは，全体として大きく漠然とした対象としてくくられたものである。また，人間の生活と関連して示されるのは季節だけで，システムとしての捉え方や要素間のつながり，人間と生活，自然との関係は示されない。

　保育にこうした自然観がみえない理由として，幼児の発達段階では，そのような捉え方は不可能だと判断されていることがありえる。確かに，高度な生態学概念や保護概念の獲得は子どもの年齢に相関する[381]。しかし，先述したように，幼児が従来考えられてきたよりも分化した生物観を持ち，それが文化や経験に依存することも明らかになってきている[382]。稲垣も，幼児の素朴生物学の認識力を理解した上で幼児と自然とのかかわりを捉え直す必要性を述べ，生物とのかかわりについて感性面のみに重点が置かれている保育の現状に疑問を呈している[383]。幼児でも自然とかかわる経験から，自然についての認識が深まることから，他の生物の生活や生物同士の関係，人の生活と他の生物との関係の類推など，幼児なりの素朴な生態学概念の形成も可能だと考えられる。それが，その後の生態学的知識の形成につながる可能性を示す例として，5歳児対象の自然体験プログラム「ムッレ教室」の経験者と非経験者の就学後の比較調査報告がある[384]。スウェーデンのNGO野外生活推進協会が開発した自然体験プログラムである「ムッレ教室」は，生態学的な自然の捉え方を重視し，幼児期の発達に適した手法を用いてそうした自然の捉え方を子どもに意図的に伝えていく。調査では，ムッレ教室経験者の方が低学年から食物連鎖などの概念に関する問題

の正答率が高いと報告されている。幼児期から素朴な生態学的概念を持つ可能性は十分にあり，その形成には教育的意図が重要な役割を果たすと考えられる。

　環境教育で重視する自然観が保育にみえないことは，上記の「ムッレ教室」に出会い，保育実践に取り入れた保育者が自らの変容を語る報告からも読み取れる。「これまで，私は『保育のために自然を利用する』という感覚であったと思います。（中略）そして，自分自身が自然の一部であることも忘れていましたし，保育に活用できるものは何でも『保育材料』と考えてきました」とする[*385]。自然豊かな地域で，自然とかかわる活動をよくしていたと自負していた保育者が，「ムッレ教室」に出会ったことで自らの自然観，そして，保育のなかでの自然とのかかわりの捉え方を変えたことを自覚している。同様の報告は「環境教育」を主題にして実践研究に取り組んだ他の保育者からもなされている[*386]。本書でも保育にとっての自然は，子どもの発達にとってのツールに過ぎず，子どもに育てたい自然観や，将来，その子どもが形成する社会の姿はみえないことを指摘したが，これらの保育者の報告には，その点への気づきが読み取れる。豊かな自然体験や生活体験をしても，保育者側に環境教育の観点が明確に意識されていなければ環境教育にはならない。一方，現職者には従来通りの自然とのかかわりでよいとする考えがある。現職者を対象とした調査では，幼児期にこそ自然とのかかわりが必要で，子どもの育ちにとって欠かせないとし，自然を活かした実践を報告する回答者は多いが，今まで通りの自然とかかわる実践をしっかりとすればよいと捉える者もいた[*387]。しかし，新たな捉え方に踏み出すためには，上述の保育者のように意識が変わらなければならない。

　ここでは，環境教育として望ましい自然観・環境観を保育に取り込むための具体的な取り組みとして，「経験の日常化・継続化」「園庭の改善」「自然に合わせる活動」「自然と人と生活を結ぶ活動」「保育者研修」の5点を提案する。


**経験の日常化・継続化**
　環境観・自然観は生まれた直後からの環境・自然とのかかわりの蓄積によって形成される。自分を取り巻く環境とかかわりながら発達する過程で，自然と

のかかわりが少なければ，その子どもが形成する自然観は，自分の生活には関係のない自然となるであろう。子どもの発達の観点だけからみれば，それでもかまわない。しかし，環境教育の観点から望ましいのは，「人間自身がその一部であると同時に，人間の生存の基盤をなす存在であり，多様性・循環性・有限性を持つ存在」と捉える自然である。このような自然観を形成するためには，日々の生活のなかで自然と人と生活の結びつきに気づいたり感じたりする経験や，上述のような自然の特質に気づく経験を蓄積しなければならない。それは，身体に貯め込み，後に知識として提供された際に実感を伴った知識として自分のものとして定着させるための準備である。自然が「人間自身がその一部であると同時に，人間の生存の基盤をなす存在であり，多様性・循環性・有限性を持つ存在である」ことは，学校教育でも知識として学び，メディアでも発信されている。しかし，教育全体を見渡したとき，伝達する知識としてしか与えられていない。実感として捉えられない知識は表層的な，自分とは無関係な知識として終わる。したがって，自然観形成を目的とする活動は，特殊なもの，一過性のもの，非日常的なもので終わってはならない。年に数回，自然の豊かなところに行くというような非日常的な経験から作られるのは，自然は遠くにあって時々楽しむ存在という自然観である。それは子どもの経験として意味があっても，環境教育の観点からは評価できない。

　良質の物理的環境があっても，それを保育に活かせるかどうかは保育者次第である。子どもがその環境のなかで主体的に遊び込み，活動の繰り返しのなかで自然の多様性や循環性という性質を身体で経験し自然観を育てていくためには，自由度の高い時間が毎日組み込まれている必要がある。保育現場では登園後や降園前がそのような時間として使われることも多いが，その時間帯を子どもが好きなことをして遊ぶ時間や活動の調整時間と捉えるのではなく，子どもが園庭で多様な経験をする意義のある時間帯だと捉える。地域の自然地も，学期に1回だけ遠足として行くのではなく，毎週のように出かけ，継続的に利用する。そのためには，幼児の足でも利用しやすい距離や安全性などの条件が必要だが，大人の目からみて豊かな自然でなくてもよい。一角にしか自然地がな

い都市公園でも，園庭とは異なる自然要素を体験でき，地域への愛着心を育てる場となる。ただし，1日の変化，天候による変化，季節による変化，そのときしか出会えない要素など，時間軸に沿った多様性を体験するためには同じ場所を利用しなくてはならない。このような取り組み例として，都心部の住宅街にある目黒区立ふどう幼稚園でなされた実践報告がある[*388]。保育者らは徒歩圏にある森林公園を第二の園庭と位置づけ，継続的・日常的に利用するようにし，子どもが森で遊びを豊かに創出していく過程を報告している。幼稚園も森林公園も古くからそこにあり，保育者が第二の園庭と位置づける以前からその公園を自然地への戸外保育として遠足などで利用していた。同じ場所にあり，同じように戸外活動に利用していたのに，経験内容の豊かさが異なると捉えられるのはなぜだろうか。物理的な環境はまったく同じであるから，日常性・継続性を意識した保育者の視点の転換が保育実践を変化させたことになる。また，保育者は森へ行くだけではなく，園での遊びと森での遊びが相互につながるよう援助のあり方を考えたり，お誕生会を森で実施したりして，保育の生活のなかで園と森が分断されないよう配慮し，親子観察会をして保護者を巻き込み，日常性・継続性が園だけではなく家庭にも広がることを意識していった。

　同じ自然地でも，保育者の意図と計画によって子どもの経験内容は変わる。ときには保育者が意図的に自然とかかわる活動を取り入れる必要もあるが，その際に，ネイチャーゲームや先にも取り上げた「ムッレ教室」の手法が一つの参考になる。アメリカのコーネルが発案したネイチャーゲームは，日本では日本ネイチャーゲーム協会が中心となって普及し，個々のゲームは民間の自然体験型環境教育プログラムでもよく取り入れられている。幼児対象に作られたものではないが，保育の活動に取り入れられることも増えている[*389]。スウェーデンの野外生活推進協会が開発した5歳児むけの自然体験プログラム「ムッレ教室」は，6回の活動で一つのプログラムとなり，ゲームやクイズなどを組み入れ，幼児でも自然界にみられる循環や役割が理解できるよう工夫されている。こちらも日本野外生活推進協会が中心となって普及が進められている[*390]。いずれも完成したプログラムであることや西洋出自であることから，子どもの主体的

な遊びにそぐわない，西洋と日本では自然が異なる，日本にはなじまないとして導入に抵抗感が示されることもある。しかし，現代の都市居住の日本人にとって稲作文化や里山文化もすでに身近ではない。日本の伝統的行事よりクリスマスやハロウィーンの形式的利用が常態化している現実をふまえれば，単に西洋出自であることや日本の伝統にそぐわないという理由だけで拒否することに発展的な学びはない。環境教育で育てたい自然観・環境観は，過去への回帰ではなく，新たなものである。これらのプログラムでは，今までの保育が重視してこなかった多様性や循環性という自然の特質が重視され，自然観の伝達を明確に意識している。プログラムや手法を形式的に導入することではなく，根底にある自然観を学び，新たなことを伝えるために新たな方法を生み出す姿勢を学ぶことに意味がある。

### 園庭の改善

園庭は子どもが慣れ親しみ，安全性が高いという点で，自然とかかわる場として最適の保育環境である。日常的・継続的な自然とのかかわりが自然観・環境観形成に重要とすれば，園庭の役割はいっそう重要になる。しかし，現実には保育現場の園庭はその設置における歴史的な経緯や地域，幼稚園・保育所，公立・私立などのカテゴリーの違いによる影響を受けている。まず，園庭は小学校以上の校庭を模して運動場を中心としたものとして設置されてきた歴史的前提があり，自然環境は個々の園に任されてきた。しかも，幼稚園の屋外空間要素の優先順位は広場・遊具スペース・駐車スペース・花壇・池・動物飼育場・畑の順で，自然空間の優先順位は低いという[391]。一方の保育所は，設置目的や設置基準が幼稚園とは異なり，園庭の設置そのものが義務づけられていない（児童福祉施設最低基準第5章第32条）。兵庫県と東京都の幼稚園・保育所の調査によれば，広さや樹木数などは園の諸条件によりさまざまだが，小動物のように容易に入り込んでくる自然要素はどの園でもみられ，保育者も園庭での遊びに自然とのかかわりの機会を認め，場合によっては意図的にそうした活動を取り入れている実態はある。しかし，従来保育活動の場として評価されてきた菜園

や自然物を使った遊びの素材を提供するような場でさえも，すべての園にあるわけではない。さらに，環境教育の観点から考えた場合に望ましい雑草地や小動物の住みかとなる場所，自然の多様性や循環性という特質を示す場所を持つ園となると，いっそう少ない。つまり，現在の園庭は，日常的・継続的に子どもが入り込んで自然とのかかわりができる場，環境教育の視点からみて望ましい自然とのかかわりを提供できる場としては，不十分な実態なのである[*392]。

　園庭で観察された子どもの行動のうち3～5割は自然とのかかわりで，その頻度や内容は園庭の自然環境の状況と関連があるとされる[*393]。つまり，子どもはどのような環境でも，その環境に応じた遊びを展開する。しかし，そこに自然とのかかわりを日常的・継続的に取り込みたいなら，園庭がなければならないし，園庭の質を改善する努力がいる。確かに，樹木数や芝生地・雑草地の整備率は園庭の広さと関係があると報告され，地域環境や既存の設置環境は園庭の自然の豊かさに影響する[*394]。しかし上述の調査では，広さや自然の豊かさの自己評価が低い公立幼稚園の園庭の内容や教育的配慮は，私立幼稚園や公立・私立の保育所よりも評価できる結果であった。この結果は，既存の設置環境を超えて，保育者の意識によって園庭の質が影響されることを示唆している。

　自然観を育てる場としての園庭は大人の目からみて美しい園庭ではなく，子どもが入り込んで遊ぶことができ，多様性・循環性という要素を含まなければならない。生物種の多様性は当然だが，非生物的自然要素の多様性も時間軸と空間軸の2面から考えられる。循環性は生産者・消費者・還元者という生態系の要素を意識するとよい。そのための園庭の改善方法として本格的なビオトープを作ることは経費や管理面で容易ではないが，わずかの工夫でできる優れた先行事例も多い。雑草の生える場所を作り，食草や吸蜜植物を植えるだけでチョウの舞う園庭になる[*395]。生えてくる雑草やそこに暮らす小動物も地域によって種の違いは生まれるが，どの地域でも可能な実践である。飼育動物や実のなる樹木を園庭に設置する割合が低い実態を報告される北海道でも，季節に応じてチョウの舞う園庭づくりが可能である[*396]。そして，子どもが園庭で経験する内容をより豊かにする工夫として五感を刺激する要素を入れ込む。子どもは乳児期

からまわりの外界に能動的に興味を示し，五感を駆使してかかわろうとする。[*397]
自分で直接経験しなくてもわかる・想像できるのは発達的には後のことで，幼児期には身体を通した直接体験が重要で，その窓口が五感である。同じものに触れるとき，視覚だけの刺激を受けとめるのと，他の感覚の刺激も同時に受けとめるのとでは，その経験の豊かさや深さには違いが生まれる。ウサギを遠巻きにみるのと，抱いて，身体の匂いをかぎ，毛の肌触りや体温を肌に感じるのとでは，同じ飼育動物とのかかわりであっても経験の深さが異なる。多様性・循環性が存在する立派なビオトープがあっても，入ることができない場所では意味がない。子どもが入り込み，五感で触れる経験ができる場でなければならない。

### 自然に合わせる活動

　自然は常に同じようには動かない。これは時間軸における多様性である。毎年同じ日に花が咲くことはなく，散歩や身近な場所への園外保育を予定していても雨が降るかもしれない。昨日まで登園途中になかったどんぐりや落ち葉が今日はたくさん拾えるかもしれない。台風が去った後の街の様子はその前とは違っている。ある植物の開花期が年によって少しずつ違えば，年ごとにその植物と触れ合う活動をする時期も変わる。台風がいつ来るかを指導計画のなかに組み入れることはできない。そうした「旬」を大切にするには，指導計画に子どもの活動を合わせるという姿勢ではなく，指導計画を自然に合わせていく柔軟性がいる。この「旬」という表現は上述した川口らの実践で重視したい視点の一つとしてあげられたものである。[*398] 川口らの利用している森林公園には，あるとき，いっせいに落葉する木や花を咲かせる木があり，そのときでしか味わえないものがあり，それを保育に活用している。園の教育課程・指導計画には「自然が作り出す特異な現象が起きたときは，その機会を逃さず，その現象の怖さ，不思議さ，暑さ，寒さなどを体感させ，自然の偉大さに気づかせていく（台風，大雨，雲）」という文面がみられ，台風の翌日には，森に様子を見に行くという。[*399] 事前に準備していた指導計画を優先するのか，「旬」を保育に活

かすために自然に合わせて柔軟に指導計画を変えていくのかは，保育者の決断による。

　天候に左右されない自然とのかかわりは，ヨーロッパにおける幼児期の環境教育の実践として評価される取り組みでは，通常の活動と位置づけられている。デンマークやドイツで実践される森の幼稚園では，園舎のないところもあり，高緯度地域であるため冬は日本よりも厳しいが，保育が実施できる状況であれば天候によらず森のなかで過ごす。[400]スウェーデンの野外生活推進協会が運営する野外保育園も同様である。どんな天候でも森に遊びに行くため，5歳児対象の「ムッレ教室」のテキストでは，野外に出る場合にどのような服装が望ましいか，幼児と一緒に雨の日に外に出る場合に保育者が準備するものは何かなどが詳細に記されている。[401]天候に合わせて野外に出ることをやめるのではなく，自分たちが天候に合わせて準備をするという発想である。

　この自然と合わせる姿勢について，移転後の何もない園庭に自然の豊かな園庭を作ろうとした保育者の試みを報告した高田は，大きな木を移植した結果台風で倒れてしまったこと，それよりは小さな実から育った小さな株が台風で倒れることなく育っていくことを語り，園庭の質の改善自体も自然に合わせる姿勢が必要とし，それと子どもの育ちに合わせることとの共通性を語る。[402]自然に合わせるという感覚を持った保育者が，今度は子どもの育ちという自然性に保育という営みを合わせることを学ぶという姿勢がうかがえる。


**自然〜人〜生活を結ぶ活動**

　環境とは「自己（人間）を取り巻く外界（自然〜人〜生活）」であり，環境教育とは「持続可能な社会を主体的に形成することにつながる環境観を育てる営み」だとした。育てたい環境観とは，持続可能な社会を目指して自然と人と生活のつながりを常に意識するものであるから，具体的な実践でもそれらを分断して考えるのではなく，つながりを常に意識する。教科のような枠はなく，生活のなかで総合的に行われるものである保育には，分断しないという考え方はすでにある。しかし，つながりを意識すれば個々の活動計画や内容の選択に影

響する。

　具体例として，保育史のなかでも大正期から自然とかかわる活動事例として常に取り上げられてきた栽培活動をあげてみよう。保育における栽培活動では，チューリップやアサガオなど子どもの扱いやすい園芸植物が扱われることが多かった。自然とのかかわりには，『幼稚園教育要領』などにもあるように，色や形に気づいたり，美しさやかわいさを感じたりすることが目的として求められているからである。しかし，生活との結びつきを考えれば，栽培作業から収穫，調理する，食べる，土に還すという，自然と生活との関係を容易に体験できる農作物の方がよい。未だ人間の生存を支えているのは農作物であり，土や水，太陽といった自然要素に加え，育てる人の労働や文化があって作られる。第一次産業の衰退が叫ばれても，人間が生物である以上，なくなることはない。しかし，これも一過性の非日常的な体験として終われば意味がない。例えば，年間を通して園庭や地域にある畑で土づくりから始め，苗を植え，成長の様子を継続的にみて世話をし，収穫作業をし，園で調理して食べ，イモの皮をコンポストに入れるという一連の流れを経験することも可能であるし，1日だけ遠足に行き，見知らぬ農家の人が植えて育てて丁寧にツルまで刈ってある畑で，イモを抜いて袋に入れて各家に持って帰って食べるという経験も可能である。どちらもイモ掘り経験，あるいは，秋の自然体験と呼ぶことができ，「秋の自然を楽しむ」や「収穫の喜びを味わう」などの同じねらいをたてられる。しかし，子どもが経験する内容はまったく異なる。どちらの活動を選択するかは保育者であり，同じ農作物を扱う栽培活動にどのような意図を持って，活動内容を計画し「ねらい」をたてるのかが影響する。

　保育における農作物の栽培活動は，食育や食農教育としても評価できる。[*403] 2000年代に入り，農林水産省や各地の農政局，地方自治体が食育や食農教育に関連する事業を展開し，2005年には『食育基本法』が制定され，2008年の『幼稚園教育要領』『保育所保育指針』改訂・改定時にも導入された。食育はあくまでも健康・安全に焦点をあてたものだが，同時に「環境と調和のとれた食料の生産及び消費」や，「自然の恩恵や『食』にかかわる人々のさまざまな活動

第5章 ✤ 幼児期環境教育論の再構築　　191

への『感謝の念や理解』を深める」ことも期待されており,「食」だけを切り取るのではなく，自然や人を結びつけることで活動が豊かになり，環境教育へとつなぐことができる。[404] 都会でも農業従事者との交流から食と農を結びつける実践が可能であることを示した事例もあり，保育者の考え方が重要である。[405] こうした農と生活に食を結びつける実践は，上述の川口ら，荒巻らの実践のなかにもあり，自然とのかかわりを生活と関係づけようとすれば必ず行き着く。ただし，保育で行う農体験はあくまでも疑似体験で，生業としての経験ではない。食べるという行為の裏には誰かが生産し，加工し，調理する過程がある。前世紀の初め頃までは多くの大衆が自ら従事していた営みを，現在は自分がするわけではないが，みえないところに気づくためである。そして，自然にむかう産業である農は，別の側面からみれば自然破壊的行為であったし，現在も特に発展途上国ではそうである。農を通して自然とかかわれば自然保護や環境保全を考えるようになるわけではない。農体験も，ねらいや内容によって環境教育としての学びの有無が決まる。

　ところで，上で取り上げた先進的な事例には，環境教育の観点から評価できる自然とのかかわり方や自然〜人〜生活との結びつき以外にもいくつか共通した要素がみられた。まず，保護者を巻き込むことである。週末の休日や夏休み等を利用して，親子参加の自然観察会やナイトハイク，ネイチャーゲームを楽しんだりする。日常性や継続性という場合，園の活動だけでは不十分で，家庭での生活もつながって初めて完結するし，園の活動への理解が深まるという利点もある。2点目は，積極的な情報発信である。これらの園では，園便りを頻繁に発行し，園の取り組みを紹介するだけではなく，自然や環境に対する園の姿勢や考え方を積極的に発信して保護者や地域の意識を変えることも目指している。また，自然とかかわる活動は造形や音楽にかかわる活動のように目にみえる形となって現れにくく，安全性への不安を生みやすい活動である。自然とかかわる意義やリスク管理について保護者の理解を得るためには，ていねいな説明が必要である。3点目は，地域の人材活用である。地域の遊びの専門家や地域の自然にくわしい人，アウトドアの専門家，農家，米屋のような農作物を

扱う商店などの人材が講師として呼ばれたり，活動に参加したりする。そうした多様な人材と出会うことで，保育者は知識不足を補い，自分の保育を見直す。子どもは自分が暮らす社会のなかには家族や保育者とは異なる多様な価値観を持つ大人がいて，自然に価値を感じ大切にしようとする人がいることも知る。保護者や地域の人材を巻き込むことで，人とかかわる活動にもなっていく。

**保育者研修**

　幼児期の環境教育の具体的実践は，今までにない新たな実践を作り出すのではなく，今までの実践を環境教育の視点から捉え直すことだとした。そして，その観点から園内環境や活動のあり方を提案したが，いずれの場合も鍵になるのは保育者である。同じ保育環境，同じ活動でも，保育者が新たな視点で実践を捉え直している。荒巻の事例では[406]，ネイチャーゲームが活動の一つとして取り組まれるが，地域の公園に出かけたときにも，保育者がまわりの自然に意識をとどめ，五感を使って自然を捉えようとする。話をしている途中でも鳥が鳴けばその声を耳にとどめ，何かをみつけたら感動し，それを子どもに伝える。この園では，採用された教員はネイチャーゲーム指導員の資格取得が義務づけられていて，計画された保育活動の流れのなかにあっても，自然の要素に気づき，子どもに伝えることが日常化している。

　保育者の意識が変わることが実践の前提として重要だが，そのためには保育者になる前段階としての保育者養成教育と現職者教育でそのような機会が提供されなければならない。しかし，日本の保育者養成教育は，環境教育の観点からみるかぎり不十分である。保育者養成は，4年制大学・短期大学・専門学校で行われていて，4年養成の割合が増加傾向にあるが，短期大学における養成が中心を担ってきたので2002年に全国の149短期大学対象にシラバス調査を実施し，環境教育的内容がどの程度導入されているかを調べてみた[407]。教育課程全体をみると，環境教育に相当する学習機会は，ほとんどの養成校で提供されていたが，選択科目であるいわゆる一般教育科目がその中心だった（環境教育的内容を含む科目は1養成校あたり2.8科目）。また，参加型授業や体験型授業・

グループワーク・学外授業・野外活動など，学生の意識を高めるために有効だと考えられる内容も，環境教育という語句も，シラバス上ほとんど示されておらず，環境教育について学習する機会はなく，自然体験が含まれる授業も半数の養成校でしか取り上げられていない。[*408] 保育者養成は8割以上が幼稚園教諭免許と保育士資格を併せて取得しており，特に保育士資格の取得単位数が多いことや，近年の課題である子育て支援や特別支援などへの関心が優先されていることなどから，養成教育における自然にかかわる教育の位置づけは非常に低い。

このように養成教育には期待できない現況だが，別の調査では保育者志望者よりも現職者の方が自然や環境に対する意識や実践度が高く，就職してからの変容を自覚する保育者もいて，現職者研修の効果は期待できる。[*409] 保育者研修は，地域や幼稚園・保育所，公立・私立の違いなどによって提供される機会には差があるが，研修に対する保育者の意欲は高い。[*410] 保育者が環境教育の観点から自然や環境とのかかわりを捉え直すことが重要であるから，講演を聴くだけや自然遊びのハウツーを学ぶだけの研修ではなく，自然体験型環境教育の実践を行っている指導者養成講座を利用したり，環境教育の視点が明確な自然体験活動の実践家にワークショップ形式の講座を開いてもらうなど，自然の捉え方の変容を目指した内容が望ましい。


## *3*　幼児期の環境教育研究の今後

### 1）経験・発達・環境観形成の関係を解きほぐす

本書では，環境教育を「社会が，社会の構成員に対し，発達・所属する文化・地域の状況に応じた方法で，持続可能な社会を主体的に形成することにつながる環境観を育てる営み」と定義した。環境観形成は，生涯発達のなかのある時期から突然始まるのではなく，誕生直後から開始する。今後の幼児期の環境教育研究には，幼児期の経験の蓄積がどのように環境観形成につながり，それがその後の発達にどう影響していくのかを示すことが求められるが，この作業は

困難で，一つの事例がすべてを語ることはなく，傍証を積み上げることでしか明らかにできないであろう。

　まず，一つの方向性として，心理学など他の研究分野の知見を環境教育の視点から集積し読み直す学際的観点に立った基盤研究が求められる。一人の人間が誕生後からどのように外界を認知し，自分のものとしていくのかは認知科学の重要なテーマであり，20世紀を通して多様な研究が展開されてきたが，発達のある時点の認知のあり方については解明が進んでいるものの，時間を経てどのように変化していくのかなどはわかっていない。また，環境観は単に外界の物理的な認知だけによって形成されるのではなく，社会的な影響も受け，感情とも無縁ではない。幼児期の世界の捉え方は身体性や感性という言葉と切り離すことができず，生涯発達のなかで特殊な性質を持つことには違いない。幼児期の経験がどのように環境観形成につながり，その後にどう影響していくのかを明らかにするのは容易ではないが，従来考えられていたより乳児の外界の認知能力が高いことや，経験が脳に与える影響，脳神経細胞の発達のありようや可塑性など，近年の発達心理学や脳科学研究で新たな知見が集積していることも事実である。また，環境心理学では幼少期の「ワクワク」「ドキドキ」といった言葉に関連づけられる遊び経験が原風景に結びつくことや自然そのものの癒やし効果も報告されている。こうした知見を環境観形成の観点から整理し読み直すことは，幼児期の経験の重要性を示す傍証となるであろう。幼児期にどのような経験をしようと子どもは人間として発達し，環境観を形成していくが，環境教育の観点からは，環境教育が望ましいとする環境観形成につながらなくてはならない。そのためにも，経験がどのように知識として定着し，その後の世界の捉え方に影響していくのかについての背景的知見をもとに，あるべき経験の姿を求めていかねばならない。また，幼児期の経験の違いが就学後の知識の定着にどのように影響するかなどは，限定的であっても学びの連続性の観点からの調査が可能ではないかと考えられる。

　二つめの方向性として，幼児の環境とのかかわりの実体を明らかにすることが，人間の環境認識そのものを振り返る手がかりになるという小川の指摘を重

視したい[*413]。これは幼児と環境とのかかわりを詳細にみることが，幼児期の環境教育研究に求められるという指摘である。先行研究でも，実践者による報告と研究者による必要性を語る文献はあるものの，環境教育の観点が共有されていないために，個々に発信されて発展的な議論がなされてこなかった。幼児が環境とかかわることを通してどのように環境認識を発達させていくのか，その過程を詳細に分析し，それを蓄積していけば，幼児期の経験が環境観形成に重要であることの傍証になる。幼児と環境とのかかわりを詳細にみるためには実践者と研究者の共同作業が必要である。環境教育に意識の高い実践者と幼児期の環境教育の研究者が保育現場をフィールドにした実践的研究を協働で行うことや，保育現場が行う園内研究に環境教育の研究者が助言者として参画していくことも有効だと考えられる。園内研究は幼稚園での実施率が高く，公立園では教育委員会からの研究指定を受け，私立園では自主的な研究活動として実施されている。さらに『保育所保育指針』(2008) 改定を受け，保育の質及び職員の資質の向上のために計画的に研修を実施することが施設長の責任と義務として，保育士にも従来に増して体系的な研修が求められるようになっている。保育所では保育時間が長いために幼稚園のような研究を実施しにくい環境にはあるが，今後は研修の一形態としての園内研究が拡大していくことが予想される。園内研究では保育者が一つの主題に沿って実践を見直し，事例を集め，自ら言語化する作業を行うので，その過程に研究者がかかわることで事例の読み取りや実践評価が深まることが期待でき，幼児と環境とのかかわりの実体を明らかにする方法としても，保育者の啓発という意味でも有効な方法であろう[*414]。

## 2) 既存の実践と環境教育としての実践の違いを明示する

前節では幼児期の環境教育として評価できる先進的な事例をいくつか抽出して例示したが，その多くは環境教育という観点で実践されたわけではなかった。つまり，評価できても，環境教育の実践としてみた場合に不十分なところもあり，環境教育普及への影響力という点では未知数である。環境教育としての実践が普及するためには既存の実践との違いを明確にしなければならない。

また，自然体験や生活体験を重視した新たな実践であれば，そのまま環境教育と評価できるかというとそうではない。例えば，ヨーロッパ発の森の幼稚園や「ムッレ教室」など，幼児を対象とした自然と遊び込む活動は，日本にも評価する保育者や市民がいて，民間を中心に実践の場が広がっている。NPO法人国際自然大学校がまとめる「森のようちえん」と称したサイトには，全国の自主保育グループや民間の環境教育実践施設における幼児対象の自然体験活動が紹介され，類似の活動をしている民間のグループは他にも多数存在する[415]。環境教育の実践例として評価されることも多いこれらの実践は，ある程度共通の考え方のもとに集まる親たちの自主保育グループによる実践，あるいは，経費や時間をかけてでも自ら進んで参加する積極的な参加者を対象とした民間施設による実践であるから，参加者層は限定されている。そして，森の幼稚園という活動には，よりよい保育を追求すると自然のなかでの保育に行き着いたという方向性と，従来の子ども対象の自然体験活動を幼児にまで広げて発展させたという方向性がみてとれる。つまり，いずれも社会の変化・子どもの変化に対応して生まれた保育実践だが，活動目的は，環境教育ではなく，あくまでも子どもの発達課題に焦点があてられている。生誕地のデンマークよりも拡大しているドイツでも森の幼稚園における実践の検証が行われ，通常の幼稚園と比較して子どもの発達に問題がないこと，それ以上に優れた効果が認められるという報告もある[416]。しかし，そこでも，子どもの社会性や協調性，身体能力などの発達面での比較がなされているだけである。拡大しているドイツにおいても，その存在は環境教育としてではなく，保育としての評価がなされている。よりよい保育を目指して活動する場合の目標は子どもの育ちであり，森は保育に利用する対象であり，子どもの発達のための道具に過ぎない。そこにかかわる大人の自然観や環境観によっては，その活動は子どもの発達にとって意義があっても，環境教育として評価できない場合もありえる。森の幼稚園とは違ってプログラムの根本に環境教育的観点が含まれている「ムッレ教室」でも課題はある。プログラム化されているために本来の理念を理解していなくても誰でも実践可能となってしまう。したがって，これらの活動を環境教育として評価できるか

第5章 ❖ 幼児期環境教育論の再構築　197

どうかは今後の検証が必要であろう。これは，前節で取り上げたフォーマルな保育現場における先進的事例についても同様である。取り上げたのは積極的に論文化・報告化を通して発信している園や保育者によるものだったが，優れた実践を行っている園は他にも数多くあり，1998年の『幼稚園教育要領』改訂以降，保育現場では自然とのかかわりの評価が高まり，実践研究にも自然を主題として選択する園が増加している印象がある。こうした保育現場の実践に，環境教育として望ましい自然観や環境観がみられるのか，あるいは，環境観を育てるという視点はあるのかなどの分析も必要であろう。保育者が現場で自然とのかかわりや環境とのかかわりに何を求め，何を育てようとしているのか。上述したような民間の実践とどのように違いがあるのか。本書で定義した幼児期の環境教育の姿との相違点はどこにあるのか。今後，環境教育の保育現場への普及を目指すためには，これらの点を明らかにしていくことが不可欠である。

### 3) 日本独自の課題を解きほぐす

日本独自の課題として環境という言葉をめぐる混乱があるとした。幼児期の環境教育は，「現代用語」であったり教育学用語であったりする多義性のある環境という概念を扱わなければならない。しかしながら，日本の保育者にとっては教育学用語としての環境が何よりも優先し，また，保育者は「環境を通して行うもの」という保育方法の基本に表れる環境と，「領域環境」という発達をみる視点でもあり保育内容に直結する部分に表れる環境，そして環境構成という具体的作業に現れる環境を同時に使いわけなくてはならない。その上，環境教育でも，環境の捉え方は一義ではない。したがって，保育に環境教育という概念を持ち込んでも，環境教育についての認知・関心が低い保育者ほど混乱が生じるだろう。1997年段階で，兵庫県内の幼稚園教員を対象に実施した調査では，8割を超える回答者が環境教育という言葉について「知っている」と答えたものの，その半数がその言葉について持っているイメージとして「人間を取り巻く環境を理解するための教育」ではなく「環境を通して行う教育」を選択した。[417]「幼稚園の領域で言うところの環境と質問の環境とは少し違う。環

境保護のような大きなことよりも，もっと身近で大切な環境に目をむけるべきではないか」，「幼稚園教育要領でいう環境のことで，どう捉えたらいいのか迷った」，「幼児教育の上での環境教育とするなら，領域環境に環境問題を含めよということかと，わからなくなった」という声もあり，実際に教育学用語の環境を使用する保育と，「現代用語」の環境を使用する環境教育の間に混乱が起こっていた。[*418]こうした混乱が実際にあったこと，先に引用した先進的な事例でも環境教育という表現を打ち出しているところが少なかったことをふまえれば，環境教育という新たなレッテルの使用より，環境教育の観点から今までの保育を読み直し，保育をより良質にするという姿勢が重要である。

　ところで，現在，福岡市・川崎市・西宮市・兵庫県のように環境への関心が高い自治体で，幼児期からの環境教育への関心が高まりつつある。そのなかで西宮市は保育所保育に環境教育の導入を進めており，そこでは「環境教育」ではなく「環境保育」という表現を使っている。[*419]同様の表現は第4章で紹介した有賀（2008）も使用している。[*420]ここまでの議論をふまえれば，既存の実践のレッテルを貼り代えるだけでは意味がない。環境が未だ最重要概念である日本の保育にこの名称が受け入れられるのか，あるいは，一過性のものと終わるのか，今後の動きに注目したい。現在までの保育と環境教育の双方の歴史と互いの分野に関する関心度をふまえると，新たな名称が新たな実践を発展的に生み出すとは限らず，実践現場では環境教育という概念移入より環境教育の観点を導入していく方向が有効かもしれないとしたが，幼児期の環境教育の研究者には，概念の歴史を確認し，その理解のもとに慎重に言葉を使用していくことが求められる。

　もう一つの日本独自の課題として，保育学分野における環境教育への関心の低さをあげた。保育者養成や保育実践現場への影響力を考えれば，保育の公的なガイドラインに環境教育が位置づけられる意義はあるが，2008年の『幼稚園教育要領』改訂の基礎となった中央教育審議会答申『子どもを取り巻く環境の変化を踏まえた今後の幼児教育の在り方について——子どもの最善の利益のために幼児教育を考える』（2005）をみても，多様な価値観が存在する社会へ

の対応，そして，幼児を持つ家庭や地域の教育力の低下への対応に追われていた。この答申では，幼児教育が「次代を担う子どもたちが人間として心豊かにたくましく生きる力を身に付けられるよう，生涯にわたる人間形成の基礎を培う普遍的かつ重要な役割を担っている」とする。[*421] しかし，持続可能な社会が形成されなければ，次代を担うことは困難になる。それにもかかわらず，DESDの開始した2005年に出されたこの答申は，「次代を担う子どもたち」に持続可能な社会を形成することは求めない。子どもの個人としての人間発達だけに焦点があてられ，その子どもがどのような社会を形成する大人になるのかという捉え方はない。こうしたガイドラインを策定する議論の俎上に持続可能性のための教育があがってくるためには，教育全体のなかでその緊急性や重要性が認められていなければならないが，日本はその段階にはない。

　しかしながら，幼児期の環境教育の研究者は，日本の保育や教育分野において持続可能性のための教育の緊急性や重要性が認められていない背景を分析するべきである。その方策として1990年代からアメリカやオーストラリアの保育関係団体が他の課題と同様に環境教育への関心を示してきたこと，スウェーデンやノルウェーでは保育のガイドライン自体に持続可能性のための教育が意識されていることなどから，日本と各国の保育施策を比較検討しなくてはならない。その際に考えなければならないのが，学問と社会との関係である。例えば，オーストラリアの保育協会（Early Childhood Australia）は，日本でいえば研究者むけの日本保育学会と実践者むけの日本保育協会が統一されたような全国組織で，親も含む一般むけの雑誌からニュースレター，学術誌の発行，ブックレットの発行，会議の開催などを行っており，日本の保育関係団体よりも活発な印象を与える。ブックレットでは，特別支援教育や多文化共生など日本の保育も高い関心を示す課題以外にも，情報教育や環境教育，野外教育，平和教育などの多様な課題が取り上げられている。つまり，こうした実践者や研究者，一般市民までも巻き込んだ実行力のある全国規模の組織の存在が，環境教育も含む多様な保育課題に関心をむける基盤になっているのではないだろうか。日本では，学術的な研究交流の場としての学会と実践者による実践的研究の交流

の場としての協会は別組織であり，協会組織は私立が対象で幼稚園・保育所に分かれている。いずれもあまり社会に開かれていない。学術的組織と実践現場，市民とのつながりという点でも，日本はまだ発展途上にあるようである。

## 4) 保育と社会の関係を捉え直す

　もう一つの視点が，教育と社会との関係である。これは，上の日本独自の課題への対応としてあげた学問と社会との関係という視点にもつながる。繰り返すが，日本の『幼稚園教育要領』では，保育と社会の関係は示されない。強いていえば，社会運動として開始した託児所保育の流れを受ける『保育所保育指針』において，「保育所の保育は，子どもが現在を最も良く生き，望ましい未来をつくり出す力の基礎を培うために，次の目標を目指して行わなければならない」という文面がみられる程度であろう。保育はあくまでもその子どもの発達のためにあるものであり，一人ひとりの子どもの育ちは重視するが，その子どもが成長した際にどのような社会を形成していくのかを示さないのが，日本の保育の立ち位置である。しかし，例えば，スウェーデンの教育課程には「就学前教育の重要な役目は私たちの社会が基づいている価値観を身につけることを援助すること」と示されている。[*422]「大人の態度から，子どもは民主主義社会における権利と義務を理解し，尊重することを理解する」ともある。これらの文面からは，子どもが次世代の社会を形成する存在であることが意識され，私たちの社会が基づいている価値観を積極的に伝えていこうという明確な意志が読み取れる。したがって，スウェーデンのガイドラインで，持続可能な社会の形成が意識されているのは，当然の帰結なのである。スウェーデンの教育が日本と異なることはしばしば報告されるが，社会の形成のための教育という観点はこの国の教育の捉え方なのであろう。環境教育分野においてスウェーデンをはじめとする北欧諸国の実践が評価されたり，野外保育園などの幼児期の環境教育実践がこの地域で進んでいる現実は，こうした社会と教育との関係が強く意識されている背景と深く関係しているはずである。これは，社会における教育の意義そのものを問い直すということであり，教育哲学にかかわる作業にな

る。そこで，本書の手の及ぶ範囲ではないが，教育哲学の観点から環境教育の実践を考える意義についても簡単に検討してみたい。

　教育を考える際に，子ども自身の発達，あるいは，子ども自身の社会化だけではなく，常にその子どもが将来形成する社会という視座から捉えようとした古典的な教育哲学者として，デューイがいる。プラグマティズムの哲学者として高名であると同時に教育の実践家でもあったデューイは，『民主主義と教育』（1916）で「社会は，子どもたちの活動を指導することによって，子どもたちの未来を決定すると同時にそれ自体の未来をも決定する」とした。[*423] 同様の考え方は，学校は小社会であるべきだとした『学校と社会』（改訂版1915）にも示され，シカゴ大学附属実験学校での実践に反映されていたとされる。

　デューイは欧米の教育のみならず日本の戦後教育にも影響したとされ，現代日本の教育の「子ども中心主義」のルーツをアメリカのデューイに始まる進歩主義教育にあるとして，19世紀のロマン主義思想との関連を指摘する論者もいる。[*424] 戦後の小中学校で問題解決学習が重要とされ，プラグマティズム的な生活教育が重視されたのも，アメリカの「進歩主義運動の教育理論とその実践の影響を受けていた」という。[*425] そして，子ども中心主義に立ち，ロマン主義的といえるフレーベルや倉橋の思想の影響下にあることを考えれば，日本の現在の保育もデューイの教育観と無関係でないのかもしれない。デューイ自身，フレーベルについて多くを語っている思想家でもある。しかし，一方で，デューイは，ロマン主義的な捉え方を排除しようとしたプラグマティズムの思想家，教育と社会の関係を常に考えた教育哲学者でもあった。[*426] 子どもが主体的に選ぶ経験が子どもの育ちに重要とするだけの浅い児童中心主義者ではなかったのである。日本の保育は子どもの主体性を重視し，幼児期の子どもの発達やその子どもが社会化されていくことには関心を示すが，その子どもが将来どのように社会を形成していくのか，その社会がどのようなものであればよいのかという捉え方はなく，その点でデューイの思想と確実に異なっている。

　デューイは20世紀半ばのアメリカで時代遅れとして古典的な扱いを受けるようになったが，1970年代にデューイやミードらのプラグマティストを擁護

したのが，生涯をかけて道徳意識の発達を追求した心理学者コールバーグだった。[*427]コールバーグは道徳性の発達に関して6段階説を掲げ，社会哲学者のハーバーマスや共同研究者のギリガンらの批判を受けて改良し，道徳性の発達過程が文化や性にかかわらず人間に普遍的なものであることを示した。そして，それに基づき道徳教育のあり方についても積極的に提言し，実践的研究を行い，学校の道徳教育の課題として，特定の価値を強制するのではないかという不安，どのような方法で価値を伝えたらよいのかわからない，道徳的価値が相対主義的に捉えられるなかで社会的合意や哲学的正当化が困難だという3点をあげた。そして，コールバーグ自身は価値の中立性を評価せず，「哲学的に裏づけられた善の概念でなければならない」とし，その思想的基盤としてデューイを持ち出したのである。[*428]コールバーグは，心理学者でありながら，自らが提示した道徳性の発達段階としての高い段階の適切性を「心理学的というより哲学的に考察しなければならない」とし，「科学的真実性や手段としての合理性などの基準で評価される」ものではないとする。

そして，コールバーグは道徳性の発達を理論化するだけではなく，実証にこだわり，批判を受け入れて修正し，実践的研究を進めたが，その実践的事例の一つとして"just community approach"がある。これは，学校でコミュニティ体験をすることで民主主義の精神を獲得していく事例で，道徳的発達の機会を意図的に教育に取り入れる事例である。デューイの「学校の小社会化」とも同質で，[*429]また，環境教育の実践手法として近年評価されている子どもの参加型学習とも近似する。[*430]環境教育で知識が行動につながらない心理プロセスを解明して，行動につながる環境教育プログラムを開発しようとする例もあるが，そこでは個人の認識と個々のプログラムとその評価にしか視点があてられていない。[*431]しかし，環境教育は個人の益ではなく，社会全体の価値にかかわる教育であって，個人の知識の獲得プロセスやプログラムの改善だけでは，目標達成にはつながらない。道徳的基盤なしに個人の知識が社会全体の価値にかかわる行動に転換するとは考えられず，コールバーグの分類に従うならば公正と配慮の段階まで発達することが不可欠なのである。

環境教育の実践が価値にかかわる教育実践である以上，幼児期の環境教育研究も幼児期の道徳性の発達について関心を払わなければならないだろう。アンチバイアス教育を提唱するスパークスは，すでに2歳で子どもが社会の偏見を受け入れている事実をふまえ，保育者には偏見をなくす，強化しない実践が求められるとする。[*432]保育現場で受け入れる幼児が性・身体・人種などに対しどのような偏見をすでに持っているか，それらにどのように保育者は対処できるかを具体的な事例をあげて説明し，9歳までに偏見の修正を経験しておく必要性を述べる。これは，ものごとを抽象的にみたり対外視してみられるようになる発達段階になってから，人権教育を始めるのでは遅いという意味である。ジェンダーの再生産の観点から幼稚園における教員の意識と保育の実践内容を調査した佐藤も，ジェンダー・バイアスをすでに持った保育者がそれを保育の場において再生産している実態を指摘する。[*433]環境教育にあてはめれば，すでに社会が持っている，すなわち，保護者や保育者が持っている環境や自然に対する捉え方を幼児はすでに受け入れているといえる。その捉え方が「人間が自由自在に利用できるもの」というバイアスのかかったものであって，それが保育の場や小学校低学年においても強化されていくのであれば，小学校後半以降の知識伝達型の環境教育によってそのバイアスを取り除くことは表層的には可能であっても，深層的には困難となるであろう。対自然であろうと，対人間であろうと，保育者には自らが持つバイアスというものの自覚が求められるということではないだろうか。

　また，幼児期の環境教育を自然体験だけではなく生活全体でとする場合，幼児の集団を一つの小社会としてどう作り上げていくかという視点も含めて実践を検討しなくてはならない。リッコナ&コールバーグは，保育の実践事例から，幼児でも民主的に作られたルールに価値を感じ，それを尊重する姿がみられることを，また，そうした幼児の民主主義は，4歳児クラスでも可能で，集団による意思決定が幼児の集団によってなされることを明らかにしている。[*434]そこでは「ネコをいじめない」や「ものを壊さない」といった4歳児自身が作り出したルールが紹介され，幼児期でもその発達段階なりの価値にかかわる教育が可

能であることを示している。そして，4歳児でさえ自ら他の生物や自分を取り巻く物的環境とのかかわりのありようについて，民主的なルールを思いつき意思決定できるということは，環境教育の観点から興味深い。上述したように，スウェーデンなど環境教育の先進国が，民主主義という方法の価値を大人が次世代に積極的に伝えていこうとする姿勢を保育の教育課程においても明示していることは，こうした点からも意義があるといえるだろう。

環境問題の対策として開始した環境教育は初期には価値にかかわる教育と捉えられることは少なかったが，環境教育を価値にかかわる教育とみなすことは，近年の環境教育や持続可能な開発のための教育を語る分野の共通認識となった。例えば，本書で取り上げたなかでは，フレイレとイリイチをあげた朝岡，社会心理学者でもあり哲学者としても知られるフロムをあげた今村，「職業／新古典主義的教育的志向」「自由／進歩主義的志向」「社会批判的志向」の3分類の教育イデオロギーと環境イデオロギーの2方向から環境教育を分類したフィエンが，教育哲学の観点から環境教育のあり方を議論していた。[435]

また，政治学分野のドブスンの提案にも上記の議論に通じるものがある。環境政治学者であるドブスンは，エコロジカルな行動選択は金銭的なインセンティブによってではなく正義として実践される点に注目する必要があるとして，徳や善について語り，公的領域と私的領域の分断を問題視し，市民社会とは何かを整理し，新たなポストコスモポリタン・シチズンシップを提案する。先にも述べたようにその表現には課題が残るが，「環境持続性」について取り上げ，それは「科学的決定の問題」ではなく「規範の問題」だとする。[436] そして，環境教育とシチズンシップ教育は別の道を通ってきたにもかかわらず，似た性格を持ち，統合されるべきだとみなす。これは，環境にかかわらないシチズンシップ教育はありえず，シチズンシップにかかわらない環境教育はありえないという提示であろう。ドブスンのいうシチズンシップ教育は政治制度についての知識を得る教育ではなく，徳や善を取り上げながら日本で議論されてきた「奉仕活動の義務化」や「徳育」でもない。それは，民主主義的な意思決定の過程に参加するための技能を学校やコミュニティにおける経験を通して身につけ，

価値を探求することであり、これは、上にあげたデューイやコールバーグらの提示する方法と同質である。

　第1章で確認したように，日本の環境教育は自然教育・野外教育・理科教育の系譜と，公害教育・社会科教育の系譜があり，実践面では自然教育が主流である。また，国際的な動向のなかでも環境教育は持続可能な開発のための教育の一端を担うものとして，「社会」「経済」と並列してあげられる「環境」にかかわる教育と捉えられている。この環境はほとんど自然と同義であり，結果として環境教育は自然に関係する分野の教育になっている。しかし，どのような自然，どのような環境であるかを問いながら環境観形成を目指すことが環境教育であるならば，どのような自然，どのような環境かを問う時点で価値にかかわる教育になり，対象化された自然についての知識を単発的に積み重ねるだけの教育であってはならないことになる。価値にかかわる教育でもある環境教育は，上述した道徳性の発達や，社会と教育の関係を考える哲学からの検討を欠くことができないのではないだろうか。

## 4　環境教育の今後

　本書の初めに，幼児期の環境教育という切り口から，環境教育とは，環境とは，自然とはという問いの答えを探していくことは，環境教育自体がそれらの問いに起因する課題を抱えていることを明らかにする過程ともなるとした。そこで，分析の過程でみえてきたことをふまえ，この最後の節で，幼児期に限らず環境教育全体に投げかけられる問いがあることを整理しておこう。

### 1）自然体験をすれば環境教育か

　環境教育において，実践例として自然体験があげられることが多い。幼児期の環境教育をめぐる言説では特にそうだが，環境教育全体を見渡しても，持続可能な開発のための教育（ESD）でも同様である。環境教育研究において，

Significant Life Experience（SLE）を明らかにしようとする流れがある。[437]環境保護活動家に，現在の自分を形成するのに影響したと思われる生育歴のできごとをインタビューしたり，アンケートに回答してもらったりすることで，どのような経験が重要なのかを明らかにしようとするものである。複数の研究があるが，それらに共通してあげられているのが子どもの頃の自然体験，及び，家族や親しい人の影響である。それでは，自然体験をすれば，それが自然や環境を保全しようとする思いにつながり，自然体験はそのまま環境教育の実践になるのだろうか。

　保育の歴史を見直してもそうであったように，制度化された学校教育のなかでも，自然体験は長い間取り入れられてきた。理科教育がそうであったし，保育においても飼育栽培と戸外保育は大正時代から保育内容の定番であった。そして，学校制度の初期，戦前には学校教育を十分に受けられない子どもは多かったが，制度的な教育を経験しなくとも自然体験や生活体験は望まずともあたりまえのようにできていた生活環境だったのである。確かに，1970年代頃から身近な自然環境の質が変化し，社会の変化を受けて子どもの戸外遊びが減り，教育の場以外での自然体験が以前ほど身近なものではなくなったのは事実であろう。それをふまえると，教育の場で自然体験を増やすべきだという主張には意義がある。しかし，それは，人間形成という意味においてであり，環境教育としてどうかと考えた場合に，それに答えるのは容易ではない。歴史を振り返れば，自然体験は過去の人間ほどしていた。有史以来，どの時代にも存在した一部の特権階級を除いて，ほとんどの人間は自然にむかわざるをえない生活をしていたのであり，嫌でも自然を体験せざるをえなかった。幕末から明治時代に日本を訪れた富裕層の外国人たちが書き残した当時の日本人は，確かに自然を愛でる民族であった。しかし，別の見方をすれば，ほとんどの庶民が，現代日本人であれば忌避するに違いない実に自然に密着した生活をし，それは労働に明け暮れる不潔で非衛生な生活でもあった。[438]そして，一部の現代人から賞賛される伝統的自然観のもとで自然に密着した生活をしていた日本人は，大正・昭和と時代が進むにつれ，世界の流れに反することなく，反自然・開発重視と

いう選択をしていったのである。持っていたはずの東洋的な自然観も，その抑止にはまったくつながらなかった。過酷だった生活が楽に豊かに安全になるのだから，当然であったろう。また，戦後，経済成長を是とし，自然保護・環境保全よりも開発という選択をしてきたのも，子どもの頃に豊かな自然体験をしてきたはずの層だった。子ども時代には醤油や味噌まで自給自足で手作りであるような食と農が密接に結びついた生活をし，田畑や山で遊ばざるをえず，おやつに木の実を食べたりした人の割合は，20世紀前半までの方が多かった。つまり，十分な自然体験をしているからといって，自然保護や環境保全に価値を感じることにはならない。これは，歴史的事実である。

　それでは「自然体験をするだけでは環境教育として有効ではない」なら，何が必要なのだろうか。結局は，第2章で取り上げたように，自然や環境をどう捉えるかというところに立ち戻らなければならない。自然とかかわるときの経験の質と，それを通してどのような自然観を形成するかという問題である。自然体験は，楽しい，気持ちがいい，美しいといった感情的・感性的なもの，今まで知らなかったことを知ったという知的な満足感，感覚や身体を使うという身体的な快感を含む。どのような時代にあっても，子どもが遊びのなかで自然を体験するときには，そうした感覚的・情動的な喜び・快は生まれるだろう。それが，豊かな感性や人間性と表されるものの発達に貢献することは想像できる。しかし，それが自然保護や環境保全につながるような自然観形成につながるとは限らない。個人のなかの快に納まる体験から環境教育の望む自然観が形成されるとするのは短絡的であろう。

　世界の先住民のエコロジカルな自然観は，よく環境教育でも評価され，環境保護主義者から賛美される。しかし，それは自然と折り合いながら生きざるをえなかった人々の知恵である。彼らのエコロジカルな自然観は，生活とは無関係な環境保全や自然保護のためではなく，自らの生活を持続させるために必要不可欠だった。そして，それは生活のために，直接的あるいは間接的な手法のいずれかによって集団のなかで伝承されなければならなかった。世界の先住民は彼らが望ましいと考える自然観を，教育あるいは伝承によって意図的に次世

代に伝えたのである。その社会が価値があると認めた自然観，あるいは自然についての価値観を，教育によって意図的に伝えた，というより，その社会を維持するために伝えなくてはならなかったのである。

　一方で，教育によって伝えられるものが，単なる対象化された知識だけであれば，それも力を持たない。環境教育では知識・興味・関心があっても行動につながらないことが常に問題とされてきた。[*439]高校までの教育において「生態系」という概念や環境問題の種類について学習し，知識として持っているはずの大学生が，人間である自分はそのなかに入っていない，環境問題は自分に関係する問題ではないと考えていたと述べるのは，その一例である。[*440]それまでの教育のなかで伝えられてきたものが，自分とは無関係な対象化され，分断された知識としてしか残っていない。現代日本の学校教育の過程を経た人であれば，環境問題についての知識，生態学的な知識は学校教育やメディアを通して与えられ，少なくとも学校教育のなかでは自然体験もしている。[*441]学校制度のなかの環境教育は，すでに20年の歴史があり，実践者である教師の意識が多様で，指導力に差があったとしても，教科書などさまざまな媒体には埋め込まれてきたし，体験活動も重視されてきた。しかし，それぞれが単なる知識，その場かぎりの体験に終わっていて，どれもが自分の生活とは無関係だと捉えられている。単なる個人的な快に終わって，知識とつながらず，自分との関係のなかで捉えられるようにはなっていない。理科教育で自然についての知識を与えられ，自然体験を行う。これらはすでに明治・大正期から学校教育のなかで実践され続けてきた。しかし，個々の知識，個々の体験に終わっている。その原因は何だろうか。

　近年，子どもの自然体験・生活体験不足を案じて，高度成長期以前のような自然体験・生活体験を経験させようとする動きがさかんである。しかし，それらも現代の子どもの発達過程に，過去の人間がそれらの体験から得ていたと思われることの不在が心配という意味でなされているのであり，環境教育が目的ではない。この点を混同してはならない。自然体験をすれば，持続可能な社会を形成するために必要な自然観が育つとは限らず，自分の都合のいいときに楽

しみ利用するものという自然観を育てるだけかもしれない。したがって、環境教育の実践として自然体験を取り入れるためには、環境教育の目的に沿った視点で自然体験を計画し、実践し、評価しなければならない。つまり、環境教育とは何かを不問にしたまま、実践者が自然体験を企画しても、それはただの自然体験である。子どもの育ちだけではなく、持続可能な社会を形成するためには、どのように環境・自然・人間を、そして、それらの関係を捉えるべきかという問題意識が実践者になければ、明治時代から保育や学校教育のなかにも取り入れられ続けてきた、今までと変わらない自然体験活動に終わってしまう。

　朝岡は、自然保護教育によって自然の理解者・愛好者を育て、その一部が積極的な自然保護運動家に育つとして、広い意味の自然の理解者・愛好者層を厚くすることが必要だとする。[442]一方で、自然保護教育が自然保護運動に結びつかないことを指摘して、自然の理解者・愛好者が自然保護運動の担い手として成長する意識的な働きかけがなされていないことに原因があるとする。自然について知識や理解があっても、自然保護の運動をするにはいたらない過程の分析の必要性を問うているように思える。

　先述したように自然体験であれば、一次産業に携わる人口割合が多く自然に密着した生活をせざるをえなかった前近代・近代の人間であれば、誰もがしていた。しかし、過去には誰もがしていた自然体験を繰り返すだけでは自然保護につながらないことは事実であり、自然保護のためには、自然保護につながるような自然理解・学びが、単なる自然体験とは別途必要になる。これは、環境教育も同様である。教育における自然体験はそれ自体が目的ではない。何を目的とするのか、その目的に応じた内容や方法はどうあるべきなのか、どのように評価するのか、教育実践のすべての段階が環境教育の観点から検討されなくては、環境教育実践にはならない。

## 2) リサイクル活動をすれば環境教育か

　同様のことはリサイクル活動やエコ活動と呼ばれる活動にもあてはまる。1970年代・1990年代に続く第3次エコロジーブームとも呼べるような現在、

地球温暖化が政治的問題となり，その対策が施策に反映されるようになった結果，エコという言葉はすでに生活に根付いている。しかし，リサイクル活動も省エネ活動も，自然体験と同様，さまざまな目的を持って行われてきたものである。江戸時代の生活がよく例示されるように，近代以前の庶民の生活に不要な物はなく，資源は徹底して利用しつくされていた[*443]。しかし，これは環境保護のためではなく，明確な経済行為であった。生活の知恵であり，生活を維持するための伝統でもあり，姿を変えて受け継がれていたのである。「もったいない」という言葉も，環境のためにあったのではなく，経済行為とともにあったもので，生活に根付いていた。戦後の高度成長期に存在した学校での集団回収や家庭でのちり紙交換も，経済行為であり，環境問題への対策としてなされていたわけではなかった。リサイクルは節約や資金集めの目的を持って実践され続けてきた生活文化だったが，現代ではその様相は異なる。リサイクルが資源を有効活用する側面を持つことは確かだが，複雑化する経済社会のなかでライフサイクルアセスメントを考えた場合に，リサイクルの環境負荷が使い捨ての環境負荷より低くなるとは限らない。再加工や流通過程を考えれば，結果として全体としての環境負荷が高くなる場合もあり，単にリサイクルをしたという満足感だけに終わる場合もある。現代社会のリサイクル活動は，資源の無駄遣いを減らそうとする姿勢を象徴する行為に過ぎないのかもしれない。そして，それは経済行為ではないから，ゴミの分別収集のように制度として社会システムのなかに組み込まれなければ動かない。こうしたリサイクルの歴史や現実をふまえると，教育実践としてのリサイクル活動への取り組みは，過去の時代には経済行為としての側面を含む生活文化の伝承であったし，現代では社会システムのなかに取り込まれた社会規範として定着しつつあり，結果として単なる規範の伝達にしかならない。そして，豊かな自然体験をし，経済行為としてのリサイクルや「もったいない」という言葉とともにある生活文化のなかで育ってきた世代が，戦後の高度成長期に大量生産・大量消費を推し進めていったのであり，自然体験と同様，そうした生活経験をするだけでは環境教育実践としての効果がないことも歴史が示している。リサイクルをして社会規範を守った

という満足感を得て「もったいない」という生活文化体験をするだけでは，環境教育としての目的は果たせない。

さらに，環境問題が政治的に認知されると，施策に取り入れられ，対策は一気に進む。地球環境問題のなかで最も早く対策が進んだのがオゾン層破壊の問題であり，現在は地球温暖化問題である。リサイクルやエコ活動は，地球温暖化対策として施策に取り入れられ，さまざまな取り組みが公・民を問わずに進められている。そうした状況下では，現実のリサイクルやエコ活動などの実践が環境教育研究や実践の歩みより先に進む。「資源を大切にするためにはリサイクルをしたり，使い捨て用品を減らすこと」という規範を学ぶことを環境教育とするなら，すでに現実の方が先に進んでいるのだから，環境教育の存在意義はない。

また，生活規範は時代とともに変わる。環境科学は常に発展途上であり，技術の進歩によっても対策は影響される。合成洗剤よりも石けんという選択も現在の下水道が整備された地域では問題にならなくなっている。また，化学物質汚染の代表例として忌避されてきたDDTも，発展途上国での方法を考えた利用にはマラリア予防に大きな効果があることが認められ，環境影響を監視しながらの利用継続が推奨されるようになっている。ダイオキシンも小型焼却炉や塩化ビニールのみが問題視されたが，その後，既存のダイオキシン汚染は過去の農薬使用が主要因と報告される。環境科学では健康リスクや環境リスク，費用対効果を考えた対応の必要性が指摘され，全体としての環境負荷やリスクを考えるように変化してきた。つまり，環境対策としての生活規範は時代とともに変わるから，規範伝達だけでは意味がない。

それでは，リサイクルやエコ活動などの生活面での経験は，どうすれば環境観形成を目的とする環境教育につながるのか。環境教育実践のなかで生活行動に関係する部分は，生活における環境と自分との関係，その先に，自然と人間との関係をどう育てるかという部分にかかわる。実践者が，環境・自然・人間と，それらの関係をどう捉えるのかを考え，自分の教育実践のなかで明確な目標として持っていないと，ただのリサイクル体験，ただの生活体験に終わって

しまい，他の学びと結びつけることができない。リサイクル体験やその他のエコ活動体験を教育の場で経験することはあってもよいが，それらの活動の背景を学ぶ機会を何層にも重ねる作業がいる。小学校以上であれば，理科や社会科の教科学習や総合的な学習の時間の取り組みとつなぐ必要があり，幼児期なら保育の生活で自然体験，食育，自分の身体や地域についての学びに環境教育の観点を意識的に入れていかねばならない。

### 3) 環境教育は ESD か

ESD の登場以降，環境教育は ESD に吸収されるとする立場もあれば，そうではない立場もある。環境教育と ESD をそれぞれどのように捉えるかで，立ち位置が異なるのである。これを降旗は「環境教育と ESD の境界は非常にあいまい」な現状だと分析する[*444]。したがって，環境教育について語る場合は，環境教育が何かを示すと同時に，ESD に対する立ち位置も明確にする必要がある。

環境教育を ESD に吸収されるもの，進化するものと考えるのであれば，環境教育という概念を手放し，ESD の実践者あるいは研究者として動くべきであろう。しかし，その際には，非常に重い課題を同時に引き受けることを覚悟しなければならない。一つは，開発・発展（development）概念の歴史的変遷をふまえて，自らがどのようにそれらを定義するかということ。経済の「持続的成長」のための自然資源の「持続的利用」という捉え方から誕生したこの概念のイメージを覆すことは容易ではない。ラトゥーシュは，開発・発展（development）概念が経済領域で重要な意味を持つようになった起源を 1949 年（環境教育という言葉が誕生したとされる 1948 年の翌年）とし，それ以降，開発・発展（development）概念が「進歩，普遍主義，自然支配，事物を数量で計る合理性といった『価値』と結びついている」とする[*445]。それゆえ，持続可能な開発（SD）概念も，「正しい戦争」と同様に，「二律背反」であり「形容矛盾」であり「都合のよい意図で覆われている」と徹底的に批判する。20 世紀後半を動かしてきた開発・発展概念の基本にあるのが利用する対象としての自然と

いう捉え方であり，その立ち位置自体が環境教育にとって大きな壁となっていることはすでに指摘してきた。従来型の開発ではない，人間開発だ，開発ではなく人間社会の質の発展だと読み取りを変えても意味はなく，社会全体でそれらの言葉の与える意味が変わらねばならないが，右上がりの無限の「発展」ほど魅力的なものはないから，時代の持つ心性を変えるのは容易ではない。ESD研究者には，こうした批判を超えて開発・発展（development）概念に新たな読み取りがなされるための具体策を提示する責任がある。

　もう一つの重い課題は，人権教育や開発教育などの教育課題も含むのがESDであるとされていることから，実践において多様な視点からの評価を要求されることである。これも対応は容易ではない。例えば，ESDを語る際によく取り上げられるのが，ジェンダーの視点である。自然体験活動を実践してESDとみなす，あるいは，大学教育でESDを考える場面を想定してみよう。ESDはジェンダーの視点も含むとされるから，その活動のあらゆる側面が，実践者のとる教育方法，教材，言葉，構成員の性比などすべてがジェンダーの観点から問題がないのかどうか検討されなければならない。そうでなければ，「ジェンダーの視点も含む」ESDの実践だと語ることはできない。しかし，果たして，実践者や関係者にそれだけの力量があるのだろうか。例えば，日本は国連の「女子に対するあらゆる形態の差別の撤廃に関する条約」の批准，加盟国である。しかし，国連の女性差別撤廃委員会（CEDAW）が2009年に公表した総括所見は，女性差別解消にむけた日本政府の取り組みが進んでいないことを厳しく指摘しており，さまざまな点で先進国中の低レベルにとどまっている。委員会は，教育に関する項目についても「教育基本法が改正され男女共同参画の推進に言及した同法第5条が削除されたこと」，「女性が引き続き伝統的な学問分野に集中していること」，「教授レベルで学界における女性の参画が低調であること」を懸念し，「男女共同参画の推進を教育基本法に再度取り入れること」，「女児や女性が伝統的に進出してこなかった分野における教育や研修を受けることを奨励する対策を教育政策に盛り込むこと」，「大学・短大における女性教員の割合の達成目標を20パーセントから引き上げ，最終的に，こう

した機関における男女比率が同等になるよう促進すること」などを勧告している。[*446]このように、社会的公正が最も求められるはずの教育分野における女性差別ですら多くの点で解消されておらず、教育現場においてもそれを再生産しているのが、日本の女性をめぐる現実である。ESD の必要性を語る者は、環境問題だけではなく、社会的・文化的問題や経済的問題も含めて、さまざまな問題に対し「事象間の関連性（つながり）」を認識する必要があるとする。[*447]つながりを自己とは無関係なものとして認識する、あるいは、つながりがあるという知識を語ることは容易である。しかし、ESD は語られるものではなく、実践されるものである。環境教育という環境だけに焦点を絞った教育ですら実践は容易ではないのに、それに加えて誰が同時にジェンダーからの視点を語り、自らの教育実践をジェンダーの観点から検証できるのだろうか。上に示したのは、一例としてのジェンダーという視点だが、ESD はそれ以外の視点も重視するとしている。ESD の実践がジェンダーも含む多様な課題と協調するということは、自らの教育実践において常にジェンダー、及び、その他を意識したスタンスを取り続けるという重い課題を引き受けることである。すでに子どもは 2 歳で性や人種に対する社会の持つ偏見を吸収しているとされるが、ESD 研究者から幼児期のジェンダーや人権にかかわる教育の重要性が提案されたことがあるだろうか。確かに、ジェンダーや平和、人権などの課題と協働するという言説は、社会的に公正で理想的なあり方を示しており、聞こえもよい。しかし、現実の教育は、個々の課題にさえ対応できていない。それにもかかわらず、多様な視点からの検証が求められるわけだが、そのような教育実践がそもそも現実に成立可能なのだろうか。これに答え、自らの場で実践することが、ESD 研究者に求められる大きな課題であろう。

　環境教育を ESD と立場を同じくしないとするのであれば、今度はその理由を示す必要があり、環境教育の独自性や存在意義を ESD と異なるところに見いだす必要がある。それは、先述したような自然体験やリサイクルの実践ではない。ここまでの議論のように、環境・自然という概念をどう捉えるか、それらに対する人間の立ち位置をどう考えるのかを起点として、環境教育とは何か

を示すところから出発するしかない。この段階を個々に踏み出さないかぎり，従来型の自然体験や生活体験を環境教育実践と読み替えて，実践したという満足感だけを得て終わる。そして，従来型の自然体験や生活体験をするだけでは，環境教育として効果的な働きにはならないことは先の節で述べた通りである。

### 4) 環境教育の今後

1948年に言葉として誕生した環境教育は，1970年頃から世界で認知され，すでに40年ほどの歴史がある。本書の初めにも述べたように，その40年の歴史の間に環境問題は進行する一方であり，環境教育は歯止めとなるような大きな動きを生み出すことはできなかった。オゾン層破壊や化学物質汚染のように効果のみえる問題もあったが，それは環境教育の成果ではなく，経済的インセンティブの働きやすい問題であったからというのが現実的な見方であろう。そこで，環境教育が今まで通りの実践を踏襲するだけでは限界があり，新たな効果的実践を生み出す必要があるはずだとしたのが，本書の問題意識であった。その基盤を整えるために，環境教育の歴史，環境概念と自然概念の変遷を整理した上で，幼児期に焦点をあてて生涯にわたる環境教育の開始期の実践はどうあるべきかを提案した。当然ながら，この提案は一つの案に過ぎず，提案が目的ではない。環境教育を考えるのであれば，個々の研究者や実践者が環境や自然，環境教育という基本概念について問い直し，自分なりに立場を定め，それに基づいて実践を考え，定めたものから実態や実践を検証するという過程が必要であることを示したのである。それをせずに，どのように効果的な実践を考えたり，その実践を検証したりできるのだろうか。

現在の環境教育は未だに「混迷する環境教育」の時代にいる。現実としての実践可能性がみえないESD，そして，ブームに乗って環境教育よりも先に進んでいくエコの勧めの氾濫。20世紀の環境問題を引き起こしてきた当事者たちの子ども時代でもあり，ジェンダーという言葉さえ生まれていなかった，偏見が当然のごとく受け入れられていた時代，農繁期の子どもの置かれた状況が大きな保育の課題であった時代に，人々がしていた，というより，するしかな

かった自然体験や生活体験を賛美するような前近代回帰の実践。環境教育とは何かという問いに答えるのがますます困難になっている。そして，楽しい自然体験とエコな生活規範の伝達を行う教育実践は，環境教育あるいは ESD と呼びかえることはいくらでも可能であるから，実践数だけは蓄積し，環境教育や ESD を実践したという満足感は得られる。しかし，それが環境教育の目的につながっているのかという検証はなされない。

　そもそも，環境教育も ESD も，すでにあるものであるかのように，その意義も目的も問われることのないまま実践されるから，検証できないのである。しかし，楽しい自然体験とエコな生活規範の伝達が蓄積するだけで，持続可能な社会は形成されない。それらは無駄遣いをしない生活や自然が身近にある生活があたりまえであった時代には誰もが体験していたことであり，近代以降の教育の場でも表現や教育方法こそ変化しても実践され続けてきたものである。それにもかかわらず，私たちは持続不可能な社会へと歩み続けている。楽しい自然体験とエコな生活規範の伝達をすれば環境教育となるのなら，すでに現実の方が先に進んでいるのだから，環境教育の存在意義はない。「消滅する環境教育」あるいは「空中分解する環境教育」と呼ばれるのかもしれない。そのときには，環境教育や ESD の目指す世界とはほど遠い現実のなか，人間の活動は限界を超えて，未来の世代は一部の実践者たちが賛美する前近代のような生活を強いられる，発展でも維持でもなく，後退する社会に生きているのだろうか。

　環境教育を必要だと考える者の起点は，現状のままでは人間を取り巻く環境の変化が将来いつか人間の活動を阻害するときが来るのではないか，場合によっては人間の活動が持続しないような状況さえ来るのではないかと危惧するところにあるはずである。それは，そう考える者たちの個々の環境の捉え方，自分との関係の捉え方を基盤としている。しかし，世界にはそのように環境を捉えない人も多い。世界にむかう際の起点が異なるのである。それを世界に対する価値観の違いといってしまうことも可能だが，それでも環境教育が必要だと考える者は，実践の必要性を訴え，実践へとむかう。しかし，それを教育実

践に具体化したときに，実践したことで満足するのではなく，その実践が思いの反映されたものになっているのかどうかを振り返る必要がある。環境教育にかかわる者が環境教育が必要だと思うようになった起点には，必ず，人間と環境，人間と自然との関係がおかしいという漠然とした捉え方があるはずである。なぜそれをおかしいと思うのかを解きほぐすには，環境・自然・人間という概念を自分はどう捉えているのかという基底にまで個々に降りていくしかない。その一つの過程を，第1章からこの最後の章の前節まで示してきた。環境教育はすでにあるものではなく，一つの定まった姿があるものではない。自然や環境の捉え方も時代により，文化により，人によりさまざまである。持続可能な社会を形成するためには，環境教育にかかわろうとする者の一人ひとりがその初めに立ち戻り，そこから実践を考える過程をふまえねばならない。それによって初めて実践の具体化や評価が可能になり，また，異なる環境観のもとに世界にむかい，持続不可能な未来へと進もうとする他者に対して，持続可能な社会とは何か，なぜ環境教育が必要であるのか，なぜ今までと異なる実践が必要であるのかを説得力を持って語れるのである。

# あとがき

　本書は，幼児期の環境教育というマイナーな分野の研究書です。私がこの分野で拙い論文を初めて書いたのは1992年。本書は2007年にまとめた博士論文を大幅に書き直したもので，20年ほどにわたる自分なりの道筋を一つにまとめたものです。

　日本でも保育制度が大きく変わろうとしており，今年6月には「環境保全のための意欲の増進及び環境教育の推進に関する法律」が改正されて「幼児期から」という表現が追加されるなど，国内外とも法律・施策・実践・研究分野のいずれにおいても新たな動きが次々と起こっているのですが，本書では2009年頃までしか対象としていないことをお断りしておきます。なお，この出版にあたっては，2011年度科研費（研究成果公開促進費）の助成を受けています。

　第一次エコロジーブームと呼ばれた1970年代に10代を過ごした動物好きの私は，自然保護の仕事をしたいと思い，生物を志望したものの，大学では志望学科に入れず，地球科学という思いもよらない学科で4年間を過ごしました。しかし，この地球科学科で，道もランドマークもない野山を地形図を見ながら歩く技術だけではなく，自然界の時間と空間というものを，そして「科学（science）」とは何かを学ぶことができたと思います。この学生時代に出会った恩師が杉村新先生です。日本の地球科学において先駆的研究をされた杉村先生の基礎と本質にこだわる授業を受け著書に触れたことは，私にとって意義深いものでした。数年前，その杉村先生から「あなたの書いたものは，フィロソフィーとして，ぼくのと大変近い」という，私にとってはとてもうれしいお言葉をいただいたことがあり，本書にもそれが活きていることを願います。

　やりたいことにこだわって次に進んだ大学院では，6年間，野生のニホンザルと過ごしましたが，野生動物を相手にするフィールドワークは何かを語るの

にとても時間がかかり，難しいものでした。そのニホンザルの観察で，「サルって人間に似てる」ではなく，「人間ってサルなんだ」と感じました。前者はホモセントリック，後者はエコセントリックな見方といえるでしょう。大学院での私の仕事自体はまったく「科学」にならなかったのですが，人間の自然性・子どもの発達の自然性を基本に今の仕事をしている私の核となっています。

　大学院を離れた私は幼稚園の教員養成をする小さな短大に就職し，いくつか授業を持つことになりました。当時は6領域の時代で，免許取得の必修科目に「保育自然」という科目があったのです。「保育って子守のこと？」というようなお粗末な感覚しかなかった私が担当したのですから，当時の学生さんたちには大変申し訳なかったと思います。そこから私は保育の奥深さを学び始めました。部外者には子どもと遊んでいるだけにしかみえない保育が，実は長い保育史の蓄積の上にある深く考えられた豊かな営みであること，幼児期が他にはない非常に面白い時期であること，現場の先生方の豊かな保育技術と保育への熱い思いなどです。

　その保育において，研究者も実践者も，子どもの育ちに自然は重要と口々に言っていました。ところが，保育理論で扱われる自然や実習訪問で見る園庭の自然，保育者の語る自然になぜか違和感を持つようになったのです。ちょうどその頃，環境教育が日本で広く知られ始めました。本書は，その違和感の答えを探ってきた道筋を示しています。最近，幼稚園や保育所の実践研究にかかわる機会が増えてきて，保育現場の先生方から「目から鱗」という言葉をいただくことがあります。今までの保育がしてきた自然の捉え方と違うことに気づく実践者が確かにおられるのです。今までと同じ実践を繰り返すだけでは環境教育にはならないという本書の結論は間違っていないという気がしています。

　その違和感を探る過程で新たな疑問も出てきました。それを解きほぐすために必要なことの一つが国際比較研究です。オーストラリアは幼児期の環境教育について大きく動きつつあります。ちょうどこの出版に合わせたかのように，勤務する大阪大谷大学から在外研究の機会を与えていただき，本書にも何度か登場するデイヴィス博士のもとで日豪比較研究をすることになりました。とき

を合わせたかのように韓国やスウェーデンからも研究者が来ており，仲間にようやく出会えたという気がしています。多文化社会といわれ反捕鯨が政治的争点となるような国オーストラリアは，西洋文化圏にありながらも持続可能な開発のための教育（ESD）をそのまま受け入れませんでした。あくまでも持続可能性のための教育（EfS）を追求しています。それはなぜなのか。また，オーストラリアに限らず西洋文化圏の就学前教育のガイドラインが，日本とは違って子どもの育ちだけではなく，子どもが将来創る社会を常に意識し，それを明示するのはなぜなのか。この比較研究からさらなる疑問への答えを見つけたいと思っています。本書は概念の基本に戻って解きほぐす手法を採っていますが，言葉の政治性については取り上げていません。言葉は歴史と文化を背負ったものであり，言葉で表されるあらゆる概念はその呪縛から逃れることができません。環境・自然・環境教育・ESD・EfS・開発・女性などの概念もそうです。批判的リテラシー教育への関心が高く，州による違いがあるものの言語教育にもそれが具体化されてきたオーストラリアがESDを受け入れない理由は，そのあたりにあるのかもしれません。

　この20年間，環境教育・保育にかかわる研究者・実践者の方々と知り合い，刺激を受け，協力をいただき，多くのことを学ばせていただきました。どのような分野であろうと先輩研究者や仲間との「出会い」はとても重要です。私の場合，以下の3名の先生方に出会えたことは大きな励みとなりました。まず，小川博久先生です。日本の保育学の第一人者であり，倉橋惣三や津守真に続いて日本の保育理論史にお名前を残されることでしょう。お二人目は無藤隆先生。心理学のみならず，今では保育学・教育学でも知らない人はいない方です。そして，小川正賢先生です。日本だけではなく世界の科学教育分野の第一線で活躍されておられます。このお三方には共通点があります。それぞれの分野の第一線で活躍されている研究者であられるだけではなく，視野が広く，公平で，教育力がおありになるということです。分野も異なり先生方の研究室の卒業生というわけでもないのに，私のような者が細々と続けるマイナーな分野の研究

にも関心を持って下さり，助けて下さり，ときには私の厚かましい願いにも快く応えて下さいました。心から感謝申し上げます。

　すばらしい実践をされておられる保育現場の先生方にも数多く出会いました。よい保育を追求する思いに，公立・私立・幼稚園・保育所という分類はまったく関係ありません。幕末から明治にかけて日本を訪れた西洋圏の人々は，間引きという言葉がまだ生きていた過酷な時代にありながらも当時の日本人が子どもに暖かなまなざしを持っていたことを数多く書き残しています。そうした子ども観を底流に持ちながら日本の保育は西洋の理論を受け入れつつもよい保育を追求してきたのでしょう。明治からの日本の保育の歴史は，日々保育にかかわる実践者の方々に支えられてきたのだと思います。日本は就学前教育にかける国家予算が先進国中最低レベルであるにもかかわらず，質のよい保育を平均として維持してきました。就学前教育への投資がその後の教育や労働力にも影響することにようやく経済分野が気づき始め，多くの国々がすでに就学前教育への投資を始めています。日本はそこにおいても後れをとっています。就学前教育の意義，そして，保育者の思いや専門性がもっと評価される社会にならなければなりません。ちなみに，ここでいう就学前教育とは，あくまでも乳幼児期の発達理解をふまえた上での教育的意図を盛り込んだ遊びを通した保育のことであり，早期教育という意味ではありません。ここにも概念理解の問題があるのです。

　それから，保育現場以外の実践者にもたくさん出会いました。制度化されていないがゆえの大変さを抱えながらも，制度化された場ではなかなか踏み出せない素晴らしい取り組みを実践されています。なかでもキープ自然学校の黒田あやさんと小西貴士さんのお二人には，「森のようちえん♪プロジェクト」の黎明期に森のなかで遊ぶ子どもの姿を見る機会をたくさん与えていただいたと同時に，お二人の保育と自然への思いに目を開かされました。また，私の仲間として欠かせないのが環境共育事務所を運営する神田浩行さんです。本書でも繰り返し示してきたように，同じ環境教育という実践分野・研究分野にいても基本的なスタンスが同じであるとは限りません。神田さんは基本的な考え方を

共有できる数少ない仲間の一人です。本書は実践への具体化にも踏み込んでいますが，それをさらに具体化し実際の保育現場を想定して活用できる実践ガイドとして仲間と作ったのが『むすんでみよう　子どもと自然』（北大路書房，2010）です。本書が理論編であれば，そちらは実践編となります。二つ併せてみていただければ，幼児期の環境教育とは何か，どう実践していけばいいのかを考えるための基本がわかるようになっています。昭和堂の松井久見子さんには環境教育をテーマにした小さな研究会で出会いました。環境教育への理解が深い松井さんのおかげで本書の出版にいたったのですから，出会いというのは不思議なものです。

今年はTsunamiとFukushimaという二つの日本語が世界を震撼させた年でした。自然に翻弄される人間と化石資源に依存しきっている人間の姿を突きつけられ，「自然」について，人間の立ち位置について改めて考えさせられた人も多かったのではないでしょうか。原子力発電に使うウランの7割は原発のないオーストラリアに埋蔵されており，環境保全とウラン採掘の対立が大きな問題となっていますが，多くの日本人はそうした事実すら知らないのではないでしょうか。もちろん，オーストラリアでも原発の必要性を訴える人々がいます。容易な道ではないでしょうが，私たちは「自然」へのむかい方を中心に「環境」との新たなかかわり方を時間をかけて探していく必要がありそうです。その過程は，環境教育の求める道筋と同じものになるでしょう。フレイレは「自分がどのように行動するかということは多くの場合，世界をどのように認識しているかということに応じて変わる」（『被抑圧者の教育学』1968，三砂ちづる／訳，2011，亜紀書房）といっています。ここでいう「世界」という言葉には，「人間」や「社会」だけではなく，「自然」も「環境」も含まれなければなりません。ところで，このフレイレの同じ著作に「（抑圧者は）被抑圧者は単なる対象であり，ほとんど『モノ』にすぎないのだから，その行為に目的というものはない，という。抑圧者が被抑圧者に与えたものが，目的となる」という文面があります。これを読んだとき，抑圧者を「人間」，被抑圧者を「自然」に置き換

えれば，人間の「自然」へのむかい方そのもののようだと思いました。ただ，「非抑圧者」は言葉を持つ可能性を秘めていますが，「自然」は永遠に沈黙したままです。では「人間」はどのように自らを解放できるのでしょうか。

　幼児期からの環境教育を考えてみようという人に，本書を踏み台として使っていただき，結果として本書が幼児期の環境教育，そして，環境教育全体の本当の普及に少しでも役立てばと願います。私にとっても本書は一つの通過点に過ぎず，自然保護の仕事がしたいという原点を振り返りながら，これからも微々たる歩みを進めていきたいと思います。

　　　2011年12月

　　　　　　　　　　　　　　夏を迎えたブリズベンにて　著　　者

# 初出一覧

井上美智子，1994「環境という言葉の捉え方をめぐる問題点について──領域環境と環境を通して行う教育」姫路学院女子短期大学紀要，21，pp.115-124

井上美智子・奥美佐子，1994「幼稚園教育要領にみる領域と保育内容の関係性について──養成校の教育課程編成の立場から」姫路学院女子短期大学レビュー，17，pp.87-95

井上美智子，1995「保育と環境教育の接点──環境という言葉をめぐって」環境教育，4-2，pp.25-33

井上美智子，2000「公的な保育史における『自然とのかかわり』の捉え方について──環境教育の視点から」環境教育，9-2，pp.2-11

井上美智子，2004「日本の幼児期の環境教育普及にむけての課題の分析と展望」環境教育，14-2，pp.3-14

井上美智子，2007「センス・オブ・ワンダーという概念の保育における意義について」こども環境学研究，2-3，pp.38-45

井上美智子，2008「保育における『環境』概念の導入と変遷──環境教育における『環境』概念との比較の基盤として」大阪大谷大学紀要，42，pp.24-47

井上美智子，2009「幼児期の環境教育研究をめぐる背景と課題」環境教育，20-1，pp.95-108

## 註

\*1　Disinger, J. F., 1983, Environmental Education's Definitional Problem. Information Bulletin ERIC Clearinghouse for Science, Mathematics and Environmental Education, #2, pp.1-8；Daudi, S. S. & Heimlich, J. E., 1997, Evolution of Environmental Education：Historical Development, Environmental Education and Training Partnership (EETAP), Info-Sheet, 16, pp.1-2；阿部治, 2000『環境教育重要用語300の基礎知識』(田中春彦／編著), 明治図書, p.24

\*2　IUCN日本委員会, 2007「IUCNとは」(http://www.iucn.jp/iucn/index.html, 13/03/2007)

\*3　今村光章, 2005『持続可能性に向けての環境教育』(今村光章／編著), 昭和堂, p.37

\*4　升島永美子, 2000『環境教育重要用語300の基礎知識』(田中春彦／編著), 明治図書, p.27

\*5　United Nations, 1972, Declaration of the United Nations Conference on the Human Environment (http://www.unep.org/Documents.multilingual/Default.asp?DocumentID=97&ArticleID=1503&l=en, 13/03/2007)

\*6　市川智史・今村光章, 2002『環境教育への招待』(川嶋宗継・市川智史・今村光章／編著), ミネルヴァ書房, p.36

\*7　UNESCO, 1975, Belgrade Charter (http://portal.unesco.org/Education/en/ev.php-URL_ID=33037&URL_DO=DO_TOPIC&URL_SECTION=201.html, 30/03/2007 (PDF))

\*8　UNEP, 1978, Intergovernmental Conference on Environmental Education Final Report (http://unesdoc.unesco.org/ulis/cgi-bin/ulis.pl?database=ged&mode=e&set=4672844C_2_112&look=new&sc1=1&sc2=1&ref=http://unesdoc.unesco.org/ulis/index.html&lin=1&nl=1&ll=1&text=Intergovernmental%20Conference%20on%20Environmental%20Education&text_p=inc&req=2&by=2&scroll=1, 30/03/2007 (PDF)), p.25

\*9　江口禄子, 2000『環境教育重要用語300の基礎知識』(田中春彦／編著), 明治図書, p.26

\*10　環境庁, 1983『環境白書』(http://www.env.go.jp/policy/hakusyo/hakusyo.php3?kid=158, 29/03/2007)

\*11　市川・今村前掲\*6, p.41

\*12　今村前掲\*3, p.62

\*13 環境庁, 1993『環境白書』(http://www.env.go.jp/policy/hakusyo/hakusyo.php3?kid=205, 29/03/2007)

\*14 UNESCO, 1997, Declaration of Thessaloniki (UNESCO Document code：EPD.97/CONF.401/CLD.2)

\*15 United Nations, 2002, Plan of Implementation of the World Summit on Sustainable Development (http://www.un.org/esa/sustdev/, 30/03/2007 (PDF))

\*16 UNESCO, 2004, United Nations Decade of Education for Sustainable Development：The Final Draft of the International Implementation Scheme (http://www.esd-j.org/archives/000197.html, 30/03/2007 (PDF))；UNESCO, 2005, United Nations Decade of Education for Sustainable Development (2005-2014)：International Implementation Scheme (http://www.esd-j.org/archives/000336.html, 30/03/2007 (PDF))

\*17 小栗有子, 2005『新しい環境教育の実践』(朝岡幸彦／編著), 高文堂出版社, p.141

\*18 小栗前掲＊17, p.150

\*19 鶴岡義彦, 2000『環境教育重要用語300の基礎知識』(田中春彦／編著), 明治図書, p.15；鈴木善次, 1992『環境問題と環境教育』(佐島群巳／編), 国土社, pp.111-119

\*20 阿部治, 2000『環境教育重要用語300の基礎知識』(田中春彦／編著), 明治図書, p.16

\*21 田中圭治郎, 1991『日本の環境教育』(加藤秀俊／編), 河合出版, pp.284-309；阿部治, 1992「アメリカにおける環境教育の歴史と現状1」埼玉大学紀要（教育学部, 人文・社会科学), 41 (1-2), pp.107-116

\*22 Disinger, J. F. & Freud, F. W., 1993『世界の環境教育』(佐島群巳・中山和彦／編), 国土社, pp.72-91；荻原彰・戸北凱惟, 1998「アメリカの州レベルにおける環境教育行政の動向」科学教育研究, 22-2, pp.69-77

\*23 EPA, 2007, EPA's Environmental Education Division (http://www.epa.gov/enviroed/aboutus.html, 30/03/2007)

\*24 荻原彰・戸北凱惟, 2001「アンケート調査による日米の環境教育行政の比較」環境教育, 11-1, pp.38-44

\*25 荻原彰・阿部治・中山和彦, 1987「アメリカの環境教育施策の動向――教師教育を中心として」科学教育研究, 11-1, pp.195-201

\*26 荻原彰・戸北凱惟, 1999「80年代後半以降のアメリカの初等・中等教育に見られる環境リテラシーの研究――知識領域を中心として」科学教育研究, 23-5, pp.365-672；Disinger, J. F. & Freud, F. W., 1993『世界の環境教育』(佐島群巳・中山和彦／編), 国土社, pp.72-91；御代川貴久夫・関啓子, 2009『環境教育を学

ぶ人のために』世界思想社，pp.64-75
* 27  小澤紀美子，1995「アメリカに学びたい環境教育」教育と情報，447，pp.20-25
* 28  荻原彰，2009「アメリカにおける学力重視の教育改革と教育改革に対する環境教育の応答及び日本の環境教育への提案」環境教育，19-1，pp.129-138
* 29  Disinger, J. F., 2001, Tensions in Environmental Education：Yesterday, Today, and Tomorrow, "NAAEE Thirty Years of History 1971 to 2001", NAAEE
* 30  安藤聡彦，1999『新版環境教育事典』（環境教育事典編集委員会／編），旬報社，pp.11-12；鈴木前掲＊19；御代川・関前掲＊26，pp.56-57
* 31  三宅志穂・野上智行，1998「イングランドにおける野外学習プログラムの特色」科学教育研究，22-1，pp.47-53
* 32  野上智行，2000『環境教育重要用語300の基礎知識』（田中春彦／編著），明治図書，p.17
* 33  The Council for Environmental Education (CEE), 2007, History (http://www.cee.org.uk/, 30/03/2007)
* 34  The National Association for Environmental Education, 2007 (http://www.naee.org.uk/, 30/03/2007)
* 35  鈴木前掲＊19；小澤紀美子，1981「住環境教育に関する研究2」東京学芸大学紀要（第6部門），33，pp.129-135；半田章二，1991『日本の環境教育』（加藤秀俊／編），河合出版，pp.310-343
* 36  National Curriculum Online, 2007, Learning across the Curriculum (http://www.nc.uk.net/webdav/harmonise? Page/@id=6011, 08/04/2007)
* 37  Gayford, C. G., 1993『世界の環境教育』（佐島群巳・中山和彦／編），国土社，pp.185-200
* 38  田中春彦，2000『環境教育重要用語300の基礎知識』（田中春彦／編著），明治図書，p.19
* 39  The Australian Association for Environmental Education, 2007, Mission and Vision (http://www.aaee.org.au/about/business.htm, 26/04/2007)
* 40  Gough, N. & Gough, A. G., 1993『世界の環境教育』（佐島群巳・中山和彦／編），国土社，pp.201-219
* 41  10th Ministerial Council on Education, Employment, Training and Youth Affairs, 1999, The Adelaide Declaration on National Goals for Schooling in the Twenty-first Century-Preamble and Goals (http://www.dest.gov.au/sectors/school_Education/policy_initiatives_reviews/national_goals_for_schooling_in_

\*42 　Environment Australia, 2000, Environmental Education for a Sustainable Future：National Action Plan（http://www.environment.gov.au/Education/publications/nap/index.html, 30/03/2007）
\*43 　Gough & Gough 前掲＊40, pp.201-219
\*44 　大高泉, 2000『環境教育重要用語300の基礎知識』（田中春彦／編著）, 明治図書, p.44
\*45 　鈴木前掲＊19；槇村久子, 2004「スウェーデンの環境教育にみる多様な主体と協働」, 京都女子大学現代社会研究, 6, pp.5-17
\*46 　橋本紀子, 1999『新版環境教育事典』（環境教育事典編集委員会／編）, 旬報社, pp.354-355
\*47 　Ministry of the Environment, 2004, A Swedish Strategy for Sustainable Development（http://www.sweden.gov.se/sb/d/2023/a/25275, 30/03/2007（PDF））
\*48 　大高前掲＊44, p.46
\*49 　半田前掲35；大友秀明, 2005『現代ドイツ政治・社会学習論』東信堂
\*50 　佐藤聖子・鶴岡義彦, 2005「教師の環境教育観に関する日独比較研究」千葉大学教育学部研究紀要, 53, pp.211-222
\*51 　森恵, 1998「ドイツの環境教育」教育と施設, 61, pp.74-77；大橋照枝, 2001「ドイツの環境教育」環境会議, 8, pp.54-59；若林身歌, 2003「ドイツの環境教育論議に関する基礎研究」京都大学大学院教育学研究科紀要, 49, pp.142-154
\*52 　Hermand, J., 1993『森なしには生きられない』（山縣光晶／訳, 1999）, 築地書館
\*53 　武村恵利子, 2000『環境教育重要用語300の基礎知識』（田中春彦／編著）, 明治図書, p.49；Kwan, F. W. B., & Stimpson, P., 2003, Environmental Education in Singapore：A Curriculum for the Environment or in the National Interest?, International Research in Geographical and Environmental Education, 12-2, pp.123-138；田中前掲＊38, p.43；手島將博, 1996「マレーシアにおけるノンフォーマルな環境教育の動向」比較・国際教育, 4, pp.136-140；Thomas, M., 1999『新版環境教育事典』（環境教育事典編集委員会／編）, 旬報社, pp.366-367；張国生, 1993『世界の環境教育』（佐島群巳・中山和彦／編）, 国土社, pp.220-231；錫錫珍, 1993『世界の環境教育』（佐島群巳・中山和彦／編）, 国土社, pp.232-240；升島永美子, 2000『環境教育重要用語300の基礎知識』（田中春彦／編著）, 明治図書, p.38；萩原豪, 2005「台湾における環境教育施策の現状と近年の展開」環境共生, 11, pp.72-81；諏訪哲郎, 2005「東アジアにおける環境教育の広がり」東洋文化研究

（学習院大学東洋文化研究所），7, pp.497-515；手島將博，2005「A Comparative Study on Environmental Education in Malaysia and Japan」文教大学教育学部紀要，39, pp.1-8

*54　半田章二，1991『日本の環境教育』（加藤秀俊／編），河合出版，pp.310-343

*55　佐藤学，1999『新版環境教育事典』（環境教育事典編集委員会／編），旬報社，p.121；朝岡幸彦，2005『新しい環境教育の実践』（朝岡幸彦／編著），高文堂出版社，p.11

*56　関上哲，2005『新しい環境教育の実践』（朝岡幸彦／編著），高文堂出版社，pp.52-72；日本生態系協会，2001『環境教育がわかる事典』（日本生態系協会／編著），柏書房，pp.412-414

*57　加藤寿朗，2000『環境教育重要用語300の基礎知識』（田中春彦／編著），明治図書，p.73；大森享，2005『新しい環境教育の実践』（朝岡幸彦／編著），高文堂出版社，p.35

*58　関上前掲*56, pp.52-72

*59　高橋正弘，2002『環境教育への招待』（川嶋宗継・市川智史・今村光章／編著），ミネルヴァ書房，pp.17-25

*60　福島達夫，1993『環境教育の成立と発展』国土社，pp.96-101；加藤寿朗，2000『環境教育重要用語300の基礎知識』（田中春彦／編著），明治図書，p.73；御代川・関前掲*26, p.3；朝岡幸彦，2009「公害教育と地域づくり・まちづくり学習」環境教育，19-1, pp.81-90

*61　高橋正弘・井村秀文，2005「日本・韓国・中国における環境教育の制度化の実態に関する比較研究」環境教育，14-3, pp.3-14

*62　降旗信一，2005『新しい環境教育の実践』（朝岡幸彦／編著），高文堂出版社，p.74；小川潔，2002『環境教育への招待』（川嶋宗継・市川智史・今村光章／編著），ミネルヴァ書房，pp.8-16；小川潔・伊東静一，2008『自然保護教育論』（小川潔・伊東静一・又井裕子／編著），筑波書房，pp.9-26

*63　小川潔，1999『新版環境教育事典』（環境教育事典編集委員会／編），旬報社，pp.166-167

*64　小川潔ほか，2008『自然保護教育論』（小川潔・伊東静一・又井裕子／編）筑波書房；小川潔，2009「自然保護教育の展開から派生する環境教育の視点」環境教育，19-1, pp.68-76

*65　降旗前掲*62, pp.73-105

*66　中山恵一，2004「『環境教育』と『野外教育』の概念図――ERICシソーラスに基づいて」環境教育，14-1, pp.3-14

*67　花岡かおり，1999『新版環境教育事典』（環境教育事典編集委員会／編），旬報社，pp.380-381

* 68　降旗前掲 * 62, pp.73-105
* 69　市川・今村前掲 * 6, pp.28-48
* 70　沼田真, 1982『環境教育論』東海大学出版会, pp.18-24
* 71　市川・今村前掲 * 6, p.37
* 72　市川・今村前掲 * 6, p.39
* 73　小川前掲 * 62, p.13
* 74　日本生態系協会, 2001『環境教育がわかる事典』(日本生態系協会／編著), 柏書房, pp.130-131
* 75　小原友行, 2000『環境教育重要用語300の基礎知識』(田中春彦／編著), 明治図書, p.29
* 76　富樫裕, 1983『環境教育のあり方とその実践』(国立教育研究所内環境教育実践研究会／編), 実教出版, p.21
* 77　福島前掲 * 60
* 78　市川・今村前掲 * 6, p.41
* 79　富樫前掲 * 76, p.22
* 80　市川・今村前掲 * 6, pp.28-48
* 81　小原前掲 * 75, p.29
* 82　文部省, 1992『環境教育指導資料（小学校編）』大蔵省印刷局, p.7
* 83　環境庁, 1989『環境白書』(http://www.env.go.jp/policy/hakusyo/hakusyo.php3?kid=201, 30/04/2007); 環境庁, 1994『第一次環境基本計画』(http://www.env.go.jp/policy/kihon_keikaku/plan/main.html, 30/04/2007)
* 84　朝岡前掲 * 55, pp.11-31
* 85　地球環境戦略研究機関, 2007「概要」(http://www.iges.or.jp/jp/index.html, 30/03/2007)
* 86　環境省, 2003「環境の保全のための意欲の増進及び環境教育の推進に関する法律」(http://www.env.go.jp/policy/suishin_ho/, 30/03/2007 (PDF))
* 87　朝岡前掲 * 55, pp.22-23
* 88　今村前掲 * 3
* 89　UNESCO, 2005『持続可能な未来のための学習』(阿部治ほか／訳), 立教大学出版会
* 90　内閣官房「わが国における『国連持続可能な開発のための教育の10年』計画」(http://www.cas.go.jp/jp/seisaku/kokuren/index.html, 26/04/2007 (PDF))
* 91　阿部治, 2009「『持続可能な開発のための教育（ESD）』の現状と課題」環境教育, 19-2, pp.21-30

\*92 井上美智子, 2008「自然とのかかわりの観点からみた現職保育者研修の実施実態」教育福祉研究, 34, pp.1-6

\*93 環境庁, 2000『第二次環境基本計画』(http://www.env.go.jp/policy/kihon_keikaku/plan/main.html, 30/04/2007)

\*94 環境省, 2006『第三次環境基本計画（別冊本文）』(http://www.env.go.jp/policy/kihon_keikaku/thirdplan01.html, 01/05/2007)

\*95 国立教育政策研究所, 2007『環境教育指導資料（小学校編）』(http://www.nier.go.jp/kaihatsu/shiryo01/kankyo190421.pdf, 31/05/2007（PDF))

\*96 国立教育政策研究所前掲 \* 95, pp.18-19

\*97 井上美智子, 1995「保育と環境教育の接点——環境という言葉をめぐって」環境教育, 4-2, pp.25-33

\*98 鶴岡義彦, 2009「学校教育としての環境教育をめぐる課題と展望」環境教育, 19-2, pp.4-16

\*99 1977『日本国語大辞典』小学館, p.326

\*100 1891『言海 第2冊（か～さ）』（大槻文彦／編）, 私費出版；1911『辞林』（金沢庄三郎／編）, 三省堂

\*101 荒尾禎秀, 1983『講座日本語の語彙⑨』（佐藤喜代治／編）, 明治書院, pp.262-266

\*102 栃内吉胤, 1922『環境より見たる都市問題の研究』東京刊行社

\*103 Pearse, A. S., 1930, "Environment and Life"（対訳『環境と生活』岡村周諦・猪原安／訳）, 瞭文堂, p.2（対訳 p.3）

\*104 辛島司朗, 1994『環境倫理の現在』世界書院, p.93

\*105 1997『英語語源辞典』（寺澤芳雄／編）, 研究社, p.439

\*106 Klein, E., 1966, "A Comprehensive Etymological Dictionary of the English Language（Vol.1. A-K)", Elsevier Publishing Company, p.528；Delort, R. & Walter, F., 2001『環境の歴史——ヨーロッパ, 原初から現代まで』（桃木暁子・門脇仁／訳, 2006）, みすず書房, p.18

\*107 今村前掲 \* 3, p.22；Delort & Walter 前掲 \* 106, p.18

\*108 河村武・岩城英夫, 1988『環境科学Ⅰ　自然環境系』（河村武・岩城英夫／編著）, 朝倉書店, p.316

\*109 Matagne, P., 2002『エコロジーの歴史』（門脇仁／訳, 2006）, 緑風出版, pp.233-239

\*110 von Uexküll, J., 1934『生物から見た世界』（日高敏隆・羽田節子訳, 2005, 訳出元は 1970）, 岩波書店

\*111 1993『中国語大辞典（上）』（大東文化大学中国語大辞典編纂室／編）, 角川書店, p.1332

\*112　1977『岩波生物学辞典』岩波書店，p.213

\*113　2006『現代用語の基礎知識』自由国民社，pp.191-200

\*114　2006『イミダス』集英社，pp.559-565

\*115　1994『現代用語の基礎知識』自由国民社，pp.832-843；1994『イミダス』集英社，pp.583-594

\*116　Matagne 前掲\* 109, pp.233-239

\*117　環境庁，1972『環境白書』（http://www.env.go.jp/policy/hakusyo/hakusyo.php3?kid=147, 29/03/2007）

\*118　UNESCO 前掲\* 7

\*119　沼田真，1992『環境教育辞典』（東京学芸大学野外教育実習施設／編），東京堂出版，pp.28-30

\*120　林智，1999『新版環境教育事典』（環境教育事典編集委員会／編），旬報社，pp.69-70

\*121　文部省，1991『環境教育指導資料（中学校・高等学校編）』大蔵省印刷局；文部省前掲\* 82

\*122　Collingwood, R. G., 1945『自然の観念』（平林康之・大沼忠弘／訳，1974），みすず書房，p.13，p.126

\*123　Worster, D., 1977『ネーチャーズ・エコノミー』（中山茂・成定薫・吉田忠／訳，1989），リブロポート，pp.47-81

\*124　Delort & Walter 前掲\* 106

\*125　Eder, K., 1988『自然の社会化──エコロジー的理性批判』（寿福真美／訳，1992），法政大学出版局

\*126　寺尾五郎，2002『「自然」概念の形成史』農山漁村文化協会

\*127　三浦永光，2006『環境思想と社会』御茶の水書房

\*128　Marchant, C., 1992『ラディカル・エコロジー』（川本隆史・須藤自由児・水谷広／訳，1994），産業図書，pp.57-82；笠松幸一，2004『現代環境思想の展開』新泉社，pp.37-64；河野勝彦，2005『環境思想キーワード』青木書店，p.135，p.163

\*129　酒井潔，2005『自我の哲学史』講談社，p.20，p.66，p.108

\*130　Merleau-Ponty, M., 1957『言語と自然』（滝浦静夫・木田元／訳，1979），みすず書房，p.69

\*131　Matagne 前掲\* 109, pp.97-101

\*132　United Nations 前掲\* 15

\*133　Bramwell, A., 1989『エコロジー』（金子務／訳，1992），河出書房；Matagne 前掲\* 109, pp.233-239

\*134　Bronfenbrenner, U., 1979『人間発達の生態学』(磯貝芳郎・福富護／訳, 1996), 川島書店

\*135　鬼頭秀一, 1996『自然保護を問い直す』筑摩書房, pp.30-34；高田純, 2003『環境思想を問う』青木書店, p.9；海上知明, 2005「はじめに」『環境思想――歴史と体系』(海上知明／著), NTT出版, p.v

\*136　高田前掲\*135, pp.47-64；海上前掲\*135, p.30；McCormick, J., 1989『環境思想の系譜1』(阿部治・鬼頭秀一・エバノフ／編著, 1995), 東海大学出版会, pp.97-130；Huth, H., 1990『環境思想の系譜1』(阿部治・鬼頭秀一・エバノフ／編著, 1995), 東海大学出版会, pp.131-155

\*137　高田前掲\*135, pp.47-64；海上前掲\*135, pp.33-35

\*138　鬼頭前掲\*135, p.34

\*139　Marchant前掲\*128, pp.83-111

\*140　高田前掲\*135, p.35

\*141　海上前掲\*136, pp.98-99

\*142　Pepper, D., 1984『環境保護の原点を考える』(柴田和子／訳, 1994), 青弓社, p.51

\*143　今道友信, 2006『美の存立と生成』ピナケス, p.92

\*144　今道前掲\*143

\*145　村山貞雄, 1971『日本近代教育史事典』平凡社, pp.74-75

\*146　1977『日本国語大辞典』小学館, p.326

\*147　Fröbel, F., 1826『人間の教育』(田制佐重／訳, 1925), 文教書院, pp.349-369

\*148　篠原助市, 1935『教育辞典』寶文館, p.166

\*149　入澤宗壽, 1931『教育學概論』甲子社書房, pp.59-66

\*150　城戸幡太郎, 1939『幼児教育論』賢文館

\*151　篠原前掲\*148

\*152　山下俊郎, 1936『教育学辞典　第1巻』(城戸幡太郎ほか／編)岩波書店, pp.357-358

\*153　山下俊郎, 1937『教育的環境学』岩波書店

\*154　篠原前掲\*148

\*155　細谷俊夫, 1922『教育環境学』目黒書店

\*156　太田素子, 1987『保育幼児教育体系10』(青木一ほか／編), 労働旬報社, pp.3-29；沢山美果子, 1987『保育幼児教育体系10』(青木一ほか／編), 労働旬報社, pp.60-81

\*157　文部科学省, 1981『学制百年史』(http://www.mext.go.jp/b_menu/hakusho/html/hpbz198101/hpbz198101_2_024.html, 23/03/2007)；文部省, 1979『幼稚園

教育百年史』ひかりのくに,pp.22-32

*158 Comenius, J. A., 1657『大教授学』(鈴木秀勇／訳, 1962), 明治図書, p.87-91
*159 太田光一, 1987『保育幼児教育体系9』(青木一ほか／編), 労働旬報社, pp.33-50
*160 小島新平, 2003『保育原理』(矢田貝公昭・岡本美智子／編), 一藝社, pp.19-38
*161 Rousseau, J. J., 1762『エミール』(今野一雄／訳, 1962), 岩波書店, p.73
*162 片山忠次, 1987『保育原理』(角尾和子／編), pp.28-68
*163 太田前掲*159
*164 片山前掲*162；奥平康照, 1987『保育幼児教育体系9』(青木一ほか／編), 労働旬報社, pp.51-65
*165 奥平前掲*164, pp.66-75
*166 Fröbel, F., 1838「子どもの生活, 最初の子どもの行動」(『世界教育学選集68』岩崎次男／訳, 1972), 明治図書
*167 Fröbel, F., 1826『人の教育』(小原國芳／訳, 1976), 玉川大学出版会, p.301；Fröbel前掲*147, p.349
*168 Owen, R., 1812『性格形成論』(梅根悟・勝田守一／監修, 斉藤新治／訳, 1974), 明治図書
*169 斉藤新治, 1974『性格形成論』(梅根悟・勝田守一／監修, 斉藤新治／訳, 1974), 明治図書, p.87
*170 Klein, E., 1966, circumstance, "A Comprehensive Etymological Dictionary of the English Language (Vol.1. A-K)", Elsevier Publishing Company, p.291；circumstance (http://www.etymonline.com/index.php?search=circumstance&searchmode=none, 01/05/2007)
*171 Montessori, M., 1948『子どもの発見』(鼓常良／訳, 1971), 国土社, p.78
*172 岩崎次男, 1987『保育幼児教育体系10』(青木一ほか／編), 労働旬報社, pp.76-91
*173 太田前掲*156, pp.123-141
*174 倉橋惣三, 1925『幼稚園雑草』内田老鶴圃, p.14
*175 倉橋惣三, 1931『幼児の心理と教育』(『大正・昭和保育文献集』8巻), 日本らいぶらり
*176 木下龍太郎, 1987『保育幼児教育体系10』(青木一ほか／編), 労働旬報社, pp.179-204
*177 諏訪義英, 1992『日本の幼児教育思想と倉橋惣三』新読書社, p.183；戸江茂博, 2005『保育原理 第6版』(待井和江／編), ミネルヴァ書房, pp.11-69
*178 城戸前掲*150, p.25

\*179　牛島義友，1956『保育の原理』(牛島義友・谷川貞夫・平井信義／編)，金子書房，p.209，p.212

\*180　津守真，1956『保育の原理』(牛島義友・谷川貞夫・平井信義／編)，金子書房，pp.78-100

\*181　広木正紀，1997「環境教育の課題と教員養成大学の役割——三段階の目標から成る，環境教育の枠組みの提案」京都教育大学環境教育研究年報，5，pp.41-51；野上智行，2000『環境教育重要用語300の基礎知識』(田中春彦／編著)，明治図書，p.109；阿部治，1993『子どもと環境教育』(阿部治／編)，東海大学出版会，p.14

\*182　文部省前掲\*157 (1979)

\*183　森上史朗，1989『幼稚園教育要領解説』(大場牧夫ほか／編著)，フレーベル館，p.26

\*184　森上前掲\*183，p.25

\*185　野村睦子，1989『新・幼稚園教育要領を読みとるために』(高杉自子／監修)，ひかりのくに，p.64

\*186　阿部明子，1989『最新保育用語辞典』(森上史朗・大場幸夫ほか／編)，ミネルヴァ書房，p.22

\*187　森上前掲\*183，p.22

\*188　佐藤秀夫，1995『教育刷新委員会・教育刷新審議会会議録　第1巻』(日本近代教育史料研究会／編)，岩波書店，pp.7-18

\*189　森上史朗，1993『子どもに生きた人・倉橋惣三——その生涯・思想・保育・教育』フレーベル館，pp.370-373；諏訪前掲\*177，p.165

\*190　倉橋前掲\*175，p.85

\*191　文部省前掲\*182

\*192　文部省，1982『幼稚園教育指導資料　第1集』チャイルド本社，p.2

\*193　大場幸夫，1983『保育学大事典』(岡田正章・平井信義／編)，第一法規，p.104

\*194　1980『幼児保育学辞典』(松原達哉・萩原元昭・小林恵子／編)，明治図書，p.170

\*195　大場牧夫，1989『幼稚園教育要領解説』(大場牧夫ほか／編著)，フレーベル館，p.39

\*196　文部省，1989『幼稚園教育指導書　増補版』フレーベル館，p.23

\*197　中沢和子，1989『保育内容・環境』(中沢和子ほか／編著)，建帛社

\*198　大場前掲\*195，p.116

\*199　大場前掲\*195，pp.113-114

\*200　大場幸夫，1990『保育講座保育内容環境』(大場幸夫ほか／編著)，ミネルヴァ書房，pp.18-19

\*201　依田満寿美，1990『環境』(岸井勇雄ほか／編著)，チャイルド本社，p.24

\*202　中沢前掲\*197

*203　文部省前掲＊157, p.57
*204　文部省前掲＊157, p.59
*205　倉橋惣三・新庄よし子, 1930『日本幼稚園史』(1980, 復刻版), 臨川書店, p.224
*206　文部省前掲＊157, p.137
*207　文部省前掲＊157, p.505
*208　文部省前掲＊157, p.28
*209　蒲生英男, 1969『日本理科教育小史』国土社
*210　倉橋・新庄前掲＊205, p.228
*211　文部省前掲＊157, p.148, p.947
*212　村山貞雄, 1969『日本幼児保育史　第3巻』(日本保育学会／編著), フレーベル館, p.328；文部省前掲＊157, p.11
*213　文部省前掲＊157, p.224
*214　文部省前掲＊157, p.548
*215　文部省前掲＊157, p.629
*216　森上前掲＊183, p.24
*217　文部省, 1961『幼稚園教育指導書・自然編』フレーベル館, p.8
*218　文部省前掲＊157, pp.1-8
*219　文部省前掲＊157, pp.632-633；前掲＊217, p.58
*220　文部省前掲＊157, pp.655-656
*221　文部省, 1970『幼稚園教育指導書・領域編　自然』フレーベル館, p.29
*222　文部省前掲＊157, p.656
*223　文部省前掲＊221, pp.25-59
*224　文部省, 1968『幼稚園教育指導書・一般編』フレーベル館, p.44
*225　文部省, 1989『幼稚園教育要領』大蔵省印刷局
*226　文部省前掲＊196, p.31
*227　文部省前掲＊196, p.55
*228　大場前掲＊195, p.109
*229　文部省, 1998『幼稚園教育要領』大蔵省印刷局
*230　時代の変化に対応した今後の幼稚園教育の在り方に関する調査研究協力者会議, 1997『時代の変化に対応した今後の幼稚園教育の在り方について』(http://www.mext.go.jp/b_menu/shingi/chousa/shotou/004/toushin/971101.htm, 01/05/2007)
*231　Montessori前掲＊171, pp80-93
*232　Fröbel, F., 1850「幼稚園における子どもたちの庭」(『世界教育学選集68』岩崎次男／訳, 1972), 明治図書, p.127

＊233　Fröbel 前掲＊147，p.5
＊234　荘司雅子，1975『フレーベルの生涯と思想』玉川大学出版部，p.29；Boldt，R. & Eichler，W.，1982『フレーベル――生涯と活動』（小笠原道雄／訳，2006），玉川大学出版部，pp. 26-28；小笠原道雄，1994『フレーベルとその時代』玉川大学出版部，pp.53-58；竹内通夫，1996『ペスタロッチー・フレーベル事典』（日本ペスタロッチー・フレーベル学会／編），玉川大学出版部，pp.117-118
＊235　倉橋前掲＊174，p.349
＊236　倉橋前掲＊175，p.85，p.118
＊237　倉橋前掲＊174，p.5，p.6，p.42
＊238　文部省前掲＊196，p.23
＊239　文部省前掲＊225
＊240　広木前掲＊181；野上前掲＊181；阿部前掲＊181
＊241　文部省前掲＊229
＊242　文部科学省，2008『幼稚園教育要領解説』フレーベル館
＊243　United Nations 前掲＊5
＊244　UNESCO 前掲＊7
＊245　UNEP 前掲＊8
＊246　UNESCO 前掲＊14，p.2；United Nations 前掲＊15
＊247　UNESCO 前掲＊16
＊248　EPA for KIDS（http://www.epa.gov/kids/，25/03/2007）
＊249　The National Environmental Education Act of 1990（http://www.epa.gov/enviroed/whatis.html，25/03/2007（PDF））
＊250　Environment Australia 前掲＊42；Ministry of the Environment 前掲＊47；Department for Environment，Food and Rural Affairs，2003，Strategy for Education for Sustainable Development（ESD）in England（http://www.defra.gov.uk/environment/sustainable/educpanel/index.htm，25/03/2007（PDF））；Department for Education and Skills，2006，Learning for the Future：The DfES Sustainable Development Action Plan 2005/06（http://www.dfes.gov.uk/aboutus/sd//actionplan.shtml，25/03/2007（PDF））
＊251　The Scout Association UK，2004，Milestones in the Progress of Scouting（http://www.scouts.org.uk/aboutus/history.htm，14/04/2007（PDF））
＊252　富樫前掲＊76，p.21
＊253　文部省前掲＊82，pp.1-9
＊254　環境省，2006『環境保全の意欲の増進及び環境教育の推進に関する基本的な方針

（基本方針）』（http://www.env.go.jp/policy/suishin_ho/index.html, 05/06/2007（PDF））

＊255　内閣官房前掲＊90
＊256　佐藤守, 1990『新教育学大事典　第6巻』（細谷俊夫ほか／編), 第一法規, pp.436-440
＊257　Haddad, L., 2002, An Integrated Approach to Early Childhood Education and Care (UNESCO Document code : ED.2002/WS/28 (PDF)), Early Childhood and Family Policy Series, No.3, pp.1-47 ; Bennett, J., 2004, Curriculum in Early Childhood Education and Care (PDF), UNESCO Policy Brief on Early Childhood, No.26
＊258　UNESCO, 2008, The Role of Early Childhood Education for a Sustainable Society ; The Contribution of Early Childhood Education to a Sustainable Society ; 2008 (PDF), 11/07/2008
＊259　The Swedish National Agency for Education, 1998 "Läroplan för förskolan (Lpfö 98, Curriculum for the Pre-School)" (http://www.skolverket.se/publikationer?id=1068, 25/03/2007 (English site) (PDF))
＊260　Ministry of Education and Research, 2005, "Lov om barnehager (Kindergarten Act)" (http://www.regjeringen.no/upload/kilde/kd/reg/2006/0037/ddd/pdfv/285752-barnehageloven-engelsk-pdf.pdf, 05/06/2010 (English site) (PDF)) ; Ministry of Education and Research, 2006, "Forskrift om rammeplan for barnehagens innhold og oppgaver (Framework Plan for the Content and Tasks of Kindergartens)" (http://www.regjeringen.no/upload/KD/Vedlegg/Barnehager/engelsk/Framework%20Plan%20for%20the%20 Content%20and%20 Tasks%20of%20Kindergartens.pdf, 05/06/2010 (English site) (PDF))
＊261　Qualifications and Curriculum Authority, 2000, Curriculum Guidance for the Foundation Stage (http://www.qca.org.uk/5585.html, 25/03/2007 (PDF))
＊262　Australian Government Department of Education, Employment and Workplace Relations", A National Quality Framework for Early Childhood Education and Care" (http://www.deewr.gov.au/EarlyChildhood/OfficeOfEarlyChildhood/agenda/Documents/A09-004%20COAG%20National%20Quality%20Framework%20-%20Child%20Care%20Report%20PROOF_02.pdf, 10/04/ 2009 (PDF))
＊263　Commonwealth of Australia, "Belonging, Being, and Becoming : An Early Years Learning Framework for Australia" (http://www.deewr.gov.au/

註　239

EarlyChildhood/OfficeOfEarlyChildhood/sqs/Documents/08324COAGEarlyYearsLearningFramework_FINALWEB.pdf, 10/04/2009 (PDF))

*264 文部省前掲*196, p.31, p.55
*265 文部省, 1999『幼稚園教育要領解説』フレーベル館, p.47
*266 文部科学省前掲*242
*267 井上美智子, 1993「保育における環境教育の現状について」姫路学院女子短期大学紀要, 20, pp.101-110
*268 橋川喜美代・佐々木保行, 1999『保育内容　環境』(森上史朗・戎喜久恵 / 編), 光生館, p.44；日名子太郎, 2000『保育内容　環境　改訂版』(日名子太郎 / 編), 学芸図書, p.23；落合進『環境』(細野一郎 / 編), 一藝社, pp.67-81
*269 Wilson, R. A., 1993, "Fostering a Sense of Wonder during the Early Childhood Years", Greyden Press；Wilson, R. A., 1993, The Importance of Environmental Education at the Early Childhood Level, Environmental Education and Information, 12-1, pp.15-24
*270 Wilson, R. A., 1994, "Environmental Education at the Early Childhood Level" (Wilson, R. A., ed.), North American Association for Environmental Education
*271 Wilson, R. A., 1995, Bringing Outdoors in, Day Care and Early Education, summer, pp.32-34；Wilson, R. A., 1995, Let Nature be Your Teacher, Day Care and Early Education, spring, pp.31-34；Wilson, R. A., 1995, Nature and Young Children：A Natural Connection, Young Children, September, pp.4-11；Wilson, R. A., 1995, Teacher as Guide-The Rachel Carson Way, Early Childhood Education Journal, 23-1, pp.49-51；Peters. A. & Wilson, R. A., 1996, Networking for Environment, Early Childhood Education Journal, 24-1, pp.51-53；Wilson, R. A., 1996, The Development of the Ecological Self, Early Childhood Education Journal, 24-2, pp. 121-123
*272 Wilson, R. A., 1996, Environmental Education Programs for Preschool Children, Journal of Environmental Education, 27-4, pp.28-33
*273 Kupetz, B. N. & Twiest M. M., 2000, Nature, Literature, and Young Children：A Natural Combination, Young Children, January, pp.59-63；Shantal R., 1998, Age-appropriate Ecology：Are You Practicing it?, Young Children, January, pp.70-71
*274 Sheehan, K. & Waidner, M., 1991, "Earth Child 2000：Earth Science for Young Children：Games, Stories, Activities, and Experiments", Council Oak

Distribution ; Petrash, C., 1992, "Earthways : Simple Environmental Activities for Young Children", Gryphon House

*275 Elliott S. & Emmett, S., 1997, "Snails live in Houses Too : Environmental Education for the Early Years", RMIT Publishing

*276 Davis, J., 1998, Young Chidlren, Environmental Education, and the Future, Early Childhood Education Journal, 26-2, pp.117-123

*277 Davis, J., 2004, Mud Pies and Daisy Chains, Every Child, 10-4 ; Davis, J. & Pratt, R., 2005, The Sustainable Planet Project : Creating Cultural Change at Campus Kindergarten, Every Child, 11-4

*278 Davis, J., 2009, Revealing the Research 'Hole'of Early Childhood Education for Sustainability : A Preliminary Survey of the Literature, Environmental Education Research, 15-2, pp.227-241

*279 The Environment Protection Authority, 2003, "Patches of Green"

*280 Russo, S., 2001, Promoting Attitudes to the Environment in Early Childhood Education. Investigating : Australian Primary & Junior Science Journal. 4, 16, pp.28-29

*281 Early Childhood Australia, 2007, Policy Areas in Development or under Review（http://www.EarlyChildhood australia.org.au/position_statements.html, 25/03/2007）

*282 Davis, J. & Elliott, S., 2003, Early Childhood Environmental Education : Making it Mainstream, Early Childhood Australia

*283 岡部翠, 2007『幼児のための環境教育』（岡部翠／編著）, 新評論；石亀泰郎, 1999『さあ森のようちえんへ』ぱるす出版；今泉みね子・Meiser, A., 2003『森の幼稚園』合同出版

*284 Johansson, S., 1990『自然のなかへ出かけよう』（高見幸子／訳, 1997）, 日本野外生活推進協会

*285 Flogaitis, E., Daskolia, M. & Liaralou, G., 2005, Greek Kindergarten Teachers Practice in Environmental Education, Journal of Early Childhood Research, 3-3, pp.299-320

*286 恩藤芳典・山根薫子, 1977「幼児と環境教育」環境情報科学, 6-2, pp.2-8

*287 沼田前掲＊70

*288 井上美智子, 2004「幼児期の環境教育普及にむけての課題の分析と展望」環境教育, 14-2, pp.3-14

*289 河崎道夫, 1990「幼児期における環境教育への一考察」三重大学教育実践研究指

導センター紀要，10，pp.1-12；河崎道夫，1991「幼児期における環境教育への一考察（Ⅱ）」三重大学教育実践研究指導センター紀要，11，pp.25-35

＊290　大島順子，1992『日本型環境教育の「提案」』（清里環境教育フォーラム実行委員会／編），小学館，p.43；大島順子，1994「環境教育の第一歩は心や体で感じること」現代保育，42，pp.6-7

＊291　山内昭道，1992「環境教育はおとなによる環境保全から」現代保育，40，pp.46-49；山内昭道，1992「環境教育としての自然教育の考察Ⅰ」東京家政大学研究紀要，32，pp.117-123

＊292　田尻由美子・井村秀文，1994「幼児の環境意識・態度形成に影響を及ぼす母親の生活行動に関する調査研究」環境教育，4-1，pp.8-18；田尻由美子・井上美智子，1995「保育者養成課程における環境教育について」精華女子短期大学紀要，21，pp.149-156；田尻由美子，2002a「保育士養成における環境教育の必要性とあり方について」保育士養成研究，20，pp.41-53；田尻由美子，1997「保育者養成機関における環境教育プログラムの開発について」精華女子短期大学紀要，23，pp.153-165；田尻由美子・井上美智子，2001「保育士養成における環境教育の課題」精華女子短期大学紀要，27，pp.47-57；田尻由美子・峰松修・井村秀文，1996「幼児期環境教育の現状と課題」精華女子短期大学紀要，22，pp.129-140；田尻由美子，2002b「保育内容環境の指導における環境教育的視点について」精華女子短期大学紀要，28，pp.19-28

＊293　田尻・峰松・井村前掲＊292；田尻前掲＊292（1997）；田尻前掲＊292（2002b）

＊294　腰山豊，1990「幼児の環境教育に関する実践的研究（その1）」秋田大学教育学部教育工学研究報告，12，pp.67-78；腰山豊，1999「幼児の環境教育に関する実践研究（1）」聖園学園短期大学研究紀要，29，pp.81-98；腰山豊，2001「幼児の環境教育についての実践研究（2）」聖園学園短期大学研究紀要，31，pp.25-42

＊295　井上美智子，1992「幼児期における環境教育の必要性について」姫路学院女子短期大学紀要，19，pp.173-181；井上美智子，1993「保育における環境教育について——養成校の対応」姫路学院女子短期大学レビュー，16，pp.125-138；井上美智子，1995「保育者養成校としての本学の教育課程における自然系科目の扱いについて」姫路学院女子短期大学紀要，23，pp.71-81；井上美智子，1996a「保育者養成校における環境教育のあり方についての一考察」姫路学院女子短期大学紀要，24，pp.21-31；井上前掲＊267，pp.101-110；井上美智子，1996b「幼児期の環境教育における生活教育の視点の必要性について」環境教育，5-2，pp.2-12

＊296　関口準・岩崎婉子・藤樫道也・松井孝・神山種子・長尾マユ・熊坂望，1997「就学前教育に於ける環境教育の研究」玉川大学学術研究所紀要，3，pp.89-110

*297 近藤正樹, 1998「幼児期の環境教育」白梅学園短期大学教育福祉センター研究年報, 3, pp.49-57

*298 白石正子, 1999「幼児期における環境教育に関する一考察」宇部短期大学学術報告, 36, pp.47-54

*299 今村光章, 1997「保育における環境教育の重要性」仁愛女子短期大学研究紀要, 29, pp.1-10

*300 今村光章・市川智史・松葉口玲子, 1999「大学における環境教育授業の『実践報告』」, 仁愛女子短期大学研究紀要, 32, pp.91-101

*301 岩田美穂子, 2002「幼児期からの環境教育を目指して」西南女学院短期大学附属シオン山幼稚園研究紀要, 1, pp.62-69

*302 小川博久, 1997「幼児期における『環境教育』はどう構想されるべきか」東京学芸大学環境教育実践施設研究報告「環境教育研究」, 7, pp.1-7

*303 伊藤能之・井上亘・小川博久, 1999「幼児期における環境教育の実践」東京学芸大学環境教育実践施設研究報告「環境教育学研究」, 9, pp.1-14

*304 大澤力, 1999「『環境教育』の視点からみた幼稚園園庭樹木の現状と活用の課題」環境教育, 8-2, pp.55-63

*305 上久保達夫・西村勲, 1999「幼児の環境教育についての一試案」中京短期大学論叢, 30-1, pp.21-29；清水麻記・高見豊・足立邦明・荻野尚子・田中春彦, 2004「地域における就学前段階からの自然体験型学習の重要性」環境教育, 13-2, pp.35-44

*306 石田康幸, 1991「大都市における幼児の野外教育」環境教育, 1-2, pp.48-55

*307 徳本達夫, 1992「教師教育における幼児向け環境教育劇創作の試み」広島文教女子大学幼児教育研究会「幼児教育の研究」, 17, pp.1-20；遠藤康子・金崎芙美子, 1999「幼児期における環境教育」宇都宮大学教育学部教育実践総合センター紀要, 22, pp.223-231

*308 香川晴美・西野祥子・住田和子, 2001「生涯家政教育における幼児期の環境教育（2）」西南学院大学児童教育学論集, 27-2, pp.71-83；西野祥子・香川晴美・住田和子, 2001「生涯家政教育における幼児期の環境教育（1）」西南学院大学児童教育学論集, 27-2, pp.57-69

*309 松永三婦緒, 1994「保育者養成と環境教育」大阪薫英女子短期大学研究紀要, 29, pp.49-61；松永三婦緒, 1997「保育者養成教育と環境教育」大阪薫英女子短期大学開学30周年記念論文集, pp.17-24；西谷好一, 1994「短期大学幼児教育学科の環境教育に対する提案」園田学園女子大学論文集, 29, pp.205-218

*310 井頭均, 1993「幼児に対する環境教育」聖和大学論集, 21, pp.163-166；石川隆行, 2001「保育学生に必要な環境教育についての検討」一宮女子短期大学研究報告,

註 243

40, pp.319-327
- *311 小川前掲 * 302；伊藤・井上・小川前掲 * 303
- *312 井上美智子, 2009「幼児期の環境教育研究をめぐる背景と課題」環境教育, 19-1, pp.95-108
- *313 山内昭道, 1994『幼児からの環境教育』明治図書, p.17
- *314 井上初代・小林研介, 1996『幼稚園で進める環境教育』明治図書, p.17
- *315 竹内美保子・森良, 1998『地球となかよし はじめの一歩――幼児のための環境あそび・自然体験編』フレーベル館
- *316 岡部前掲 * 283
- *317 有賀克明, 2008『いつでもどこでも環境保育――自然・人・未来へつなぐ保育実践』フレーベル館；大澤力, 2007『心を育てるリサイクル』（大澤力／編著）, フレーベル館；大澤力, 2008『地球がよろこぶ食の保育』（大澤力／編著）, フレーベル館；大澤力, 2009『自然が育む子どもと未来』（大澤力／編著）, フレーベル館
- *318 OECD, 2002『世界の教育政策分析』（御園生純／監訳, 2006）, 明石書店, pp.15-59
- *319 OECD 前掲 * 318
- *320 Wilson 前掲 * 270, pp.5-13；Davis 前掲 * 276
- *321 Wilson 前掲 * 270, p.5
- *322 Elliott & Emmett 前掲 * 275；Davis & Elliott 前掲 * 282
- *323 The Environment Protection Authority 前掲 * 279；NSW Council on Environmental Education, 2002, Learning for Sustainability NSW Environmental Education Plan 2002-05（http://www.epa.nsw.gov.au/cee/lfsplan0710.htm, 20/06/2007（PDF））
- *324 Qualifications and Curriculum Authority 前掲 * 261
- *325 The Swedish National Agency for Education 前掲 * 259
- *326 Rivkin, M., 1997, The Schoolyard Habitat Movement：What it is and Why Children Need It, Early Childhood Education Journal, 25-1, pp.61-66；Rivkin, M., 1998, "Happy Play in Grassy Places"：The Importance of the Outdoor Environment in Dewey's Educational Ideal, Early Childhood Education Journal, 25-3, pp.199-202；Harlan, J. D. & Rivkin, M. S., 1995『8歳までに経験しておきたい科学』（深田昭三・隅田学／訳, 2007）, 北大路書房
- *327 Fjortoft, I., 2001, The Natural Environment as a Playground for Children：The Impact of Outdoor Play Activities in Pre-Primary School Children, Early Childhood Education Journal 29-2, pp.111-117
- *328 Wilson 前掲 * 269

* 329　Davis 前掲＊276
* 330　井上美智子，1994「環境という言葉のとらえ方をめぐる問題点について」姫路学院女子短期大学紀要，21，pp.115-124；井上前掲＊97；井上前掲＊295（1996b）；今村前掲＊299；小川前掲＊302
* 331　文部省前掲＊82，pp.1-9
* 332　井上前掲＊295（1996b）
* 333　近藤前掲＊297；遠藤・金崎前掲＊307；香川・西野・住田前掲＊308；今村前掲＊299
* 334　小川前掲＊302
* 335　赤石元子，1994「生活の舞台に目を向けて自ら自然とかかわりたい」現代保育，42-7，pp.7-9；樋渡真里子，1997「幼児期からの環境教育をどう実践するか」エデュケア21，3-11，pp.64-67
* 336　大島前掲＊290；山内前掲＊313；田尻・峰松・井村前掲＊292；田尻前掲＊219（2002b）
* 337　山田一裕・須藤隆一，1996「大学生の環境問題に対する意識と環境にやさしい行動」環境教育，6-1，pp.49-56；井上美智子・田尻由美子，2000「環境教育を実践できる保育者養成のあり方について」環境教育，9-1，pp.2-14；石井晶子・川井昂・澤村博・青山清英・阿部信博・小山裕三，2002「大学生の自然との親しみ方と環境問題への関心及び環境保全行動の関連について」環境教育，11-2，pp.35-43
* 338　Meyer-Abich, K., 1986『自然との和解への道（上）（下）』（山内広隆／訳，2005，2006），みすず書房，pp.1-12，pp.143-184
* 339　Eder 前掲＊125，pp.195-222
* 340　Cajete, G., 1994『インディアンの環境教育』（塚田幸三／訳，2009），日本経済評論社
* 341　Hoffman, M. L., 2000『共感と道徳性の発達心理学』（菊池章夫・二宮克美／訳，2001），川島書店
* 342　Ledoux, J., 1998『エモーショナル・ブレイン』（松本元・川村光毅他／訳，2003），東京大学出版会；Damasio, A.R., 2003『感じる脳』（田中三彦／訳，2005），ダイヤモンド社
* 343　加國尚志，2002『自然の現象学』晃洋書房
* 344　Bonnet, M., 2007, Environmental Education and the Issure of Nature, J. Curriculum Studies, 39-6, pp.707-721；Bonnet, M., 2009, Systemic Wisdom, The 'Selving' of Nature, and Knowledge Transformation：Education for the 'Greater Whole', Studies in Philosophy and Education, 28, pp.39-49；洪如玉（Ruyu Hung），2008, Educating for and Through Nature：A Merleau-Pontian

Approach, Studies in Philosophy and Education, 27, pp.355-367
* 345 Brown, J. B., Hanson, M. E., Liverman, D. M. & Merideth, Jr. R. W., 1987, Global Sustainability：Toward Definition, Environmental Management, 11-6, pp.713-719
* 346 日本保育学会、2009「認可保育所における児童福祉施設最低基準の真の向上をめざして、良質な保育環境保障への政策拡充へ」(http://wwwsoc.nii.ac.jp/jsrec/appeal/urgent_declaration.pdf, 05/06/2010（PDF）)
* 347 Meadows, D. H., D. L. Meadows, J. Randers & W. W. Behrens III, 1972, "The Limits to Growth"（1974, Pan Books）
* 348 Jacob, N. 1988, Sustainable Development：A View of Limitless Growth?, Trumpeter, 5-4, Fall, pp.131-132；Shiva, V., 1992, Recovering the Real Meaning of Sustainability, "The Environment in Question"（D. E. Cooper & J. A. Palmer ed.）, Routledge, pp.187-193；高野孝子、2005『持続可能な社会のための環境学習』（木俣美樹男・藤村コノエ／編著）、培風館、pp.169-187；Latouche, S., 2004 & 2007『経済成長なき社会発展は可能か』（中野佳裕／訳、2010）、作品社；Bonnet 前掲 * 348
* 349 Latouche 前掲 * 348
* 350 Turner, G., 2008, A Comparison of 'The Limits to Growth' with Thirty Years of Reality, Commonwealth Scientific and Industrial Research Organisation（CSIRO）(http://www.csiro.au/files/files/plje.pdf, 25/09/2010（PDF）)
* 351 UNESCO 前掲 * 16（「持続可能な開発のための教育の10年」推進会議（ESD-J）／訳 http://www.esd-j.org/archives/000197.html, 30/03/2007（PDF））
* 352 阿部治、2008『日本型環境教育の知恵』（日本環境教育フォーラム／編）、小学館、pp.9-28；岡島成行、2008『日本型環境教育の知恵』（日本環境教育フォーラム／編）、小学館、pp.210-221；今村光章、2009『環境教育という〈壁〉』昭和堂、p.36；降旗信一、2009『現代環境教育入門』（阿部治・朝岡幸彦／監修）、筑摩書房、pp.9-22
* 353 朝岡前掲 * 84、p.18, 21
* 354 今村前掲 * 3、p.31
* 355 今村前掲 * 352
* 356 Fien, J., 1993『環境のための教育』（石川聡子ほか／訳、2001）、東信堂、pp.31-90
* 357 Hoffman 前掲 * 341
* 358 Frankena, W. K., 1980『西洋思想大事典 1』（荒川幾男ほか／訳、1990）、平凡社、

p.554, p.557
＊359　今村前掲＊3, p.37
＊360　朝岡前掲＊55, p.21
＊361　氏家達夫, 2006『基礎　発達心理学』（氏家達夫・陳省仁／編）, 放送大学教育振興会, p.118；江尻桂子, 2006『発達心理学キーワード』（内田伸子／編）, 有斐閣, pp.68-69；髙田明, 2003『子どもの発達心理学を学ぶ人のために』（吉田直子・片岡基明／編）, 世界思想社, pp.208-231；Nisbett, R. E., 2004『木を見る西洋人　森を見る東洋人——思考の違いはいかにして生まれるか』（村本由紀子／訳, 2004）, ダイアモンド社
＊362　環境省前掲＊86
＊363　国立教育政策研究所前掲＊95
＊364　Carson, R., 1965『センス・オブ・ワンダー』（上遠恵子／訳, 1991）, 新潮社；Cobb, E., 1977『イマジネーションの生態学』（黒坂三和子・滝川秀子／訳, 1986）, 思索社
＊365　井上美智子, 2006「センス・オブ・ワンダーという概念の保育における意義について」こども環境学研究, 2-3, pp.38-45
＊366　瀬戸口明久, 2009『害虫の誕生』筑摩書房, p.194
＊367　柳父章, 1995『翻訳の思想』筑摩書房
＊368　西脇良, 2004『日本人の宗教的自然観』ミネルヴァ書房
＊369　寺尾前掲＊126, pp.247-232
＊370　矢内秋生, 2005『風土的環境観の調査研究とその理論』武蔵野大学, p.19, p.91
＊371　村杉幸子, 2005『持続可能な社会のための環境学習』（木俣美樹男・藤村コノエ／編著）, 培風館, pp.7-24
＊372　亀山純生, 2005『環境倫理と風土』大月書店, pp.42-44
＊373　瀬戸口前掲＊366
＊374　本田和子, 2005「現代における乳幼児の発達課題と保育」保育学研究, 43-1, pp.19-26
＊375　井上美智子, 2008「幼稚園における自然や環境を主題とした園内研究事業の実施状況と実施内容——環境教育の視点からの分析」大阪大谷大学紀要, 43, pp.54-71
＊376　無藤隆, 1996『生活科事典』（中野重人・谷川彰英・無藤隆／編）, 東京書籍, pp.40-41, pp.66-67
＊377　Hoffman前掲＊341；Wilson. E. O., 1983『バイオフィリア』（狩野秀之／訳, 1994）, 平凡社
＊378　文部省前掲＊265, pp.3-4

*379　文部省前掲＊229
*380　文部省前掲＊265
*381　Myers, Jr. O. E., Saunders, C. D. & Garrett, E., 2004, What Do Children Think Animals Need? Developmental Trends, Environmental Education Research, 10-4, pp.545-562
*382　Coley, J. D., Solomon, G. E. A., & Shafto, P., 2002, The Development of Folkbiology：A Cognitive Science Perspective on Children's Understanding of the Biological World., "Children and Nature"（Kahn, P. H. Jr. & Kellert, S.R., ed.）, The MIT Press, pp.65-91
*383　稲垣佳世子，1995『生物概念の獲得と変化』風間書房，p.169
*384　清水・髙見・足立・荻野・田中前掲＊305
*385　荻野尚子，2007『幼児のための環境教育』（岡部翠／編著），新評論，pp.170-191
*386　江東区立第二亀戸幼稚園，2010『幼児期にふさわしい環境教育のあり方を探る』；社会福祉法人堺ひかり会登美丘西保育園，2011『子どもと自然・命のつながりを知る』
*387　井上美智子，2000「現職保育者は幼児期からの環境教育をどう考えているか──自由記述欄の分析から」姫路学院女子短期大学紀要，28，pp.33-45
*388　川口順子・宮里暁美・工藤佐枝子，2003「日常に自然を取り込む保育実践」発達，96，ミネルヴァ書房，pp.47-52
*389　荒巻太枝子，2004『早出幼稚園　平成16年度研究紀要』pp.10-16
*390　西躰通子・荻野尚子，1992「スエーデンの幼児のための自然教育『ムッレ教室』の導入について」日本保育学会第45回大会研究論文集，pp.368-369
*391　張嬉卿・仙田満・井上寿・仙田考，2005「幼稚園屋外空間の実態と園庭整備の方向性に関する考察」ランドスケープ研究，68-5，pp.479-482
*392　井上美智子・無藤隆，2006「幼稚園・保育所の園庭の自然環境の実態」乳幼児教育学研究，15，pp.1-11
*393　小谷幸司・大谷哲生・柳井重人・丸田頼一，2001「幼稚園における園庭の自然修景と園児の自然体験との関連性」環境情報科学論文集，15，pp.197-202；田尻由美子・無藤隆，2005「幼稚園・保育所の自然環境と『自然に親しむ保育』における課題について──広域実態調査結果をもとに」乳幼児教育学研究，14，pp.53-65
*394　小谷幸司・美濃本梨恵子・柳井重人・丸田頼一，2000「幼稚園の園庭における園児の自然とのふれあいに関する研究」環境情報科学，29-2，pp.66-74
*395　高田憲治，2003「自然と触れ合う環境づくりの実践と課題──子どもと自然と保育者の動的・相対的な実践研究」保育学研究，41-2，pp.93-101；久保由美子・高

橋敏之・中谷恵子，2000「園内環境の見直しと家庭との連携を通した幼児と植物とのかかわり——自然に感動し命を大切にする心を育む保育」家庭教育研究，5，pp.47-56；田中敬子，2006「豊かな感性を育む保育——自然を呼び込んだ園内環境の工夫〈1〉」日本保育学会第 59 回大会研究論文集，pp.258-259；柘植純一・行方春香，2006「チョウが繁殖できる幼稚園園庭の整備及び園児とチョウとの触れ合いの展開」こども環境学会 2006 年大会要旨集，p.1

\*396　田尻・無藤前掲＊393，pp.53-65；柘植・行方前掲＊395，p.1

\*397　Goswami, U., 1998『子どもの認知発達』（岩男卓実・古池若葉・中島伸子・上淵寿・富山尚子／訳，2003），新曜社，pp.13-93

\*398　目黒区立ふどう幼稚園，2002『自然の中で自ら遊びを創り出す子どもの育成』

\*399　目黒区立ふどう幼稚園，2004『教育課程・指導計画　平成 16 年度』

\*400　石亀前掲＊283；今泉・Meiser 前掲＊283

\*401　恩藤・山根前掲＊286

\*402　高田前掲＊395；高田憲治，2005「子どもと自然と保育者と（1）」キリスト教保育，8 月号，pp.38-40；高田憲治，2005「子どもと自然と保育者と（2）」キリスト教保育，9 月号，pp.38-40

\*403　倉田新，2003「食農保育の実践と研究——東村山市立第八保育園の実践を通して」埼玉純真女子短期大学研究紀要，19，pp.41-49；野村明洋，2003「食農保育で育む乳幼児のこころの発達」文教大学付属教育研究所紀要，12，pp.109-111

\*404　2005「食育基本法」(http://www8.cao.go.jp/syokuiku/kihon.html#1, 17/04/2007)

\*405　井上美智子・前田公美，2004「『食』と『農』を結ぶ保育における環境教育としての意義について」環境教育，14-2，pp.80-91

\*406　荒巻前掲＊389，pp.10-16

\*407　井上美智子，2009「保育者養成系短期大学における環境教育の実施実態」環境教育，17-1，pp.2-12

\*408　井上美智子，2008「保育者養成系短期大学における自然とかかわる教育内容——実施実態と課題」こども環境学研究，4-2，pp.54-59

\*409　井上美智子，2002「現職幼稚園教諭の環境問題及び自然に対する関心と実践の実態に関する調査研究」近畿福祉大学紀要，3-1，pp.1-8

\*410　井上美智子，1999「環境教育の実践力を高めるための保育者研修の方法についての一考察」姫路学院女子短期大学紀要，27，pp.39-47

\*411　Butterworth, G. & Harris, M., 1994『発達心理学の基本を学ぶ——人間発達の生物学的・文化的基盤』（村井潤一・神土陽子・小山正・松下淑／訳，1997），

ミネルヴァ書房；目黒区立ふどう幼稚園前掲＊399, pp.13-93；Gopnik, M., Meltzoff, A. N. & Kuhl, P. K., 1999『0歳児の「脳力」はここまで伸びる』（峯浦厚子／訳, 2003）, PHP研究所；Johnson, M. H., Munakata, Y. & Gilmore, R. O., 2002, "Brain Development and Cognition: A Reader" (second edition), Blackwell Pub.；OECD教育研究革新センター, 2002『脳を育む学習と教育の科学』（小泉英明／監修, 小山麻紀／訳, 2005）, 明石書店；Blakemore, S. J. & Frith, U., 2005『脳の学習力』（乾敏郎・吉田千里・山下博志／訳, 2006）, 岩波書店；Nelson, C. A., De Haan, M. & Thomas, K. M., 2006, "Neuroscience of Cognitive Development: The Role of Experience And the Developing Brain", John Wiley & Sons Inc.

\*412 多田充, 2003「環境心理学から見た人間と自然の関係」発達, 96, pp.58-63；Urlich, S. R., 1983, View Through a Window May Influence Recovery from Surgery, Science, 224, pp.420-421；宮崎良文, 2003『森林浴はなぜ体にいいか』文藝春秋, pp.41-151

\*413 小川前掲＊302

\*414 井上前掲＊375

\*415 NPO法人国際自然大学校, 2007「森のようちえん」(http://www.morinoyouchien.org/, 25/06/2007)

\*416 Häfner, P., 2002『ドイツの自然・森の幼稚園』（佐藤竺／訳, 2009）, 公人社

\*417 井上美智子, 2001「幼稚園教諭の環境教育に対する認知度と実践の実態に関する調査研究」環境教育, 11-2, pp.80-86

\*418 井上前掲＊387

\*419 西宮市保育所事業グループ, 2007『保育所における環境保育』西宮市健康福祉局

\*420 有賀前掲＊317

\*421 中央教育審議会, 2005『子どもを取り巻く環境の変化を踏まえた今後の幼児教育の在り方について──子どもの最善の利益のために幼児教育を考える』(http://www.mext.go.jp/b_menu/shingi/chukyo/chukyo0/toushin/05013102.htm, 21/04/2007)

\*422 前掲＊259

\*423 Dewey, J., 1916『民主主義と教育』（松野安男／訳, 1975）, 岩波書店, p.74

\*424 苅谷剛彦, 2002『教育改革の幻想』筑摩書房, pp.137-177

\*425 西谷成憲, 1996『現代教育要論』(松島鈞・志村鏡一郎／監修), 日本文化科学社, p.79；市川昭午・小川利夫, 1968『近代教育史』（土屋忠雄・吉田昇・長尾十三二／編）, 小学館, p.247

\*426　杉浦宏，1983『デューイの自然主義と教育思想』明治図書

\*427　髙橋征仁，2002『道徳意識の社会心理学』北樹出版，p.30

\*428　DeVries, R. & Kohlberg, L., 1987『ピアジェ理論と幼児教育の実践（上）』（大伴栄子ほか／訳，1992），北大路書房，p.7；Kohlberg, L., 1985『道徳性の発達と道徳教育』（岩佐信道／訳，1987），広池学園出版部，pp.19-35，p.100

\*429　Higgins, A., 1985『アメリカの道徳教育』（岩佐信道／訳，1987『道徳性の発達と道徳教育』に付随出版），広池学園出版部，pp.145-170；髙橋征仁，2002『道徳意識の社会心理学』北樹出版，p.95-113

\*430　Hart, R. A., 1997『子どもの参画』（IPA日本支部／訳，2000），萌文社，pp.17-18；Chawla, L., 2002, "Growing Up in an Urbanizing World"（Chawla, L., ed.），UNESCO PUBLISHING，pp.219-242

\*431　小池俊雄・井上雅也，2005『環境教育と心理プロセス』（小池俊雄・井上雅也・環境問題研究会／編），山海堂

\*432　Sparks, L. D., 1989『ななめから見ない保育──アメリカの人権カリキュラム』（玉置哲淳・大倉三代子／訳，1994），解放出版

\*433　佐藤和順，2010『男女共同参画意識の芽生え──保育者から子どもへの再生産』ふくろう出版

\*434　Lickona, T. & Kohlberg, L., 1987『ピアジェ理論と幼児教育の実践（上）』（大伴栄子ほか／訳，1992），北大路書房，pp.174-222

\*435　朝岡前掲＊84，p.18；今村前掲＊3，pp.115-136；Fien前掲＊356，pp.31-90

\*436　Dobson, A., 2003『シチズンシップと環境』（福士正博・桑田学／訳，2006），日本経済評論社，pp.181-265

\*437　Chawla, L., 1998, Significant Life Experiences Revisited：A Review of Research on Sources of Environmental Sensitivity. Environmental Education Research, 4-4, pp.369-382；Chawla, L., 2002, "Children and Nature"（Kahn, P. H. Jr. & Kellert, S. R., ed.）The MIT Press，pp.199-225；降旗信一，2006『自然体験学習論』（朝岡幸彦・降旗信一編），高文堂出版社，pp.42-59

\*438　Bird, I., 1880『日本奥地紀行』（高梨健／訳，2000），平凡社；Howard, E., 1918『明治日本見聞録』（島津久大／訳，1999），講談社

\*439　山田・須藤＊前掲337；井上・田尻前掲＊337；石井ほか前掲＊337

\*440　井上美智子，2005「大学の一般教育科目における環境教育実践の課題」近畿福祉大学紀要，6-2，pp.1-10

\*441　井上美智子，2011「保育者志望学生の自然体験の経験実態」幼児教育実践研究センター紀要，1，pp.2-10

＊442 朝岡幸彦，2008『自然保護教育論』（小川潔・伊東静一・又井裕子／編著），筑波書房，pp.160-168
＊443 石川英輔，1997『大江戸リサイクル事情』講談社
＊444 降旗前掲＊352
＊445 Latouche 前掲＊348，p.30
＊446 女子差別撤廃委員会，2009『第44会期　女子差別撤廃委員会の最終見解』（内閣府男女共同参画室／訳）（http://www.gender.go.jp/teppai/6th/CEDAW6_co_j.pdf, 13/10/2009）
＊447 佐藤真久，2009『現代環境教育入門』（阿部治・朝岡幸彦／監修），筑摩書房，pp.115-132

# 索　引

### ●あ行●

アクションリサーチ —— 16, 140
朝岡幸彦 —— 21, 23, 155, 205
アジア —— 13, 15
アメリカ —— 8, 101, 105, 110
アンチバイアス教育 —— 204
イギリス —— 9, 101, 106, 129
イデオロギー —— 15, 67, 156
今村光章 —— 19, 120, 131, 156, 205
ウィルソン —— 110, 127, 128, 130
エーダー —— 40, 146
エコセントリズム —— 48, 52, 145, 150, 156
エリオット —— 112, 128
園庭 —— 81, 111, 187
オーウェン —— 65, 89
オーストラリア —— 10, 101, 106, 112, 125, 200
小川博久 —— 121, 131

### ●か行●

カーソン —— 8, 48, 165
カーライル —— 33, 64
科学教育 —— 84, 110, 127, 140, 166
学習指導要領 —— 20
学校教育法 —— 73, 83, 94, 109
環境 —— 31, 37, 44, 51, 60, 73, 76, 79, 129, 133, 138, 142, 166, 182, 198
環境観 —— 27, 49, 133, 153, 160, 162, 166, 177, 178, 184, 190, 195, 206, 212
環境基本計画 —— 20, 25
環境教育 —— 1, 17, 22, 26, 37, 104, 151, 155, 162, 166, 194, 206, 213, 216
環境教育指導資料 —— 20, 25, 38, 102, 131
環境教育法 —— 2, 8, 101
環境構成 —— 74, 76, 79
環境・自然・人間 —— 50, 144, 212
環境思想 —— 47
環境と自然 —— 167
環境と自然の関係 —— 47, 89, 143, 153, 156
環境の保全のための意欲の増進及び環境教育の推進に関する法律 —— 22, 103
環境保全 —— 20, 23, 28, 127, 208
環境問題 —— 19, 37, 51, 146
環境を通して行うもの —— 76, 130, 133, 178
機械論 —— 34, 42, 48, 171, 172
城戸幡太郎 —— 60, 68, 92, 176
教育 —— 155
教育学用語 —— 59, 68, 79, 94, 129
教育基本法 —— 109, 214
共感性 —— 146, 148, 163, 181
倉橋惣三 —— 67, 73, 90, 91, 175
継続性 —— 186
現代用語 —— 35, 38, 50, 52, 94, 130, 138
公害 —— 37
公害教育 —— 14, 101
コールバーグ —— 203
戸外保育 —— 82, 207
五感 —— 52, 63, 111, 116, 118, 189
国際自然保護連合 —— 2, 4

253

国連持続可能な開発のための教育の10年（DESD） 6, 23, 103
国連人間環境会議 2, 4, 11, 100
コメニウス 62, 136
コリングウッド 39

● さ 行 ●

再生産 134, 156, 161, 204
飼育栽培 82, 181, 207
ジェンダー 23, 105, 115, 157, 180, 204, 214
システム 45, 96, 170, 172, 183
自然 51, 70, 80, 84, 91, 96, 130, 134, 139, 166, 168, 182
自然観 39, 96, 106, 133, 167, 168, 172, 197, 207, 208
自然体験型環境教育 9, 18, 23, 114, 123, 194
自然保護教育 2, 16, 96, 101, 210
持続可能性 3, 21, 140, 153, 179
持続可能な開発（SD） 4, 13, 49, 53, 75, 96, 150
持続可能な開発のための教育（ESD） 6, 131, 139, 154, 205, 206
持続可能な社会 23, 95, 129, 144, 149, 160
シチズンシップ教育 13, 205
市民運動 14, 16
社会的環境 60, 61, 68, 89, 92, 94, 97, 176
社会批判的 10, 156, 159
主体 35, 44, 47, 68, 78, 94, 138, 139, 142, 151
循環性 45, 96, 135, 170, 187
昭和 59, 61, 75, 92
スウェーデン 11, 101, 105, 115, 125, 129, 136, 200, 201
青少年教育 17

生態学 42, 44, 45, 51, 172
生態系 23, 27, 37, 45, 49, 97, 112, 150, 170, 181, 188, 209
成長の限界 4, 150, 152
生物学用語 32, 59, 94
先住民 147
センス・オブ・ワンダー 111, 165
素朴生物学 183

● た 行 ●

ダーウィン 40, 42, 60
大正 17, 32, 67, 82, 209
多義性 29, 35, 55, 131, 135, 198
多様性 25, 45, 96, 111, 113, 116, 135, 152, 170, 187
つながり 135, 190
デイヴィス 113, 127, 128, 130
デカルト 40, 42, 48
テサロニキ宣言 6, 100
デューイ 158, 202
寺尾五郎 41, 173
ドイツ 12, 197
道徳性 87, 203
トビリシ宣言 3, 19, 100
ドブスン 205

● な 行 ●

日常性 186, 192
人間環境宣言 2
ネイチャーゲーム 9, 186, 192
ねらい 71, 77, 85, 108, 179, 191
ノルウェー 106

● は 行 ●

発達課題 177, 181

| | | | |
|---|---|---|---|
| フィエン | 156, 205 | 有機体論 | 46, 96, 171, 172 |
| フレーベル | 64, 80, 90, 136, 175, 202 | 有限性 | 5, 27, 46, 96, 168 |
| プロジェクトワイルド | 9 | ユクスキュル | 34, 35 |
| 文化的な差異 | 41, 159 | 幼児期の環境教育 | 103, 110, 116, 131, 136, 177, 182, 194 |
| ベオグラード憲章 | 3, 37, 100 | 幼稚園教育要領 | 58, 68, 70, 84, 102, 107, 201 |
| ペスタロッチ | 63, 136 | ヨハネスブルグ・サミット | 6, 100 |
| 保育 | 58, 62, 67, 104, 125, 127, 177 | | |
| 保育課題 | 177, 179, 181 | | |
| 保育環境 | 67, 70, 74, 89, 92, 94, 97, 135, 179 | ●ら行● | |
| 保育所保育指針 | 58, 201 | ラトゥーシュ | 152, 213 |
| 保育内容 | 72, 95, 108 | リオ・サミット | 5, 26 |
| ホモセントリズム | 48, 145 | リサイクル | 53, 124, 210 |
| | | 領域 | 70, 95 |
| ●ま行● | | 領域環境 | 76, 86, 97, 107 |
| マイヤー‑アービッヒ | 144 | ルソー | 63, 136 |
| ムッレ教室 | 119, 121, 123, 183, 186, 190, 197 | ロマン主義 | 12, 33, 40, 42, 91, 171, 172 |
| 明治 | 32, 62, 80, 172, 209 | ●欧文・略語● | |
| メドウズ | 4, 150, 152 | DESD | 100, 200 |
| メルロ＝ポンティ | 44, 148 | ESD | 53, 96, 139, 151, 154, 213 |
| 森の幼稚園 | 115, 190, 197 | Mitwelt | 144, 172 |
| モンテッソーリ | 66, 89 | UNEP | 3, 4 |
| ●や行● | | | |
| 野外教育 | 16, 101 | | |

■著者紹介

井上美智子（いのうえ　みちこ）

1958年生まれ。大阪大谷大学教員。神戸大学理学部地球科学科卒。神戸大学大学院総合人間科学研究科後期博士課程修了。著書に『むすんでみよう　子どもと自然』（編著，2010年，北大路書房）。

幼児期からの環境教育──持続可能な社会にむけて環境観を育てる

2012年2月28日　初版第1刷発行

著　者　井上美智子

発行者　齋藤万壽子

〒606-8224　京都市左京区北白川京大農学部前
発行所　株式会社昭和堂
振替口座　01060-5-9347
TEL(075)706-8818／FAX(075)706-8878
ホームページ　http://www.kyoto-gakujutsu.co.jp/showado/

Ⓒ 井上美智子-2012　　　　　　　　　　　印刷　亜細亜印刷
ISBN 978-4-8122-1170-0
＊落丁本・乱丁本はお取り替え致します。
Printed in japan

本書のコピー、スキャン、デジタル化等の無断複製は著作憲法上での例外を除き禁じられています。本書を代行業者等の第三者に依頼してスキャンやデジタル化をすることは、たとえ個人や家庭内での利用でも著作憲法違反です。

|  |  |  |
|---|---|---|
| 鵜野祐介 著 | 伝承児童文学と子どものコスモロジー——〈あわい〉との出会いと別れ | 定価三六七五円 |
| 亀井伸孝 編 | 遊びの人類学ことはじめ——フィールドで出会った〈子ども〉たち | 定価二五二〇円 |
| 加藤貞通 訳 | ウェンデル・ベリーの環境思想——農的生活のすすめ | 定価二九四〇円 |
| 井上有一 ドレングソン 編 | ディープ・エコロジー——生き方から考える環境の思想 | 定価二九四〇円 |
| 今村光章 著 | 環境教育という〈壁〉——社会変革と再生産のダブルバインドを超えて | 定価三一五〇円 |
| 中道正之 著 | ゴリラの子育て日記——サンディエゴ野生動物公園のやさしい仲間たち | 定価二四一五円 |
| 内藤正明 文 高月紘 絵 | まんがで学ぶエコロジー——本当に「地球にやさしい社会」をつくるために | 定価二一〇〇円 |

昭和堂

（定価には消費税5%が含まれています）